D1753930

150 Jahre
Kohlhammer

BWL Bachelor Basics

Herausgegeben von Horst Peters

Jürgen Stiefl

Kostenrechnung

Unter besonderer Berücksichtigung von kleinen und mittelständischen Unternehmen

Verlag W. Kohlhammer

Dieses Buch ist all jenen gewidmet, die nicht wie ich das Glück hatten, in einem Land wie der Bundesrepublik Deutschland im Jahr 1961 das »Licht der Welt« zu erblicken. Wäre ich im gleichen Land z. B. einige Jahrzehnte früher geboren, hätte ich vielleicht den 1. und/oder den 2. Weltkrieg erleben müssen oder hätte ihn nicht überlebt. Wäre ich im Jahr 1961 in einem anderen Kontinent, bspw. in der Mitte Afrikas oder in Indien geboren, hätte ich bestimmt nie die Chance meiner persönlichen und beruflichen Entwicklung erfahren dürfen.

Ihnen wünsche ich als geneigter Leser dieses Buches auf jeden Fall eine gute Entwicklung.

Sommer 2016
Jürgen Stiefl

1. Auflage 2017

Alle Rechte vorbehalten
© W. Kohlhammer GmbH, Stuttgart
Gesamtherstellung: W. Kohlhammer GmbH, Stuttgart

Print:
ISBN 978-3-17-030965-4

E-Book-Formate:
pdf: ISBN 978-3-17-030966-1
epub: ISBN 978-3-17-030967-8
mobi: ISBN 978-3-17-030968-5

Für den Inhalt abgedruckter oder verlinkter Websites ist ausschließlich der jeweilige Betreiber verantwortlich. Die W. Kohlhammer GmbH hat keinen Einfluss auf die verknüpften Seiten und übernimmt hierfür keinerlei Haftung.

Geleitwort des Reihenherausgebers

Das vorliegende Lehrbuch ist Teil der Lehrbuchreihe BWL Bachelor Basics. Dieses Buch sowie alle anderen Werke der Reihe folgen einem Konzept, das auf die Leserschaft – nämlich Studierende der Wirtschaftswissenschaften – passgenau zugeschnitten ist.

Ziel der Lehrbuchreihe BWL Bachelor Basics ist es, die zu erwerbenden Kompetenzen in einem wirtschaftswissenschaftlichen Bachelor-Studiengang **wissenschaftlich anspruchsvoll**, jedoch zugleich **anwendungsorientiert** und **kompakt** abzubilden. Dies bedeutet:

- Ein hoher wissenschaftlicher Anspruch geht einher mit einem gehobenen Qualitätsanspruch an die Werke. Präzise Begriffsbildungen, klare Definitionen, Orientierung an dem aktuellen Stand der Wissenschaft seien hier nur beispielhaft erwähnt. Die Autoren sind ausgewiesene Wissenschaftler und Experten auf ihrem Gebiet. Die Reihe will sich damit bewusst abgrenzen von einschlägigen »Praktikerhandbüchern« zweifelhafter Qualität, die dem Leser vorgaukeln, Betriebswirtschaftslehre könnte man durch Abarbeiten von Checklisten erlernen.
- Zu einer guten Theorie gehört auch die Anwendung der wissenschaftlichen Erkenntnisse, denn Wissenschaft sollte kein intellektueller Selbstzweck sein. Deshalb steht stets auch die Anwendungsorientierung im Fokus. Schließlich verfolgt der Studierende das Ziel, einen berufsqualifizierenden Abschluss zu erwerben. Die Bücher haben diese Maxime im Blick, weshalb jedes Buch neben dem Lehrtext u. a. auch Praxisbeispiele, Übungsaufgaben mit Lösungen sowie weiterführende Literaturhinweise enthält.
- Zugleich tragen die Werke dem Wunsch des Studierenden Rechnung, die Lehr- und Lerninhalte kompakt darzustellen, Wichtiges zu betonen, weniger Wichtiges wegzulassen und sich dabei auch einer verständlichen Sprache zu bedienen. Der Seitenumfang und das Lesepensum werden dadurch überschaubar. So eignen sich die Bücher der Lehrbuchreihe Bachelor Basics auch hervorragend zum Selbststudium und werden ein wertvoller Begleiter der Lehrmodule sein.

Die Reihe umfasst die curricularen Inhalte eines wirtschaftswissenschaftlichen Bachelor-Studiums. Sie enthält zum einen die traditionellen volks- und betriebswirtschaftlichen Kernfächer, darüber hinausgehend jedoch auch Bücher aus angrenzenden Fächern sowie zu überfachlichen Kompetenzen. Um auf neue Themen und Entwicklungen reagieren zu können, wurde die

Edition bewusst als offene Reihe konzipiert und die Zahl möglicher Bände nicht nach oben begrenzt.

Die Lehrbuchreihe Bachelor Basics richtet sich im Wesentlichen an Studierende der Wirtschaftswissenschaften an Hochschulen für angewandte Wissenschaften, an dualen Hochschulen, Verwaltungs- und Wirtschaftsakademien und anderen Einrichtungen, die den Anspruch haben, Wirtschaftswissenschaften anwendungsorientiert und zugleich wissenschaftlich anspruchsvoll zu vermitteln. Angesprochen werden aber auch Fach- und Führungskräfte, die im Sinne der beruflichen und wissenschaftlichen Weiterbildung ihr Wissen erweitern oder auffrischen wollen. Als Herausgeber der Lehrbuchreihe möchte ich mich bei allen Autorinnen und Autoren bedanken, die sich für diese Reihe engagieren und einen Beitrag hierzu geleistet haben.

Ich würde mich sehr freuen, wenn das ambitionierte Vorhaben, wissenschaftliche Qualität mit Anwendungsorientierung und einer kompakten, lesefreundlichen und didaktisch an die Bachelor-Studierenschaft abgestimmten Gestaltung zu kombinieren, dem Leser bei der Bewältigung des Bachelor-Lernstoffes hilfreich sein wird und es die Anerkennung und Beachtung erhält, die es meines Erachtens verdient.

Horst Peters

Vorwort zur ersten Auflage

Das vorliegende Buch möchte dem Leser das theoretische Grundlagenwissen aus dem Bereich der Kostenrechnung vermitteln sowie beim praktischen Umsetzen helfen.

Um diesen Zielsetzungen gerecht zu werden, sind sowohl meine mehrjährigen Lehr-, aber auch die praktischen Erfahrungen aus vielen Jahren Unternehmensberatung in die Lerninhalte eingeflossen.

Das Buch richtet sich an Studierende der Hochschulen, ist aber auch aufgrund der Übungen für Praktiker geeignet. Aus diesem Grund verweisen wir regelmäßig auf entsprechende Aufgaben, die die vorgestellte Thematik noch einmal aufgreifen und vertiefen. Zur Lernkontrolle schließen sich deren Lösungen an.

Bedanken möchte ich mich an dieser Stelle bei meinen Studentinnen und Studenten sowie den vielen Seminarteilnehmern, die mich zu diesem Buch ermutigt und mir auch durch ihre Hinweise und Fragestellungen wertvolle Tipps gegeben haben.

Besonders aber möchte ich mich bei den Personen bedanken, die an dieser Stelle nicht genannt werden wollen, die aber durch ihr Verständnis die Herstellung dieses Buches sehr erleichtert haben.

Juli 2016
Jürgen Stiefl

Inhalt

	Geleitwort des Reihenherausgebers	5
	Vorwort zur ersten Auflage	7
1	**Einführung in die Kostenrechnung**	13
1.1	Zielsetzung und Aufbau des Buches	13
1.2	Kostenrechnung als Teilgebiet des Rechnungswesens	14
1.3	Zusammenhänge der Kostenrechnung in Unternehmen	25
1.4	Systematik und Beispiel der Kostenrechnung	28
1.5	Die Kostenrechnung von KMU	31
2	**Grundlagen der Kostenrechnung**	33
2.1	Kostenarten und Kostenverläufe	33
2.1.1	Einzel- und Gemeinkosten	33
2.1.2	Fixe, variable und Gesamtkosten	34
2.1.3	Fixe, variable und gesamte Stückkosten	37
2.1.4	Mögliche Kostenverläufe	42
2.2	Produktions- und Kostenfunktionen	51
2.2.1	Kostenminimale versus optimale Produktionsverfahren	51
2.2.2	Grenzkosten	53
2.2.3	Gewinnschwelle – Break-Even-Analyse	56
2.2.4	Nutzenschwelle – Nutzengrenze	57
2.2.5	Kurz- und langfristige Preisuntergrenze	60
2.3	Grundzusammenhänge der Kostenrechnung in Unternehmen	63
2.3.1	Warum ist Kostenrechnung so wichtig?	63
2.3.2	Ablauf der Kostenrechnung	65
2.3.3	Abgrenzung der Kostenrechnung	66
2.3.3.1	Allgemeines zur Abgrenzungsrechnung	66
2.3.3.2	Unternehmensbezogene Abgrenzungsrechnung	66
2.3.3.3	Kostenrechnerische Korrekturen	71
2.4	Kostenrechnungssysteme und Organisation	72
2.5	Kostenartenrechnung	74
2.5.1	Aufgaben und Grundlagen	74
2.5.2	Die Materialkosten	75
2.5.2.1	Erfassung des Materialverbrauchs	75
2.5.2.2	Bewertung des Materialverbrauchs	76
2.5.3	Personalkosten	80

2.5.4	Kalkulatorische Kosten	81
2.5.4.1	Die kalkulatorische Abschreibung	81
2.5.4.2	Die kalkulatorischen Zinsen	82
2.5.4.3	Der kalkulatorische Unternehmerlohn	84
2.6	Kostenstellenrechnung	84
2.6.1	Aufgaben und Grundlagen	84
2.6.2	Gliederung eines Unternehmens in Kostenstellen	86
2.6.3	Der Betriebsabrechnungsbogen	87
3	**Kostenträgerrechnung auf Vollkostenbasis**	91
3.1	Aufgaben und Grundlagen	91
3.2	Kostenträgerstückrechnung	92
3.2.1	Divisionskalkulation	92
3.2.2	Äquivalenzziffernkalkulation	95
3.2.3	Zuschlagskalkulation	96
3.2.4	Maschinenstundensatzrechnung	100
3.3	Kostenträgerzeitrechnung	102
4	**Kostenträgerrechnung auf Teilkostenbasis**	104
4.1	Probleme und Gefahren der Vollkostenrechnung	104
4.2	Systeme der Teilkostenrechnung	106
4.2.1	Deckungsbeitragsrechnung (Direct Costing)	106
4.2.1.1	Deckungsbeitragsrechnung als Stückrechnung	106
4.2.1.2	Deckungsbeitragsrechnung im Einproduktunternehmen	108
4.2.1.3	Deckungsbeitragsrechnung im Mehrproduktunternehmen	108
4.2.2	Stufenweise Fixkostendeckungsrechnung	110
4.3	Bestimmung der Preisuntergrenze	111
5	**Ein vollständiges Praxisbeispiel zur Kostenrechnung eines kleinen Unternehmens**	114
5.1	Vorstellung der Beispiels-GmbH	114
5.2	Welche Kosten sind bei der Beispiels-GmbH entstanden?	116
5.3	Wo bzw. wofür sind die Kosten der Beispiels-GmbH eigentlich angefallen?	120
5.4	Betriebsergebnis und Produktkalkulation der Beispiels-GmbH	124
5.4.1	Das Betriebsergebnis	124
5.4.2	Die Produktkalkulation auf Basis der Maschinenstundensatzrechnung	126
5.4.3	Plankostenrechnung – Sensitivitätsanalyse	133
5.4.3.1	Veränderung der Mitarbeiterzahl	133

5.4.3.2	Veränderung der Leerkosten	134
5.4.3.3	Veränderung des Materialeinsatzes	137
6	**Spezielle Instrumente der Kostenrechnung**	**138**
6.1	Lineare Funktionen der Kostenrechnung	138
6.1.1	Grundlagen	138
6.1.2	Beispiele zur Ermittlung einer linearen Kostenfunktion	140
6.2	Kurvendiskussion als Basis für höhere Funktionen der Kostenrechnung	142
6.2.1	Grundlagen	142
6.2.2	Graph von Funktionen	142
6.2.3	Unstetigkeitsstellen von Funktionen	143
6.2.4	Verhalten von Funktionen	144
6.2.5	Nullstellen von Funktionen	144
6.2.6	Bereiche fallender und steigender Funktionswerte	145
6.2.7	Extremwerte (Maximum und Minimum) von Funktionen	145
6.2.8	Wendepunkte von Funktionen	146
6.3	Quadratische Funktionen der Kostenrechnung	147
6.3.1	Grundlagen	147
6.3.2	Beispiele der Kostenrechnung	150
6.4	Kubische Funktionen der Kostenrechnung	154
6.4.1	Grundlagen	154
6.4.2	Beispiele der Kostenrechnung	156
6.5	Verschiebung und Drehung von Funktionen der Kostenrechnung	159
6.5.1	Grundlagen	159
6.5.2	Beispiele der Kostenrechnung	162
6.6	Integralrechnung von Funktionen der Kostenrechnung	164
6.6.1	Grundlagen	164
6.6.2	Bestimmte und unbestimmte Integrale	165
6.6.3	Beispiele der Kostenrechnung	167
6.7	Elastizitäten von Funktionen der Kostenrechnung	170
6.7.1	Grundlagen	170
6.7.2	Allgemeine Kreuzpreiselastizitäten	173
6.7.3	Spezielle Kreuzpreiselastizitäten	175
6.7.4	Beispiele der Kostenrechnung	176
6.8	Die lineare Optimierung als Teilgebiet der Kostenrechnung	178
6.8.1	Grundlagen	178
6.8.2	Beispiele der Kostenrechnung	179
6.8.2.1	Die Ausgangssituation	179
6.8.2.2	Die Simplex-Methode als algebraische Lösung	181

7	Aufgaben	186
8	Lösungen zu den Aufgaben	206
9	Abbildungsverzeichnis	242
10	Tabellenverzeichnis	245
11	Literaturverzeichnis	248

1 Einführung in die Kostenrechnung

1.1 Zielsetzung und Aufbau des Buches

Innerhalb der Betriebswirtschaftslehre gehört die Kostenrechnung, vielleicht gleichzusetzen mit der Finanzierung und der Investition, zu den traditionsreichsten und damit automatisch zu den am intensivsten erforschten Gebieten. Warum aber ist das so? Offensichtlich ist es bspw. von zentraler Bedeutung, ob ein möglicher Jahresgewinn eines Unternehmens aus dem operativen oder dem so genannten »neutralen« Ergebnis entstanden ist. Sollte aber bspw. ein Jahresverlust entstanden sein, könnte dieser kurz- oder langfristige Konsequenzen haben. Unabhängig vom Jahresergebnis sorgt die Abgrenzungsrechnung als Vorstufe der Kostenrechnung für Klarheit über dessen Zustandekommen.

Das vorliegende Buch hat einen etwas unkonventionellen Aufbau.

Nach der hier kurz beschriebenen Zielsetzung des Buches beinhaltet das 1. Kapitel durch relativ einfache Geschäftsvorfälle den kompletten Aufbau des Rechnungswesens, wozu die Kostenrechnung einen Teil des internen Rechnungswesens darstellt.

Im 2. Kapitel werden mit diversen Kostenarten und Kostenverläufen sowie der Kostenarten- und Kostenstellenrechnung zunächst die Grundlagen (Basiselemente) der Kostenrechnung vorgestellt. In den folgenden Kapiteln 3 und 4 folgen die Kostenträgerrechnungen auf Voll- bzw. Teilkostenbasis.

Unkonventionell ist das Buch deshalb, da im 5. Kapitel ein komplettes Praxisbeispiel die Kostenrechnung eines kleinen Unternehmens aufbaut. Dieser Praxisbezug wird in den meisten Kostenrechnungsbüchern, wenn überhaupt, immer nur in Ansätzen vorgestellt. Der Autor dieses Buches hat aber durch Vorlesungen und Seminare erkannt, dass durch einen direkt erfolgten Praxisbezug die Studierenden besser »abgeholt« werden können, denn oftmals verliert man sich andernfalls in theoretischen Details, was nicht zielführend ist.

Kapitel 6 ist mit speziellen Instrumenten der Kostenrechnung umschrieben und baut weitgehend auf Basiselementen der Wirtschaftsmathematik auf. Dazu gehören z. B. lineare und quadratische Funktionen, die Kurvendiskussion, Elastizitäten, die Integralrechnung, aber auch die lineare Optimierung. Alle Fälle beziehen sich aber insbesondere auf die Kostenrechnung.

Damit die einzelnen Kapitel leichter verständlich und erlernbar sind, werden in regelmäßigen Abständen Aufgaben angeboten, die die dargestellten Inhalte nochmals aufgreifen und vertiefen sollen. Diese Aufgaben sind in Kapitel 7, deren Lösungen in Kapitel 8 enthalten. Dabei wurden bewusst praxisnahe Aufgaben entwickelt.

1.2 Kostenrechnung als Teilgebiet des Rechnungswesens

Die Kostenrechnung ist ein wesentlicher Bestandteil des Rechnungswesens und sollte niemals losgelöst von den anderen Bereichen, die nun kurz beschrieben werden, Betrachtung finden.

Ausgangspunkt aller kostenrechnerischen Überlegungen sind die unternehmerischen Prozesse, die ihren Niederschlag zunächst einmal in den Geschäftsvorfällen der **Finanzbuchhaltung** finden. Die Finanzbuchhaltung, aufgrund der diversen externen Interessentengruppen auch externes Rechnungswesen genannt, generiert mit der **Bilanz** die Bestandsrechnung und mit der **Gewinn- und Verlustrechnung** die Erfolgsrechnung.

Aus der Erfolgsrechnung leitet sich dann durch die so genannte Abgrenzungsrechnung die **Kostenrechnung** ab, die aufgrund des Adressatenkreises zum internen Rechnungswesen gehört, da diese Zahlen aufgrund der Brisanz niemals nach außen gelangen. Ebenso gehört die **Finanz-/Liquiditätsrechnung** zum Bereich des internen Rechnungswesens. Zwar gehört diese nicht zwingend zur Kostenrechnung, soll aber hier kurz den Bereich des internen Rechnungswesens abrunden. So erfahren Sie gleich durch relativ einfache Geschäftsvorfälle den kompletten Aufbau und die Entwicklung der Komponenten des Rechnungswesens.

Aus der Bilanzstruktur, die sich aus den Geschäftsvorfällen der Finanzbuchhaltung ergibt, leitet sich weiter ab, wo das unternehmerische Kapital herkommt, d. h. auf der Passivseite stehen mit dem Eigen- und Fremdkapital die beiden Finanzierungsquellen. Am heterogensten ist der Aufbau des Eigenkapitals, da dies sehr stark von der Gesellschaftsform abhängig ist. So beinhaltet Eigenkapital z. B. bei der AG das Grundkapital, die Kapital- und Gewinnrücklage, während diese Positionen z. B. bei der GmbH und diversen Personengesellschaftsformen ganz anders zusammengesetzt sind. Aus der Struktur der Aktivseite erkennt man gleichzeitig, wie das finanzierte Kapital investiv angelegt wurde, ob das Kapital also im tendenziell langfristig gebundenen Anlagevermögen oder im kurzfristig gebundenen Umlaufvermögen Verwendung gefunden hat.

Die Gewinn- und Verlustrechnung zeigt auf der Habenseite alle Erträge und auf der Sollseite alle Aufwendungen der Abrechnungsperiode. Übersteigen die Erträge die Aufwendungen, entsteht ein (handelsrechtlicher) Gewinn, im umgekehrten Fall ein Verlust. In beiden Fällen wird der Saldo der Gewinn- und Verlustrechnung dem Eigenkapital auf der Passivseite der Bilanz zugeführt, unabhängig von der anschließenden Verwendung und der Gesellschaftsform.

1.2 Kostenrechnung als Teilgebiet des Rechnungswesens

Entstehen in der Abrechnungsperiode Aufwendungen und Erträge, die das operative Geschäft der Unternehmung betreffen, so werden diese als so genannte **Kosten** und **Leistungen** in die **Kostenrechnung** übertragen. Dort werden diese Kosten/Leistungen teilweise modifiziert bzw. ergänzt und zur Erstellung des operativen Ergebnisses bzw. für Zwecke der Kalkulation weiterverwendet.[1]

Führen die Geschäftsvorfälle schließlich zu Geldzu- oder Geldabflüssen, wird hiermit die Finanz- bzw. Liquiditätsrechnung angesprochen. Somit gibt es letztlich Transaktionen, die alle Teilbereiche des Rechnungswesens berühren, aber auch solche, die nur einzelne Segmente ansprechen.

Um diese Zusammenhänge zu verdeutlichen, soll nun anhand eines sehr einfachen Beispiels auf die einzelnen Elemente des Rechnungswesens eingegangen werden. Nachfolgend werden acht Geschäftsvorfälle dargestellt und daraus die vier Teilbereiche des Rechnungswesens entwickelt. Beinhalten diese Geschäftsvorfälle auch die Kostenrechnung, werden, sofern später zwingend erforderlich, Alternativen aufgezeigt.

> **1. Geschäftsvorfall:** Es wird ein Unternehmen gegründet, indem eine Bareinlage in Höhe von 200 T€ geleistet wird. Die Gesellschaftsform sei an dieser Stelle einmal unerheblich. Die Auswirkungen auf die Komponenten des Rechnungswesens sind wie folgt:

Bilanz				Liquiditätsrechnung	
AKTIVA		**PASSIVA**			
		Eigenkapital	200	EZ1	200
Liquide Mittel	200				
Bilanzsumme	**200**	**Bilanzsumme**	**200**	**EZÜ =**	**200**

Abb. 1: Eröffnungsbilanz

Die **Bilanz** zeigt auf der Passivseite die Mittelherkunft des Kapitals und damit die Finanzierungsseite. Im Rahmen der Gesellschaftsgründung wurden der

---

[1] Dieses Buch trägt den Titel Kostenrechnung, hätte aber auch Kosten- und Leistungsrechnung lauten können. Es beschreibt inhaltlich keinen Unterschied.

Unternehmung 200 T€ in Form von Eigenkapital von außen zugeführt. Würde sich dieses Buch vorwiegend mit dem Finanzmanagement beschäftigen, wäre es die so genannte Außenfinanzierung.[2] Das Kapital schlägt sich im vorliegenden Fall auf der Aktivseite ausschließlich in Form von liquiden Mitteln nieder.[3] Die Aktivseite zeigt somit die Mittelverwendung und damit die Investitionsseite. Aktiva und Passiva sind somit lediglich die beiden Seiten ein und derselben Medaille! Eine Bilanz ist immer im Gleichgewicht, d. h. die Summe der Aktiva entspricht der Summe der Passiva. Der Geschäftsvorfall wurde liquiditätswirksam, da es zu einem Zufluss von Geld gekommen ist. Dies wird im Rahmen der **Liquiditätsrechnung** durch die Einzahlung (EZ1 = Einzahlung des Geschäftsvorfalls Nr. 1) in Höhe von 200 T€ deutlich. Es ist eine erste Querverbindung zwischen der Bilanz und der Liquiditätsrechnung erkennbar. Der Saldo der liquiden Mittel der Bilanz stimmt nämlich (immer) mit dem Saldo der Liquiditätsrechnung (EZÜ = Einzahlungsüberschuss) überein! Der Geschäftsvorfall berührt weder die Gewinn- und Verlustrechnung noch die Kostenrechnung. Im Rahmen der Kostenartenrechnung werden später die möglichen kalkulatorischen Zinsen beschrieben, die durch das Einbinden des Eigenkapitals in der Praxis häufig zur Anwendung kommen.

> **2. Geschäftsvorfall**: Der Unternehmer benötigt maschinelle Anlagen in Form von Betriebs- und Geschäftsausstattungen in Höhe von 400 T€. Aus der obigen Bilanz wird unmittelbar ersichtlich, dass die verfügbare Liquidität nicht ausreicht, um diese Investition zu tätigen. Deshalb nimmt der Unternehmer ein Darlehen bei seiner Hausbank in Höhe von 400 T€ auf.

Der Geschäftsvorfall hat folgende Auswirkungen (bei der weiteren Betrachtung werden die Veränderungen als grau schraffierte Felder markiert):

---

2 Siehe hierzu J. Stiefl, Finanzmanagement, 2008, S. 2 ff.
3 Natürlich hätte man dieses Konto auch z. B. Barmittel, Kasse oder Bank nennen können.

1.2 Kostenrechnung als Teilgebiet des Rechnungswesens

Bilanz

AKTIVA		PASSIVA	
Anlagen	400	Eigenkapital	200
Liquide Mittel	200	Bankdarlehen	400
Bilanzsumme	**600**	**Bilanzsumme**	**600**

Liquiditätsrechnung

EZ1	200	AZ2	400
EZ2	400		
EZÜ =	200		

Abb. 2: Bilanz nach Anlagenkauf finanziert durch Fremdkapital

Durch die erforderlichen Investitionen in langfristig gebundenes Anlagevermögen in Höhe von 400 T€ hat sich die Bilanzstruktur ganz maßgeblich verändert. Die Unternehmung ist nun zu 2/3 über ein Bankdarlehen finanziert. Im Rahmen der Liquiditätsrechnung werden Aufnahme und Verwendung des Bankdarlehens brutto ausgewiesen. Die Darlehensaufnahme sorgte zunächst zu einem Liquiditätszufluss (EZ2), zeitgleich aber auch zu einer Auszahlung (AZ2). Der Einzahlungsüberschuss stimmt nach der Transaktion wiederum mit dem Bestand der liquiden Mittel der Bilanz überein.

Ebenso wie beim ersten Geschäftsvorfall werden die Gewinn- und Verlustrechnung sowie die Kostenrechnung noch nicht angesprochen.

3. Geschäftsvorfall: Der Unternehmer kauft Vorräte, die anschließend weiterverarbeitet werden sollen. Die Vorräte kosten 120 T€ und werden bar bezahlt:

Bilanz

AKTIVA		PASSIVA	
Anlagen	400	Eigenkapital	200
Vorräte	120		
Liquide Mittel	80	Bankdarlehen	400
Bilanzsumme	**600**	**Bilanzsumme**	**600**

Liquiditätsrechnung

EZ1	200	AZ2	400
EZ2	400	AZ3	120
EZÜ =	80		

Abb. 3: Bilanz nach Zukauf von Vorräten

Theoretisch hätten bei diesem Geschäftsvorfall auch schon die bestehenden Materialaufwendungen der GuV sowie die Materialkosten der Kostenrechnung

1 Einführung in die Kostenrechnung

zugeführt werden können. Diesen Geschäftsvorfall bezeichnet man buchhalterisch auch als reinen Aktivtausch, da die Passivseite nicht angesprochen wird.

4. **Geschäftsvorfall**: Die Gesellschaft stellt Mitarbeiter ein, die in diesem Jahr 660 T€ kosten und mit Vorräten im Wert von 70 T€ Umsatzerlöse in Höhe von 840 T€ erzielen. Von den Umsatzerlösen werden 11/12 liquiditätswirksam, das verbleibende 1/12 sind Forderungen aus Lieferungen und Leistungen. Erstmalig wirkt sich ein Geschäftsvorfall auf die Gewinn- und Verlustrechnung und die Kostenrechnung aus:

Bilanz

AKTIVA		PASSIVA	
Anlagen	400	Eigenkapital	200
Vorräte	50		
Forderungen	70		
Liquide Mittel	190	Bankdarlehen	400
Bilanzsumme	710	Bilanzsumme	600

Liquiditätsrechnung

EZ1	200	AZ2	400
EZ2	400	AZ3	120
EZ4	770	AZ4	660
EZÜ =		190	

Gewinn- und Verlustrechnung

SOLL		HABEN	
Personalaufwand	660	Umsatzerlös	840
Materialaufwand	70		
Gewinn	110		
Saldo	840	Saldo	840

Kostenrechnung

Leistungen	840
Personalkosten	660
Materialkosten	70
Operatives Ergebnis	110

Abb. 4: Erste komplexe Struktur des Rechnungswesens

In der Bilanz zeigt sich der Geschäftsvorfall sowohl bei den Vorräten, den Forderungen als auch den liquiden Mitteln. Ein- und Auszahlungen (EZ4 und AZ4) werden bei der Liquiditätsrechnung wiederum brutto dargestellt. Die Gewinn- und Verlustrechnung zeigt im Haben den Umsatzerlös und im Soll den Personal- und Materialaufwand. Der bislang entstandene Gewinn in Höhe der Differenz (110 T€) würde, wenn der Jahresabschluss nun zu erstellen wäre, dem Eigenkapital zugeordnet und würde somit die Passiva auf 710 T€ (= Aktiva) erhöhen. Hier zeigt sich die nächste Querverbindung innerhalb des externen Rechnungswesens. Der Saldo der Gewinn- und Verlustrechnung ist nämlich dem Eigenkapital zuzuschlagen. Im Falle eines Gewinnes wird damit eine weitere Form der Finanzierung angesprochen, nämlich mit der so genannten Gewinnthesaurierung eine Form der offenen Selbstfinanzierung (Innenfinanzierung). Die Bilanz wäre nach der Übernahme des Gewinnes wiederum im Gleichgewicht. Da es sich bei dem Geschäftsvorfall um das operative Geschäft der Unternehmung handelt, werden die Umsatzerlöse in der Kostenrechnung als Leistungen und die **Personal- und Materialaufwendungen** als **Personal- und Materialkosten** dargestellt. Bis zu diesem Zeitpunkt sind Gewinn und operatives Ergebnis in Höhe von 110 T€ identisch. Später werden im Rahmen der Kostenartenrechnung Möglichkeiten aufgezeigt, die zu Änderungen der Materialaufwendungen und Materialkosten führen können, was aber nicht zwingend der Fall sein muss. Auch können so genannte Zusatzkosten die Personalkosten höher als die Personalaufwendungen ausweisen. Dies erfolgt häufig bei Einzelunternehmen, bei denen z. B. die Geschäftsführung ihre Gehälter nicht in den Personalaufwendungen zeigt.

5. Geschäftsvorfall: Das Bankdarlehen kostet 3 % Zinsen (12 T€) und wird in bar bezahlt. Tilgungsleistungen fallen in diesem Jahr noch nicht an:

Bilanz

AKTIVA		PASSIVA	
Anlagen	400	Eigenkapital	200
Vorräte	50		
Forderungen	70		
Liquide Mittel	178	Bankdarlehen	400
Bilanzsumme	**698**	**Bilanzsumme**	**600**

Liquiditätsrechnung

EZ1	200	AZ2	400
EZ2	400	AZ3	120
EZ4	770	AZ4	660
		AZ5	12
EZÜ =		**178**	

Gewinn- und Verlustrechnung

SOLL		HABEN	
Personalaufwand	660	Umsatzerlös	840
Materialaufwand	70		
Zinsaufwand	12		
Gewinn	98		
Saldo	**840**	**Saldo**	**840**

Kostenrechnung

Leistungen	840
Personalkosten	660
Materialkosten	70
Zinskosten	12
Operatives Ergebnis	**98**

Abb. 5: Gemeinsamkeiten und Unterschiede des Rechnungswesens I

1 Einführung in die Kostenrechnung

Dieser Geschäftsvorfall sorgt in der gleichen Höhe für sowohl Zinsaufwendungen als auch Zinskosten. Dies ist nicht zwingend der Fall. Vielmehr hängt es für den Kostenrechner davon ab, ob er langfristig mit diesen Zinsen kalkulieren kann. Hätte es sich bspw. um ein zinsgünstiges Darlehen der Kreditanstalt für Wiederaufbau (KfW) gehandelt, wären die Zinskosten nach oben angepasst worden. Im Zuge der Kostenrechnung werden auch manchmal kalkulatorische Zinsen angesetzt, die entstehen können, wenn man eigentlich aufgrund niedrigen Fremdkapitals keine oder lediglich sehr geringe Zinsaufwendungen hat. Dies wird später im Bereich der Kostenartenrechnung genauer erklärt.

6. Geschäftsvorfall: Das Anlagevermögen wird aufgrund des Verschleißes sowie des technischen Fortschritts über 5 Jahre linear abgeschrieben, so dass im Jahresabschluss 80 T€ erfolgswirksam erfasst werden (400 T€ / 5 Jahre).

Bilanz

AKTIVA		PASSIVA	
Anlagen	320	Eigenkapital	200
Vorräte	50		
Forderungen	70		
Liquide Mittel	178	Bankdarlehen	400
Bilanzsumme	**618**	**Bilanzsumme**	**600**

Liquiditätsrechnung

EZ1	200	AZ2	400
EZ2	400	AZ3	120
EZ4	770	AZ4	660
		AZ5	12
EZÜ =		178	

Gewinn- und Verlustrechnung

SOLL		HABEN	
Personalaufwand	660	Umsatzerlös	840
Materialaufwand	70		
Zinsaufwand	12		
Abschreibung	80		
Gewinn	18		
Saldo	**840**	**Saldo**	**840**

Kostenrechnung

Leistungen	840
Personalkosten	660
Materialkosten	70
Zinskosten	12
Kalk. Abschreibung	90
Operatives Ergebnis	**-2**

Abb. 6: Gemeinsamkeiten und Unterschiede des Rechnungswesens II

1.2 Kostenrechnung als Teilgebiet des Rechnungswesens

Dieser Geschäftsvorfall zeigt einen elementaren Unterschied zu den vorangegangenen. Der handelsrechtliche Aufwand (80 T€) vermindert das Anlagevermögen und den ausgewiesenen Gewinn durch die Berücksichtigung der Abschreibung, wird aber nicht im Rahmen der Liquiditätsrechnung dargestellt. Es handelt sich um einen rein buchhalterischen Vorgang, der nicht zu einer Auszahlung führt. Ferner wurde im Rahmen der Kostenrechnung der langfristig erwartete Werteverschleiß des Anlagevermögens mit 90 T€ etwas höher ausgewiesen, die kalkulatorische Abschreibung (90 T€) weicht folglich von der handelsrechtlichen Abschreibung der Gewinn- und Verlustrechnung in Höhe von 10 T€ ab. Hier zeigt sich eine Problematik, die der Kostenrechner immer zu lösen hat. Er leitet die Kosten und Leistungen aus der Gewinn- und Verlustrechnung ab und muss grundsätzlich die Frage beantworten, ob erstens die Aufwendungen in gleicher Höhe als Kosten zu übernehmen sind (Grundkosten oder aufwandsgleiche Kosten), ob zweitens die Aufwendungen in einer anderen Höhe als Kosten ihren Niederschlag finden (Anderskosten) oder ob drittens die Aufwendungen möglicherweise gar keine Kosten darstellen (neutrale Aufwendungen). Im hier vorliegenden Fall wurde exemplarisch einmal von Anderskosten ausgegangen, natürlich wären auch die beiden anderen Varianten (Grundkosten oder neutrale Aufwendungen) denkbar gewesen.

7. Geschäftsvorfall: Da die Geschäftsleitung kurzfristig wenig Liquidität benötigt, wird ein Teil davon aus Rentabilitätsgründen in Wertpapiere angelegt (100 T€).

1 Einführung in die Kostenrechnung

Bilanz

AKTIVA		PASSIVA	
Anlagen	320	Eigenkapital	200
Vorräte	50		
Forderungen	70		
Wertpapiere	100		
Liquide Mittel	78	Bankdarlehen	400
Bilanzsumme	**618**	**Bilanzsumme**	**600**

Liquiditätsrechnung

EZ1	200	AZ2	400
EZ2	400	AZ3	120
EZ4	770	AZ4	660
		AZ5	12
		AZ7	100
EZÜ =		**33**	

Gewinn- und Verlustrechnung

SOLL		HABEN	
Personalaufwand	660	Umsatzerlös	840
Materialaufwand	70		
Zinsaufwand	12		
Abschreibung	80		
Gewinn	18		
Saldo	**840**	**Saldo**	**840**

Kostenrechnung

Leistungen	840
Personalkosten	660
Materialkosten	70
Zinskosten	12
Kalk. Abschreibung	90
Operatives Ergebnis	**8**

Abb. 7: Gemeinsamkeiten und Unterschiede des Rechnungswesens III

Dieser Geschäftsvorfall bewirkt einen reinen Aktivtausch.

8. Geschäftsvorfall: Die Wertpapiere verzinsen sich in Höhe von 5 % (5 T€). Der Betrag wird dem Konto Liquide Mittel zugeschrieben.

1.2 Kostenrechnung als Teilgebiet des Rechnungswesens

Bilanz

AKTIVA		PASSIVA	
Anlagen	320	Eigenkapital	200
Vorräte	50		
Forderungen	70		
Wertpapiere	100		
Liquide Mittel	83	Bankdarlehen	400
Bilanzsumme	**623**	**Bilanzsumme**	**600**

Liquiditätsrechnung

EZ1	200	AZ2	400
EZ2	400	AZ3	120
EZ4	770	AZ4	660
EZ8	5	AZ5	12
		AZ7	100
EZÜ =		83	

Gewinn- und Verlustrechnung

SOLL		HABEN	
Personalaufwand	660	Umsatzerlös	840
Materialaufwand	70	Zinsertrag	5
Zinsaufwand	12		
Abschreibung	80		
Gewinn	23		
Saldo	**845**	**Saldo**	**845**

Kostenrechnung

Leistungen	840
Personalkosten	660
Materialkosten	70
Zinskosten	12
Kalk. Abschreibung	90
Operatives Ergebnis	**8**

Abb. 8: Gemeinsamkeiten und Unterschiede des Rechnungswesens IV

Dieser Geschäftsvorfall hat keinerlei Auswirkungen auf die Kostenrechnung, da das operative Geschäft nicht berücksichtigt wird.

Am Jahresende wird nun noch der handelsrechtliche Gewinn dem Eigenkapital zugeordnet und komplettiert den Jahresabschluss (aus Vereinfachungsgründen wurde im Beispiel auf die Berücksichtigung von Steuern verzichtet).

1 Einführung in die Kostenrechnung

Bilanz

AKTIVA		PASSIVA	
Anlagen	320	Eigenkapital	200
Vorräte	50	Gewinn	23
Forderungen	70		
Wertpapiere	100		
Liquide Mittel	83	Bankdarlehen	400
Bilanzsumme	**623**	**Bilanzsumme**	**623**

Abb. 9: Schlussbilanz

Die Geschäftsvorfälle zeigen zusammenfassend folgende Ergebnisse und Implikationen:

Mit der Bilanz und der Gewinn- und Verlustrechnung wurde der Jahresabschluss erstellt. Beide Bereiche werden zum so genannten externen Rechnungswesen gezählt, denn es sind externe Adressaten (bspw. Finanzamt, Gläubiger, Lieferanten, Kapitalgeber), die ein Interesse am Jahresabschluss haben. Am Jahresende wird der Saldo der Gewinn- und Verlustrechnung dem Eigenkapital zugeführt (hier 23 T€). Die Erstellung des Jahresabschlusses ist Pflicht.

Kostenrechnung und Liquiditätsrechnung gehören zum so genannten **internen Rechnungswesen**, denn die Zahlen werden nicht veröffentlicht, sondern nur für interne Zwecke genutzt. Die Erstellung ist freiwillig, jedoch unbedingt ratsam. Ohne Kostenrechnung wüsste die Unternehmensleitung nicht, ob mit dem Kerngeschäft Geld verdient oder vernichtet wird und welche Produkte positive und negative Ergebnisse erwirtschaften. Auch eine Kalkulationsgrundlage wäre nicht vorhanden. Ohne Liquiditätsrechnung bzw. die daran anknüpfende Liquiditätsplanung ist der Unternehmer nicht in der Lage, drohende Liquiditätsengpässe, die Hauptgründe für Insolvenzen sind, zu erkennen.

Die **Kostenrechnung** leitet sich aus der Gewinn- und Verlustrechnung ab. Umsatzerlöse, die das operative Geschäft betreffen, werden als Leistungen übernommen, sonstige Erträge als neutrale Erträge herausgefiltert. Aufwendungen führen entweder in gleicher Höhe zu Kosten (Grundkosten), werden in einer anderen Höhe übernommen (Anderskosten) oder finden keine Berücksichtigung (neutrale Aufwendungen).

Im Beispiel differieren Bilanzgewinn (23 T€) und das operative Ergebnis der Kostenrechnung (8 T€). Der Grund liegt zum einen im neutralen Ertrag infolge des Zinsgewinnes (5 T€) und zum anderen im Rahmen der Anderskosten bei den kalkulatorischen Abschreibungen (Δ 10 T€).

Die **Liquiditätsrechnung (Finanzrechnung)** zeigt alle Ein- und Auszahlungsströme einer Abrechnungsperiode. Der Saldo stimmt mit dem Saldo der liquiden Mittel der Aktivseite der Bilanz überein.

Die **Aktivseite (Aktiva)** ist die **Investitionsseite** einer Unternehmung und wird auch Mittelverwendungsseite genannt. Sie beinhaltet im Anlagevermögen das langfristig gebundene Kapital (Grundstücke und Gebäude, Betriebs- und Geschäftsausstattung und Fuhrpark) und im Umlaufvermögen das kurz- bis mittelfristig gebundene Vermögen (Vorräte, Forderungen, Bank- und Kassenbestände).

Die **Passivseite (Passiva)** ist die **Finanzierungsseite** einer Unternehmung und wird auch Mittelherkunftsseite genannt. Sie beinhaltet mit dem Eigenkapital (je nach Gesellschaftsform gezeichnetes Kapital, Grundkapital, Kapitalrücklage, Gewinnrücklage, Gewinn-/Verlustvortrag, Gewinn/Verlust) das langfristig finanzierte Kapital und mit dem Fremdkapital sowohl langfristig (z. B. Annuitätendarlehen, Hypothekendarlehen, Pensionsrückstellungen) als auch kurzfristig (z. B. Lieferantenkredit, Kontokorrentkredit) gebundene Fremdmittel.

1.3 Zusammenhänge der Kostenrechnung in Unternehmen

Nun sollen kurz die Grundzusammenhänge des Rechnungswesens im Allgemeinen und der Kostenrechnung im Besonderen beschrieben werden. Die Säulen des Rechnungswesens bestehen aus dem externen Rechnungswesen, in dem sich aus der Finanz- oder auch Bilanzbuchhaltung die Bilanz und Gewinn- und Verlustrechnung ableitet. Die Bedeutung ergibt sich aus den Kriterien der angefügten Abbildung. Die Finanzplanung gehört zwar ebenso wie die Kostenrechnung zum internen Rechnungswesen, wird aber später in diesem Lehrbuch keine (große) Rolle mehr spielen. Deshalb wird sie in der folgenden Abbildung nicht gezeigt. Die Kostenrechnung ist zwar freiwillig und losgelöst von genauen Regelungen, aber sehr bedeutsam, was der weitere Verlauf des Buches sicher zeigen wird.

1 Einführung in die Kostenrechnung

Kriterium	Säulen des Rechnungswesens	
	Externes	Internes
Empfänger	Externe Interessenten	Interne Interessenten (Unternehmensführung)
Zweck	Rechenschaftslegung über Jahreserfolg und Vermögen	Grundlage für Planung, Steuerung und Kontrolle des Unternehmens
Zeitbezug	Vergangenheit; Jahr	Vergangenheit, Zukunft; Jahr, Monat, Tag
Regelung	Gesetzliche Regelungen (Handels- und Steuerrecht)	Interne Regelungen (unternehmensindividuell)
Veröffentlichung	Pflicht	freiwillig
Wertgrößen	Ertrag und Aufwand	Leistungen und Kosten
	↑	↑
	Finanzbuchhaltung	Kostenrechnung

Abb. 10: Die Säulen des Rechnungswesens

Von besonderer Relevanz sind im Rahmen der dargestellten Kriterien die Wertgrößen, die unbedingt voneinander abgegrenzt werden müssen. Deshalb ist an dieser Stelle eine kurze Definition angebracht.

Erträge sind die in der Finanzbuchhaltung in Geld bewerteten Wertezugänge einer Abrechnungsperiode. Stammen sie aus dem betrieblichen Leistungsprozess, so bezeichnet man sie als **Betriebserträge**, andernfalls als **neutrale Erträge**. Sie finden ihren Niederschlag auf der Habenseite der Gewinn- und Verlustrechnung. Beispiele für Betriebserträge sind die Umsatzerlöse, die in Zusammenhang mit den verkauften Produkten und Dienstleistungen stehen. Neutrale Erträge entstehen aus betriebsfremden, periodenfremden oder außerordentlichen Vorgängen. Beispiele können sein:

- Spekulationsgewinne wären betriebsfremd,
- Gewerbesteuerrückzahlungen sind periodenfremd und
- Erträge aus einem gewonnenen Prozess bedeuten einen außerordentlichen Ertrag.

Aufwendungen sind die in der Finanzbuchhaltung in Geld bewerteten Wertabgänge einer Abrechnungsperiode. Ebenso wie bei den Erträgen unterscheidet man zwischen **Betriebsaufwendungen** und **neutralen Aufwendungen**. Sie finden ihren Niederschlag auf der Sollseite der Gewinn- und Verlustrechnung. Beispiele für Betriebsaufwendungen sind Material- und Personalaufwendungen, die im Zuge des betrieblichen Leistungsprozesses anfallen. Neutrale Aufwendungen entstehen, ebenso wie die neutralen Erträge, aus betriebsfremden, periodenfremden oder außerordentlichen Geschäftsvorfällen. Beispiele können sein:

- Verluste aus dem Verkauf einer Beteiligung stellen betriebsfremde,
- Steuernachzahlungen periodenfremde und
- nicht durch eine Versicherung abgedeckte Brandschäden außerordentliche Aufwendungen dar.

Leistungen sind die in Geld bewerteten, aus dem betrieblichen Produktionsprozess hervorgegangenen Mengen an Gütern und Dienstleistungen einer Abrechnungsperiode. Es handelt sich hierbei um die Erträge der Finanzbuchhaltung des betrieblichen Leistungsprozesses, die in der Kostenrechnung weiterverarbeitet werden. Beispiele sind die bezogenen Gelder aus dem Warenverkauf.

Kosten sind der in Geld bewertete Verzehr an Gütern und Dienstleistungen innerhalb einer Abrechnungsperiode, welche der Erhaltung der betrieblichen Leistungsbereitschaft und der Erstellung der betrieblichen Leistungen dienen. Bei den Kosten handelt es sich insbesondere um die Aufwendungen der Finanzbuchhaltung des betrieblichen Leistungsprozesses, die in der Kostenrechnung im Rahmen der Kalkulation weiterverarbeitet werden. Beispiele sind

- die aus der Finanzbuchhaltung in gleicher Höhe übernommenen Personalkosten (Grundkosten),
- die in einer anderen Höhe übernommenen kalkulatorischen Abschreibungen und kalkulatorische Zinsen (Anderskosten) oder
- der kalkulatorische Unternehmerlohn einer Personengesellschaft, der in der Finanzbuchhaltung keine Berücksichtigung findet (Zusatzkosten).

Die in diesem Buch nur am Rande behandelten Einzahlungen sind Zuflüsse von liquiden Mitteln. Die Zahlungs- und Geldeingänge bedeuten eine Erhöhung des Zahlungsmittelbestandes. Dieser setzt sich dabei zusammen aus dem Bestand an Bargeld und Buchgeld. Einzahlungen entstehen bspw. beim Barverkauf von Güter- und Dienstleistungen oder bei der Rechnungsbegleichung eines Kunden. Ebenso werden in der Liquiditäts-/Finanzplanung auch Auszahlungen gezeigt. Dies sind Abflüsse von liquiden Mitteln bzw. eine Verminderung des Zahlungsmittelbestandes. Beispielhaft kann hier die Gehaltsüberweisung an die Mitarbeiter oder die Begleichung einer Lieferantenrechnung aufgeführt werden (▶ Aufgabe 1).

1.4 Systematik und Beispiel der Kostenrechnung

Wie im Kapitel 1.2 bereits angedeutet, besteht die erste Aufgabe für den Kostenrechner darin, aus der Gewinn- und Verlustrechnung alle für die Kostenrechnung relevanten Zahlen abzuleiten, um sie zum Zwecke der Produktkalkulation bzw. zur Ermittlung des Betriebsergebnisses weiterverarbeiten zu können. Dies erfolgt mit Hilfe der so genannten Abgrenzungsrechnung, d. h. es muss ermittelt werden, inwieweit die in der Gewinn- und Verlustrechnung enthaltenen Aufwendungen auch als Kosten – vereinfachend handelt es sich hierbei um Aufwendungen, die durch das Kerngeschäft der Unternehmung entstanden sind – zu erfassen sind. Ansonsten würden sie nicht oder ggf. in einer anderen Höhe berücksichtigt.

Aufwendungen aus der Gewinn- und Verlustrechnung (Finanzbuchhaltung)			
Neutrale Aufwendungen	Betriebliche Aufwendungen	Betriebliche Aufwendungen	
	=	≠	
	Grundkosten	Anderskosten	Zusatzkosten
	Kosten der Kosten- und Leistungsrechnung		

Abb. 11: Die Hinführung der Gewinn- und Verlustrechnung zur Kostenrechnung

Im Sinne der Kostenrechnung werden nach obigem Schema also zunächst einmal diejenigen Aufwendungen (und auch Erträge) herausgefiltert, die **neutral** sind und deshalb nicht in die Kosten- und Leistungsrechnung übernommen werden dürfen.

Neutrale Aufwendungen und Erträge entstehen

- **bei der Verfolgung betriebsfremder Ziele** (z. B. Verluste aus Wertpapierverkäufen oder Erträge aus der Vermietung von betriebsfremden Grundstücken),
- aus betrieblichen, aber **periodenfremden** Vorgängen (z. B. Nachzahlung von Löhnen und betrieblichen Steuern) oder
- als **außerordentliche** Aufwendungen und Erträge (z. B. Erlöse aus dem Verkauf von Anlagevermögen oder Aufwendungen aufgrund eines Wasserschadens).

Viele, wahrscheinlich sogar die meisten Aufwendungen der Finanzbuchhaltung können unverändert als Kosten in die Betriebsergebnisrechnung aufgenommen werden. In diesen Fällen spricht man von **aufwandsgleichen Kosten** oder auch **Grundkosten**. Beispielhaft sind hier zu nennen:

- Löhne und Gehälter
- Materialaufwand
- Frachtkosten

Aufwendungen aus der Finanzbuchhaltung, die kalkulatorisch ungeeignet sind und deshalb in der Kosten- und Leistungsrechnung mit einem anderen Wert anzusetzen sind, nennt man **aufwandsungleiche Kosten** oder auch **Anderskosten**. Standardbeispiele sind:

- Abschreibungen, die in der Gewinn- und Verlustrechnung nach handels- und steuerrechtlichen Grundsätzen angesetzt werden, während sie in der Kostenrechnung zu Wiederbeschaffungspreisen und nach dem tatsächlichen Werteverzehr darzustellen sind.
- Zinsaufwendungen, die in der Kostenrechnung zu durchschnittlichen Marktpreisen ihren Niederschlag finden, während sie im Jahresabschluss gemäß den aktuellen Gegebenheiten dargestellt werden. Hier können also bspw. kurzfristig geltende zinsgünstige Darlehen ihren Niederschlag finden.
- Es gibt drittens Kosten, denen in der Finanzbuchhaltung keine Aufwendungen gegenüberstehen, die aber leistungsbedingt anfallen und deshalb im Rahmen der Kalkulation anzusetzen sind. Diese Kosten nennt man **Zusatzkosten**. Hier kann der kalkulatorische Unternehmerlohn beispielhaft genannt werden, der bei Personengesellschaften in der Kostenrechnung als zusätzlicher Kostenfaktor berücksichtigt werden muss, sofern bspw. das Geschäftsführergehalt nicht in den Aufwendungen der Finanzbuchhaltung enthalten ist.

Eine Abgrenzungsrechnung sieht beispielhaft wie folgt aus:

1 Einführung in die Kostenrechnung

Tab. 1: Ergebnistabelle eines kleinen Unternehmens

Ergebnistabelle							
Finanzbuchhaltung (= Rechnungskreis I)			**Kosten- und Leistungsrechnung** (= Rechnungskreis II)				
Gesamtergebnisrechnung der FiBu			Unternehmensbezogene Abgrenzungen		Betriebsergebnisrechnung		
Konto	Aufwand	Ertrag	Neutraler Aufwand	Neutraler Ertrag	Kosten	Leistungen
Umsatzerlös		2.600.000				2.600.000
Material	600.000				600.000	
Personal	1.500.000				1.500.000	
Abschreibung	120.000			20.000	140.000	
Leasing	14.000				14.000	
Frachten	30.000				30.000	
Büromaterial	5.000				5.000	
Messe	5.000				5.000	
Versicherungen	10.000				10.000	
Sonstiger Aufwand	116.000		104.000		12.000	
Zinsen	54.000				54.000	
Summe	2.454.000	2.600.000	104.000	20.000	2.370.000	2.600.000
Ergebnis	146.000			84.000	230.000	
	Gesamtergebnis		**Neutrales Ergebnis**		**Betriebsergebnis**	

Das Gesamtergebnis gemäß Gewinn- und Verlustrechnung (vor Steuern) beträgt also 146.000 €, während das Betriebsergebnis mit 230.000 € sogar um 84.000 € höher ausfällt. Zunächst wurden die kalkulatorischen Abschreibungen mit 140.000 € um 20.000 € höher angesetzt als die handelsrechtlichen Abschreibungen (Anderskosten). Dann waren im Rahmen der sonstigen Aufwendungen, die in der Gewinn- und Verlustrechnung 116.000 € betrugen, 104.000 € abzugrenzen. Davon entfielen 4.000 € auf einen Verlust aus dem Verkauf von Wertpapieren (betriebsfremder Aufwand) und 100.000 € entstanden durch einen Wasserschaden (außerordentlicher Aufwand).

1.5 Die Kostenrechnung von KMU

Bei der Frage, was kleine und mittlere Unternehmen von Großunternehmen unterscheidet, haben sich die beiden Merkmale der Beschäftigtenzahl und des Jahresumsatzes etabliert, was zu folgender Differenzierung führt:

Tab. 2: Größenklassen von Unternehmen

Größenklasse	Beschäftigte	Jahresumsatz
Kleinstunternehmen	bis 9	und bis 2 Mio. €
Kleine Unternehmen	bis 49	und bis 10 Mio. €
Mittlere Unternehmen	bis 249	und bis 50 Mio. €
Großunternehmen	über 9	oder über 50 Mio. €

Die EU-Kommission verwendet daraus abgeleitet den Begriff KMU als Oberbegriff für Kleinst-, kleine und mittlere Unternehmen. Bezogen auf die Kostenrechnung könnte man also ironisch sagen, dass die Zahlen der Kostenrechnung bei KMU lediglich kleiner als bei Großunternehmen sind.

Da ich mich als Verfasser des Buches aber schon einige Jahre intensiv mit KMU beschäftigt habe, möchte ich Ihnen im Kapitel 5 ein vollständiges Praxisbeispiel zur Kostenrechnung eines kleinen Unternehmens zeigen. Es beinhaltet auch die Preistheorie und verschiedene Marktsituationen.

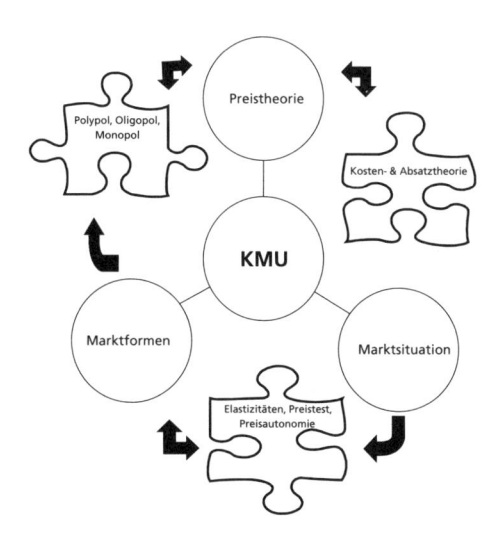

Abb. 12: Marktformen und Marktsituationen von KMU

Die Abbildung zeigt, dass auch bei KMU unterschiedliche **Marktformen** möglich sind. Zwar befinden sich die meisten KMU im Polypol, so dass viele andere Anbieter Konkurrenten sind und die Marktpreise ihrer Produkte bereits feststehen, also als so genanntes Datum zu betrachten sind. Dennoch gibt es auch KMU, die aufgrund ihres Alleinstellungsmerkmals preistheoretisch als Monopolisten agieren, also die Preise ihrer Produkte selbst festlegen können. Diese Beispiele ergeben dann auch unterschiedliche **Marktsituationen**. Ein Monopolist z. B. hat Preisautonomie, während ein Polypolist oder auch ein Oligopolist, der wenige Konkurrenten hat, aufgrund von Preistests durch z. B. Preiselastizitäten kalkulieren kann, ob Preisveränderungen sinnvoll sind, also zu höheren/besseren Ergebnissen führen können. Aus diesen Gründen werden im 6. Kapitel auch spezielle Instrumente der Kostenrechnung gezeigt, wozu u. a. Elastizitäten oder Integrale gehören.

2 Grundlagen der Kostenrechnung

Das Beispiel im letzten Kapitel hat bereits in Ansätzen gezeigt, wie bedeutsam die Kostenrechnung ist. Obwohl das Unternehmen einen handelsrechtlichen Gewinn in Höhe von 23 T€ ausweisen konnte, betrug das operative Ergebnis als Resultat der Kostenrechnung lediglich 8 T€.

Bevor die Bedeutung der Kostenrechnung später, auch anhand von Aufgaben, erläutert wird, folgen nun zunächst einige wichtige (theoretische) Grundlagen der Kostenrechnung.

2.1 Kostenarten und Kostenverläufe

2.1.1 Einzel- und Gemeinkosten

Kosten stellen allgemein in Geld bewertete Mengen und Produktionsfaktoren, in Geld bewertete Dienstleistungen Dritter bzw. in Geld bewertete Abgaben dar. Diese werden bei der Erstellung betrieblicher Leistungen (auch operative Leistungen genannt) verbraucht.

Diese Kostenarten finden später auch bei der Beispiels-GmbH Anwendung, denn es werden dort zunächst verschiedene Kosten direkt den Kostenträgern zugerechnet und deshalb als **Einzelkosten** beschrieben. Diese Kostenart ist sehr stark von Unternehmensbranchen abhängig, beträgt im Durchschnitt aber lediglich etwa 20 % der Gesamtkosten. Wie im nächsten Gliederungspunkt erläutert, sind Einzelkosten immer von der Ausbringungsmenge abhängig und somit **variabel**. Dazu zählen z. B. Materialkosten, aber auch Fertigungslohnkosten sowie Sondereinzelkosten der Fertigung oder Sondereinzelkosten des Vertriebes, zu denen man bspw. Provisionen zählen kann.

Die **Gemeinkosten** machen anteilig den deutlich größeren Bestand, also ca. 80 % der Gesamtkosten aus. Sie haben aus Sicht der Kostenrechner den Nachteil, nicht direkt den Kostenträgern zurechenbar zu sein, sondern erst im Rahmen der Kostenstellenrechnung über einen Verteilungsschlüssel laufen müssen. Bei der später beschriebenen Beispiels-GmbH geschieht dies sogar über die sehr aufwendige Maschinenstundensatzrechnung. Die Gemeinkosten haben mit den Einzelkosten sehr wenig gemeinsam. Zwar können sie auch mit der Beschäftigungsmenge schwanken (z. B. Frachten und Porto), zumeist handelt es sich aber um **Fixkosten**. Das sind solche Kosten, die unabhängig von der Beschäftigung (Ausbringungsmenge) anfallen. Dazu zählen z. B. Mietkosten oder auch Abschreibungen selbst auf Produktionsmaschinen.

Wurden jetzt bereits fixe und variable Kosten erwähnt, sollen diese nun im folgenden Gliederungspunkt genauer beschrieben werden. Bereits an dieser Stelle kann festgehalten werden, dass später die Einzel- und Gemeinkosten bei der **Vollkostenrechnung** und die fixen und variablen Kosten bei der **Teilkostenrechnung** zum Ansatz gebracht werden.

2.1.2   Fixe, variable und Gesamtkosten

Bei den meisten Produktionsprozessen entstehen sowohl Kosten, die von der Menge der produzierten Güter abhängen, als auch Kosten, die unabhängig von der Produktionsmenge immer in der gleichen Höhe anfallen:

- Hängen die Kosten von der Menge der produzierten Güter ab, sind es die so genannten **variablen** Kosten.
- Sind die Kosten unabhängig von der Menge der produzierten Güter, handelt es sich um die so genannten **fixen** Kosten.
- Beide Kostenarten, also die fixen und variablen Kosten, ergeben dann die **Gesamtkosten**.

Folgendes Beispiel verdeutlicht bereits die Unterschiede, aber auch die Gemeinsamkeiten: Ihr Garten umfasst 50m², die umgegraben werden müssen. Ein Student erklärt sich bereit, Ihnen diese Arbeit abzunehmen und verlangt pro m² jeweils 10,- €. Damit der Student vereinbarungsgemäß Anfang nächster Woche beginnen kann, müssen Sie zunächst 200,- € für Gartengeräte ausgeben. Sie schließen nicht aus, dass der Student möglicherweise überhaupt nicht erscheint oder nach einigen umgegrabenen Quadratmetern erschöpft aufgibt. Deshalb möchten Sie im Voraus wissen, wie viele Kosten Ihnen in Abhängigkeit von der bearbeiteten Fläche entstehen.

Im einfachsten Fall können Sie zur Beantwortung dieser Frage eine so genannte Wertetabelle erstellen. In die erste Zeile tragen Sie Werte für die umgegrabenen m² ein. Diese umgegrabenen Bereiche stellen den Output dar, der in Zukunft mit x bezeichnet wird. Die zweite Tabellenzeile enthält die Kosten für die Gartengeräte in Höhe von 200,- €, die Ihnen unabhängig von den umgegrabenen m² entstanden sind. Dies sind Ihre Fixkosten (K_f). Die dritte Zeile der Wertetabelle enthält die Kosten, die abhängig von der Anzahl der umgegrabenen m² sind. Wenn der Student 10 m² umgräbt, erhält er vereinbarungsgemäß 10 x 10 = 100 €, gräbt er 20 m² um, erhält er 20 x 10 = 200 € usw. Damit sind die variablen Kosten K_v erfasst. Die vierte und letzte Zeile enthält dann die Gesamtkosten K, die sich als Summe aus fixen und variablen Kosten ergeben.

Tab. 3: Fixe, variable und Gesamtkosten

x	0	10	20	30	40	50
K_f	200	200	200	200	200	200
K_v	0	100	200	300	400	500
K	200	300	400	500	600	700

Es gilt anhand des Beispiels die Gleichung:

$K = K_f + K_v$

Die variablen Kosten K_v lassen sich durch Multiplikation des vereinbarten Lohns pro m² mit der umgegrabenen Fläche berechnen. Es gilt also:

$K_v = k_v \cdot x$

wobei k_v hier den Lohn je m² darstellt und als variable Einzelkosten beschrieben werden. Nun lässt sich dies in der ersten Gleichung K_v substituieren. Es gilt folglich:

$K = K_f + k_v \cdot x$

Diese letzte Formel stellt die allgemeine Form einer (linearen) Kostenfunktion dar, die den Zusammenhang zwischen der unabhängigen Variablen x und der abhängigen Variablen K darstellt. Bezogen auf unser Gartenbeispiel ergibt sich die folgende (Gesamt-)Kostenfunktion:

$K = 200 + 10 \cdot x$

Wenn Sie nun wissen wollen, wie hoch Ihre Kosten bei 23 umgegrabenen m² sind, so setzen Sie in die Gleichung für x die Zahl 23 ein und berechnen die zugehörigen Kosten. Für K ergibt sich der Wert 430 €. Sie können also anhand der Kostenfunktion die Kostenhöhe bei jeder beliebigen Ausbringungsmenge rechnerisch bestimmen. Neben der Wertetabelle und der mathematischen Kostenfunktion kann man den Zusammenhang zwischen K und x auch grafisch darstellen:

2 Grundlagen der Kostenrechnung

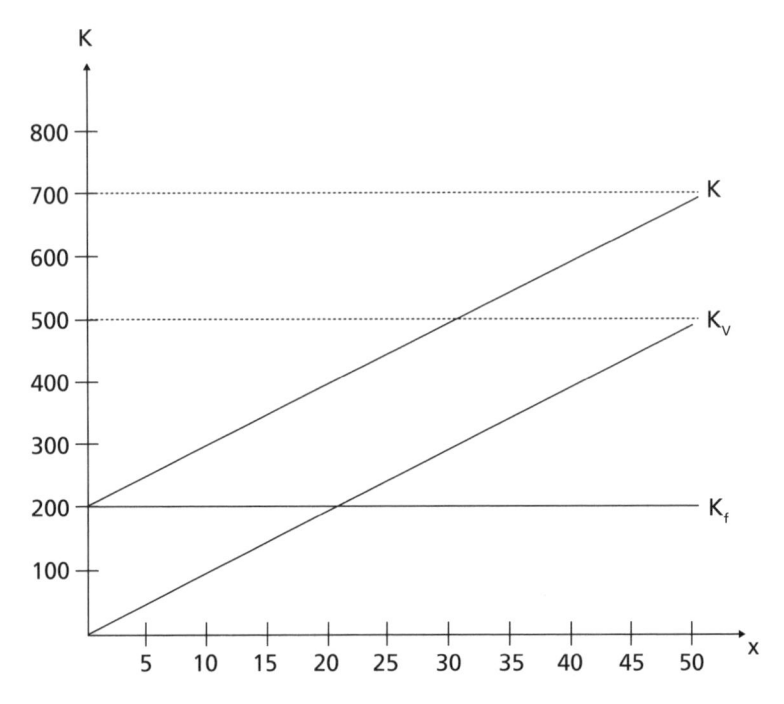

Abb. 13: verschiedene Kostenverläufe I

Es wurden bisher drei Möglichkeiten aufgezeigt, den Zusammenhang zwischen Ausbringungsmenge und Kosten darzustellen:

- In einer Wertetabelle,
- als Gleichung (Kostenfunktion) und
- grafisch in einem Koordinatensystem.

Außerdem wurden die Begriffe Fixkosten, variable Kosten und Gesamtkosten erläutert, die nun genau definiert werden können:

- **Fixe Kosten (K_f):** Alle Kosten, die unabhängig von der Ausbringungsmenge x (produzierte Menge oder Output) sind. Sie verändern sich nicht, wenn sich der Output ändert. Fixkosten werden auch oft als Kosten der Betriebsbereitschaft bezeichnet.
- **Variable Kosten (K_v):** Alle Kosten, die abhängig von der Ausbringungsmenge x sind. Sie verändern sich bei einer Änderung des Outputs.
- **Gesamtkosten (K):** Errechnen sich aus der Summe von fixen und variablen Kosten.

2.1.3 Fixe, variable und gesamte Stückkosten

Unter Stückkosten, auch als Durchschnittskosten bezeichnet, versteht man grundsätzlich die Kosten pro Stück, also pro Outputeinheit. Bezogen auf das eben gezeigte Gartenbeispiel sind dies die Kosten pro umgegrabenen Quadratmeter.

Die fixen, variablen und gesamten Stückkosten lassen sich nach den folgenden Formeln berechnen:

gesamte Stückkosten: $k = \dfrac{K}{x}$

variable Stückkosten: $k_v = \dfrac{K_v}{x}$

fixe Stückkosten: $k_f = \dfrac{K_f}{x}$

Wir erweitern die Wertetabelle aus unserem Gartenbeispiel um die jeweiligen Stückkosten:

Tab. 4: Fixe, variable und Gesamtkosten I

x	0	10	20	30	40	50
K_f	200	200	200	200	200	200
K_v	0	100	200	300	400	500
K	200	300	400	500	600	700
k_f	–	20,00	10,00	6,67	5,00	4,00
k_v	–	10,00	10,00	10,00	10,00	10,00
k	–	30,00	20,00	16,67	15,00	14,00

Für eine Ausbringungsmenge von 0 gibt es keine Stückkosten, da die Division durch 0 verboten ist. Während hingegen bei zunehmender Ausbringungsmenge die Fixkosten insgesamt gleichbleiben, sinken die fixen Stückkosten.

Die variablen Kosten steigen bei zunehmender Ausbringungsmenge, während die variablen Stückkosten konstant bleiben. Die Summe aus fixen und variablen Stückkosten ergeben die gesamten Stückkosten:

$k = k_f + k_v$

Wenn nun die Konstante k_v zu den immer kleiner werdenden k_f addiert wird, so wird k auch immer kleiner bei zunehmender Ausbringungsmenge.

Die Tatsache, dass die gesamten Stückkosten bei zunehmender Ausbringungsmenge sinken, bezeichnet man als **Kostendegression**. Die Ursache der Kostendegression liegt darin begründet, dass sich die Fixkosten k_f bei zunehmender Ausbringungsmenge x auf eine immer größere Stückzahl verteilen.

Bei der graphischen Darstellung der Stückkostenfunktionen ist wichtig, dass die Kurve der variablen Stückkosten (k_v) als Parallele zur x-Achse verläuft, in unserem Beispiel bei dem Wert 10. Die Kurve der fixen Stückkosten (k_f) nähert sich bei zunehmender Ausbringungsmenge immer stärker dem Wert 0, ohne diesen je zu erreichen. Die Kurve der gesamten Stückkosten (k) nähert sich immer stärker dem Wert 10, also den variablen Stückkosten, ohne diesen je zu erreichen.

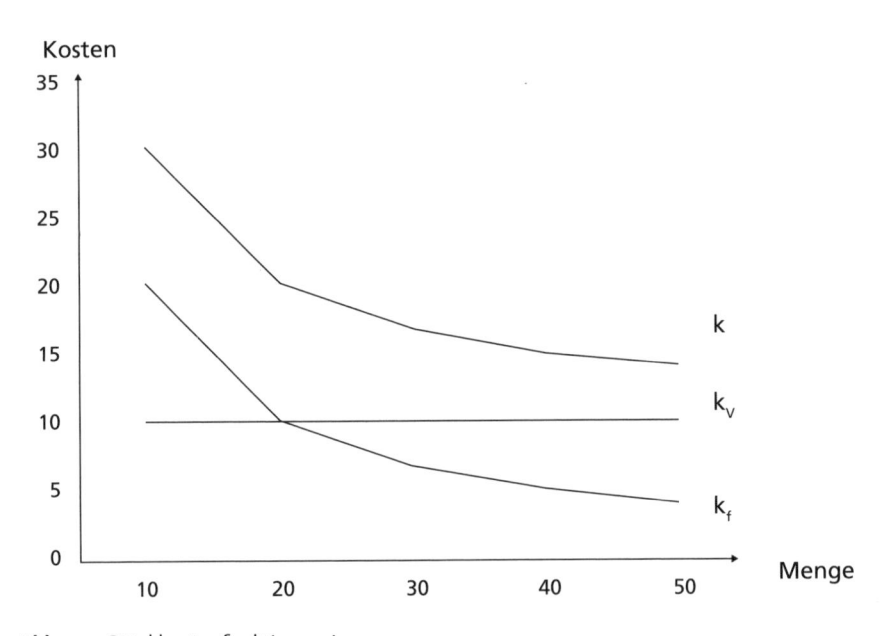

Abb. 14: Stückkostenfunktionen I

Ein zweites Beispiel soll die Bedeutung der Kosten(arten) erläutern:

Ein PKW verursacht Anschaffungskosten von 18.000 € bei einer geschätzten Nutzungsdauer von 4 Jahren. Der Benzinverbrauch beträgt im Durchschnitt 10 Liter (l) auf 100 km bei Benzinkosten von 1,50 €/l.

Die jährlichen Abschreibungen stellen Kosten dar, die unabhängig von den gefahrenen Kilometern (Output) immer in gleicher Höhe (4.500 €/Jahr) anfallen.

Die Benzinkosten hängen von der jährlichen Fahrleistung ab, variieren also mit dem Output. Diese Benzinkosten pro km betragen bei einem Verbrauch von 10 l auf 100 km und einem Preis von 1,50 €/l genau 0,15 €.

Auf den Zeitraum von einem Jahr bezogen ergibt sich für den PKW folgende Kostenfunktion:

$K = 4.500 + 0{,}15 \cdot x$

K_v errechnet sich aus den Benzinkosten pro km (Benzinkosten pro Outputeinheit) multipliziert mit den gefahrenen Kilometern. Bei einer (angenommenen) jährlichen Fahrleistung von 40.000 km ergeben sich variable Kosten von:

$$K_v = 0{,}15 \cdot 40.000 = 6.000 \, €$$

Die Gesamtkosten pro Jahr bei einer Fahrleistung von 40.000 km belaufen sich also auf:

$$K = K_f + K_v = K_f + k_v \cdot x = 4.500 + 6.000 = 10.500 \, €$$

Bei einer Fahrleistung von 20.000 km pro Jahr würden die Gesamtkosten K 7.500 € betragen, denn es ergäben sich:

$$K = K_f + K_v = K_f + k_v \cdot x = 4.500 + 0{,}15 \cdot 20.000 = 4.500 + 3.000 = 7.500 \, €$$

Wird der PKW hingegen gar nicht bewegt, liegen die Gesamtkosten bei 4.500 € pro Jahr und spiegeln die Fixkosten wider.

Bei einer Fahrleistung von 20.000 km ergeben sich die folgenden Stückkosten:

gesamte Stückkosten: $k = \dfrac{K}{x} = \dfrac{7.500}{20.000} = 0{,}375$

variable Stückkosten: $k_v = \dfrac{K_v}{x} = \dfrac{3.000}{20.000} = 0{,}15$

fixe Stückkosten: $k_f = \dfrac{K_f}{x} = \dfrac{4.500}{20.000} = 0{,}225$

Bei einer Fahrleistung von 40.000 km ergeben sich die folgenden Stückkosten:

gesamte Stückkosten: $k = \dfrac{K}{x} = \dfrac{10.500}{40.000} = 0{,}2625$

variable Stückkosten: $k_v = \dfrac{K_v}{x} = \dfrac{6.000}{40.000} = 0{,}15$

fixe Stückkosten: $k_f = \dfrac{K_f}{x} = \dfrac{4.500}{40.000} = 0{,}1125$

Aus diesem Zahlenbeispiel lassen sich die verschiedenen Zusammenhänge zwischen den Kostenarten herleiten. Bei zunehmender Ausbringungsmenge sinken die fixen und die gesamten Stückkosten (k_f und k), während die variablen Stückkosten (k_v) gleichbleiben. Aus den folgenden, bereits aufgeführten Kosten, lässt sich eine Wertetabelle für verschiedene zu fahrende Kilometer ermitteln:

Anschaffungskosten eines PKW:	18.000 €
Nutzungsdauer:	4 Jahre
Benzinkosten pro km:	0,15 €

Tab. 5: Fixe, variable und Gesamtkosten II

x	K_f	K_v	K	k_f	k_v	k
0	4.500	0	4.500	-	-	-
5.000	4.500	750	5.250	0,9000	0,15	1,0500
10.000	4.500	1.500	6.000	0,4500	0,15	0,6000
15.000	4.500	2.250	6.750	0,3000	0,15	0,4500
20.000	4.500	3.000	7.500	0,2250	0,15	0,3750
25.000	4.500	3.750	8.250	0,1800	0,15	0,3300
30.000	4.500	4.500	9.000	0,1500	0,15	0,3000
35.000	4.500	5.250	9.750	0,1286	0,15	0,2786
40.000	4.500	6.000	10.500	0,1125	0,15	0,2625
45.000	4.500	6.750	11.250	0,1000	0,15	0,2500
50.000	4.500	7.500	12.000	0,0900	0,15	0,2400
55.000	4.500	8.250	12.750	0,0818	0,15	0,2318
60.000	4.500	9.000	13.500	0,0750	0,15	0,2250
65.000	4.500	9.750	14.250	0,0692	0,15	0,2192
70.000	4.500	10.500	15.000	0,0643	0,15	0,2143
75.000	4.500	11.250	15.750	0,0600	0,15	0,2100
80.000	4.500	12.000	16.500	0,0563	0,15	0,2063
85.000	4.500	12.750	17.250	0,0529	0,15	0,2029
90.000	4.500	13.500	18.000	0,0500	0,15	0,2000
95.000	4.500	14.250	18.750	0,0474	0,15	0,1974
100.000	4.500	15.000	19.500	0,0450	0,15	0,1950

Anbei ergeben sich die graphischen Darstellungen der Kosten- und Stückkostenverläufe:

2.1 Kostenarten und Kostenverläufe

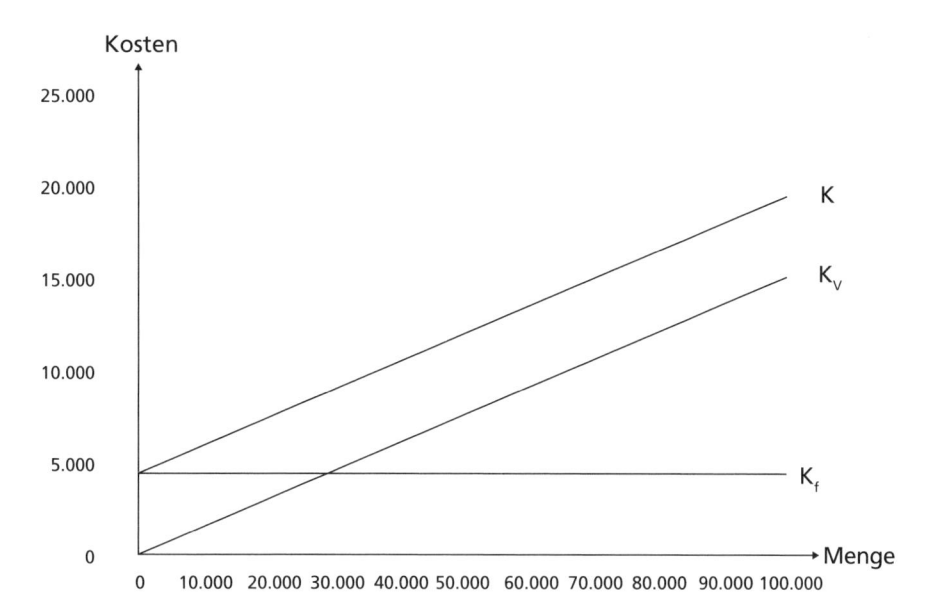

Abb. 15: verschiedene Kostenfunktionen

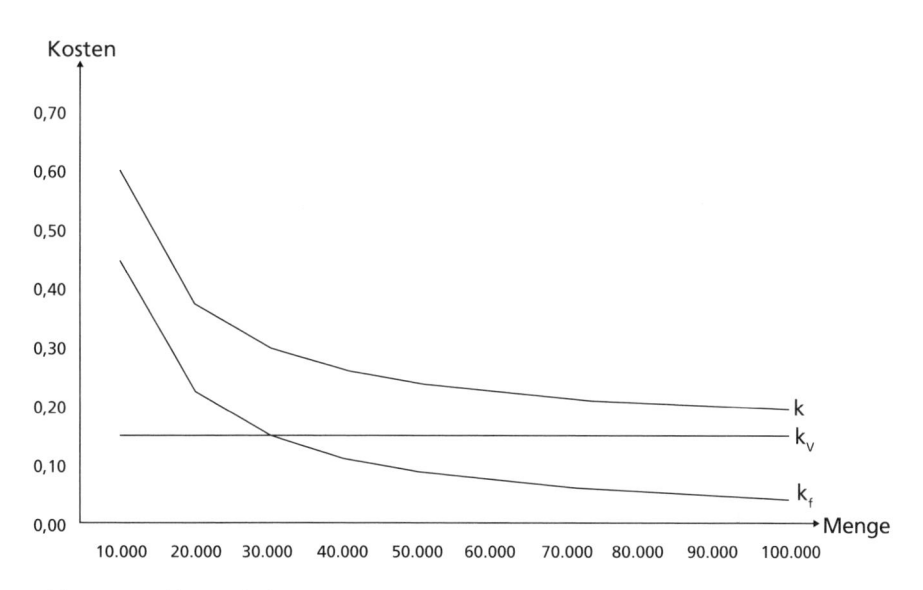

Abb. 16: Stückkostenfunktionen II

2.1.4 Mögliche Kostenverläufe

Als Ergänzung zu den oben vorgestellten Kostenarten (fixe, variable und Gesamtstückkosten) können verschiedene typische Kostenverläufe unterschieden werden.[4] Diese ergeben sich durch die Abhängigkeit von der Ausbringungsmenge.

- **Proportionaler Verlauf**: Jede (relative) Beschäftigungsänderung (in %) führt zur gleichen (relativen) Änderung der Kostenhöhe. Wenn sich also die Ausbringungsmenge z. B. verdoppelt, verdoppeln sich auch die Gesamtkosten; sie verlaufen folglich **linear**.
- **Degressiver Verlauf**: Eine relative Beschäftigungsänderung führt zu einer geringeren relativen Kostenänderung. Die Kosten steigen langsamer als die Ausbringung; sie entwickeln sich also **unterproportional**.
- **Progressiver Verlauf**: Die Kosten steigen schneller als die Ausbringung; sie entwickeln sich **überproportional**.
- **Intervallfixer Verlauf**: Innerhalb bestimmter Beschäftigungsbereiche verhalten sich diese Kosten fix. Beim Überschreiten bestimmter Beschäftigungsgrenzen steigen die Kosten sprunghaft an, um dann bis zum nächsten Beschäftigungsintervall wieder fix, aber auf höherem Niveau zu verlaufen.

Bei **linearen, unter-** oder **überproportionalen** Verläufen, also den eben aufgeführten ersten drei Kostenverläufen, sind die **variablen** Kosten bedeutsam, weil sie sich im Gegensatz zu den fixen Kosten bei Beschäftigungsschwankungen ändern. Bei **intervallfixen** Kostenverläufen überlagern sich die beschäftigungsabhängigen Wirkungen von **variablen** und **fixen** Kosten.

Diese oben beschriebenen Kostenverläufe sollen nun kurz graphisch gezeigt werden. Neben den Gesamt- und Durchschnittskosten sind hier bereits die so genannten Grenzkosten abgebildet, die später noch genauer erklärt werden.

---

4 Vgl. auch Haberstock L., Kostenrechnung I, Berlin 2004, S. 31 ff.

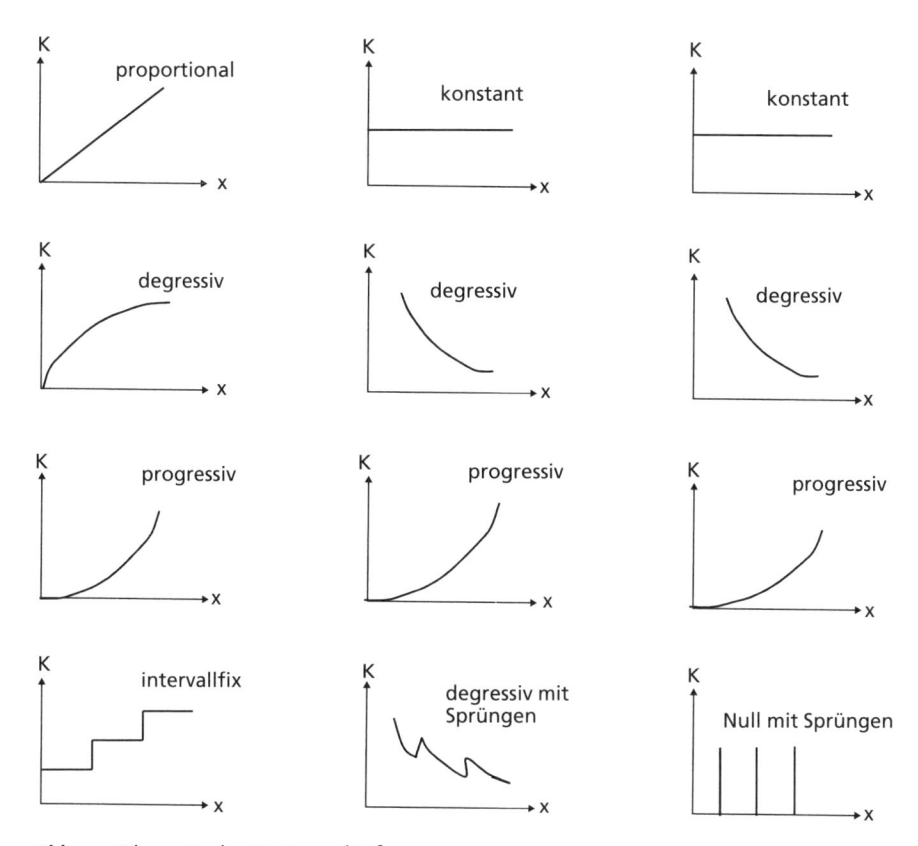

Abb. 17: Theoretische Kostenverläufe

Etwas exakter zeigt dies noch einmal die Darstellung der nichtlinearen Kostenverläufe, also insbesondere der **degressive** und **progressive** Kostenverlauf.

Die gesamten Stückkosten sind, wie oben bereits erwähnt, die Summe aus variablen und fixen Stückkosten. Die variablen Stückkosten sind i. d. R. konstant, die fixen Stückkosten nehmen mit zunehmender Ausbringungsmenge ab, also nimmt die Summe aus beiden gesamten Stückkosten ebenfalls ständig ab.

In der Praxis werden jedoch auch Funktionen beobachtet, bei denen die variablen Gesamtkosten unterproportional (degressiv) oder überproportional (progressiv) steigen, wenn die Ausbringungsmenge erhöht wird. Auch eine Kombination aus degressivem und progressivem Kostenverlauf (ertragsgesetzlicher Kostenverlauf) kann vorkommen.

Ein **unterproportionaler** Anstieg der variablen Kosten (**degressiver Kostenverlauf**) bedeutet, dass bspw. eine 10 %-ige Outputsteigerung zu einer Steigerung der variablen Gesamtkosten von weniger als 10 % führt.

2 Grundlagen der Kostenrechnung

Ein **überproportionaler** Anstieg der variablen Kosten (**progressiver Kostenverlauf**) bedeutet, dass bspw. eine 10 %-ige Outputsteigerung zu einer Steigerung der variablen Gesamtkosten von mehr als 10 % führt.
In den Schaubildern sind zum jeweiligen Verlauf der Gesamtkostenfunktion auch die Stückkostenkurven eingezeichnet.

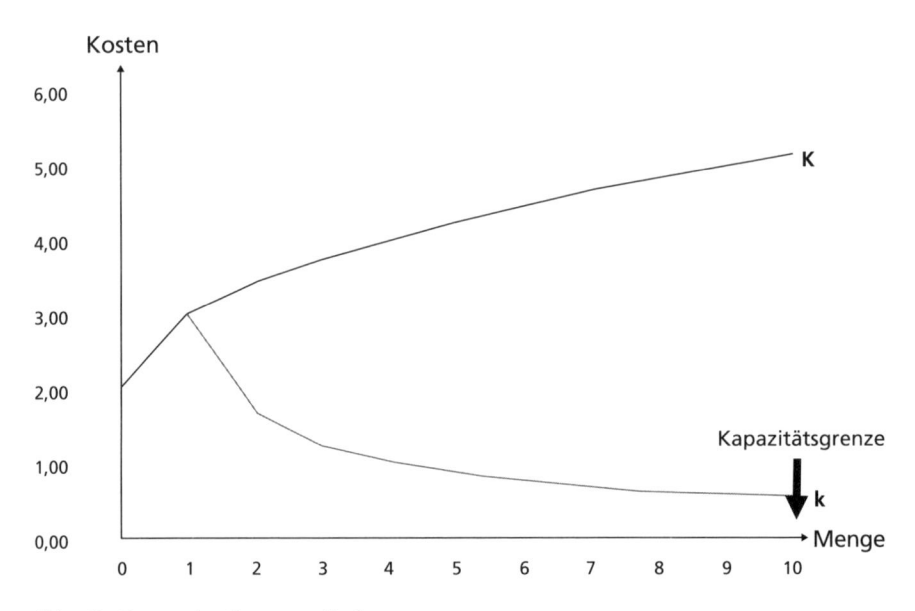

Abb. 18: Degressive Kostenverläufe

Beim degressiven Verlauf der Gesamtkostenfunktion steigen die Kosten bei zunehmender Ausbringungsmenge, jedoch mit abnehmenden Zuwachsraten. Dies bedeutet, dass die Zunahme der Gesamtkosten umso geringer wird, je höher die Ausbringungsmenge wird. Degressiv können bspw. die Kosten des Materialverbrauchs verlaufen, wenn beim Einkauf Mengenrabatte gewährt werden.

Beim degressiven Kostenverlauf steigen die variablen Kosten unterproportional, d.h., dass bei einer Veränderung der Ausbringungsmenge um bspw. 20 % sich die variablen Kosten um weniger als 20 % verändern. Dies bedeutet, dass die variablen Stückkosten sinken. Da die fixen Stückkosten ebenfalls sinken, müssen auch die gesamten Stückkosten sinken. Das Minimum der Stückkosten liegt, wie beim linearen Kostenverlauf, an der Kapazitätsgrenze.

2.1 Kostenarten und Kostenverläufe

Dazu gibt folgendes Beispiel aufgrund des Outputs (x) folgende Kostenveränderungen (K = Gesamtkosten; k = Durchschnittskosten):[5]

Tab. 6: Fixe, variable und Gesamtkosten III

x	0	1	2	3	4	5	6	7	8	9	10
K	2,00	3,00	3,41	3,73	4,00	4,24	4,45	4,65	4,83	5,00	5,16
k	–	3,00	1,71	1,24	1,00	0,85	0,74	0,66	0,60	0,56	0,52

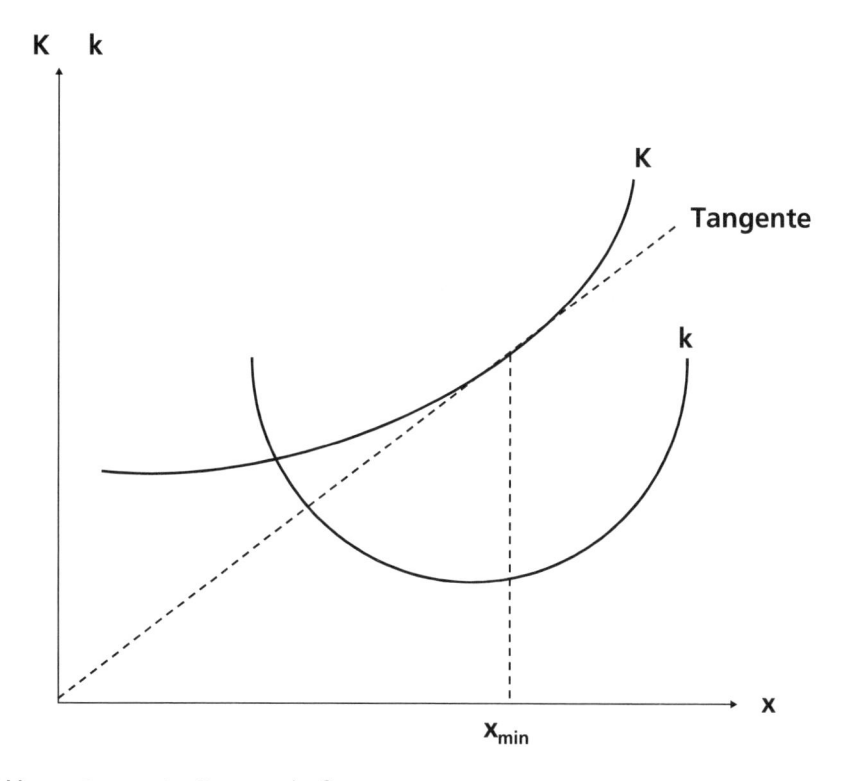

Abb. 19: Progressive Kostenverläufe I

---

[5] Sollten Sie diese Beispiele selbst mit Ihrem Taschenrechner nachvollziehen, werden sich immer verschiedene Rundungsdifferenzen ergeben, was völlig normal ist.

2 Grundlagen der Kostenrechnung

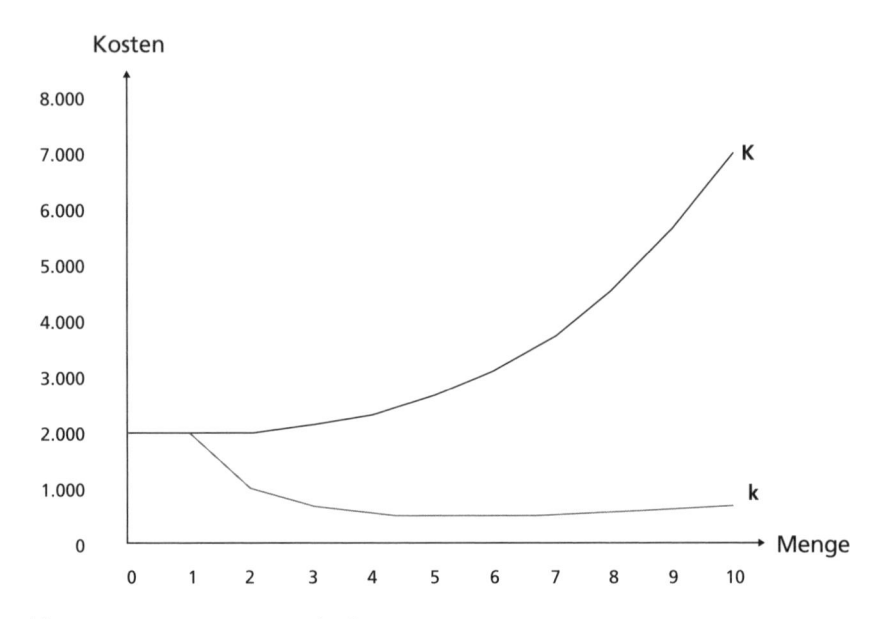

Abb. 20: Progressive Kostenverläufe II

Beim progressiven Verlauf der Gesamtkostenfunktion steigen die Kosten bei zunehmender Ausbringungsmenge überproportional. Progressiv verhalten sich z. B. Energiekosten, wenn Anlagen mit überhöhter Intensität ausgelastet werden. Auch Ottomotoren in Autos haben eine Drehzahl, bei der der Benzinverbrauch pro gefahrenen Kilometer am geringsten ist. Erhöht man diese Drehzahl, so steigt der Benzinverbrauch pro gefahrenen Kilometer überproportional. Auch Fertigungslöhne können überproportional steigen, wenn eine Mehrproduktion nur durch Überstunden mit Zuschlägen realisiert werden kann.

Auf die Stückkosten wirken bei einer progressiv verlaufenden Kostenfunktion zwei gegenläufige Effekte:

- Der erste Effekt besteht darin, dass die Fixkosten bei zunehmender Ausbringungsmenge auf eine immer größere Stückzahl verteilt werden. Dieser Effekt führt zu sinkenden Stückkosten (wie bei sämtlichen anderen Kostenverläufen auch).
- Der zweite Effekt besteht darin, dass durch die überproportionale Zunahme der variablen Gesamtkosten die variablen Stückkosten bei zunehmender Ausbringungsmenge zunehmen. Eine Erhöhung des Outputs um bspw. 20 % führt zu einer Steigerung der variablen Kosten um mehr als 20 %.

Bei kleinen Stückzahlen überwiegt der erste Effekt (die fixen Stückkosten sinken stärker als die variablen Stückkosten steigen), so dass die Stückkosten insgesamt zunächst sinken. Ab einer gewissen Outputmenge überwiegt jedoch der zweite Effekt (die fixen Stückkosten sinken weniger stark als die variablen Stückkosten steigen), so dass die Stückkosten insgesamt steigen. Die Stückkostenkurve sinkt also zunächst, um dann ab einer bestimmten Ausbringungsmenge zu steigen. Die Stückkostenkurve hat also ein Minimum. Die Ausbringungsmenge, bei der die Stückkosten minimal sind, lässt sich graphisch dadurch ermitteln, dass man eine Linie durch den Nullpunkt des Koordinatensystems zeichnet (diese Linie wird als Fahrstrahl bezeichnet), die die Gesamtkostenkurve gerade noch tangiert (berührt). Unterhalb des Tangentialpunktes befindet sich dann die Ausbringungsmenge, bei der die Stückkosten minimal sind (x_{min}).

Für den progressiven Verlauf einer Gesamtkostenkurve soll das folgende Zahlenbeispiel verdeutlichen, dass die Stückkosten zunächst fallen (im Beispiel bis zur Ausbringungsmenge von 6 Einheiten), um anschließend wieder anzusteigen. Die Stückkosten sind im Beispiel bei 6 Outputeinheiten am geringsten.

Tab. 7: Fixe, variable und Gesamtkosten IV

x	0	1	2	3	4	5	6	7	8
K	2.000	2.005	2.040	2.135	2.320	2.625	3.080	3.715	4.560
k	–	2.005	1.020	712	580	525	513	531	570

2 Grundlagen der Kostenrechnung

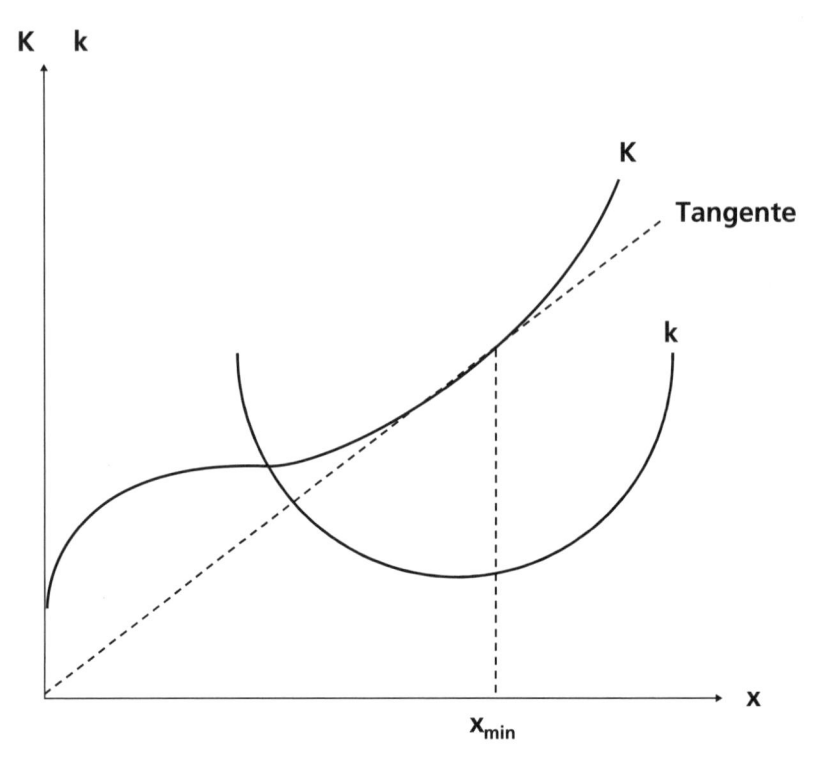

Abb. 21: Ertragsgesetzliche Kostenverläufe I

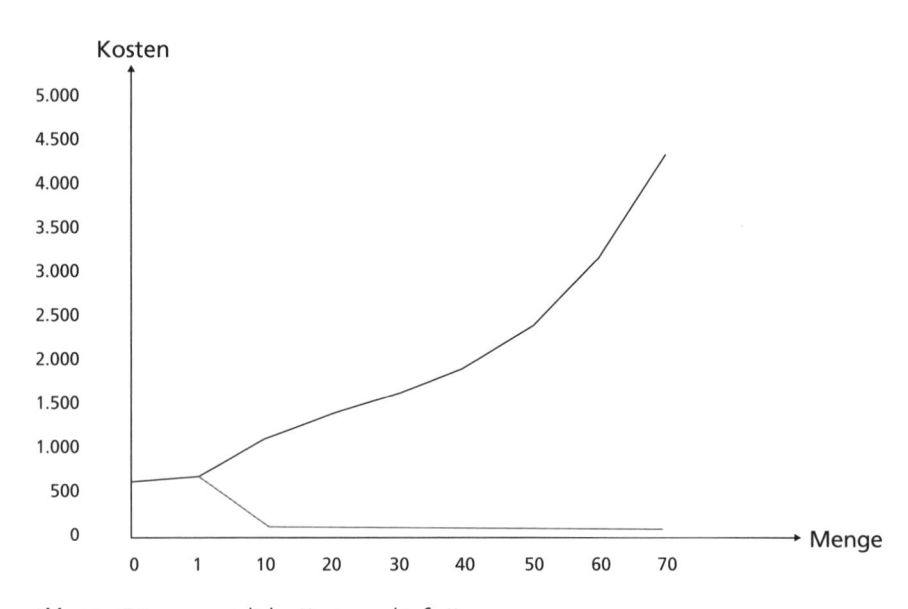

Abb. 22: Ertragsgesetzliche Kostenverläufe II

Die ertragsgesetzliche Gesamtkostenfunktion setzt sich aus einer zunächst degressiven und dann progressiven Kostenfunktion zusammen. Die Stelle der Kostenfunktion, an der die degressive Steigung in eine progressive übergeht, wird als Wendepunkt (W) bezeichnet. Solange die Gesamtkostenfunktion degressiv steigt, sinken sowohl die variablen als auch die fixen Stückkosten und damit auch die gesamten Stückkosten. Beim Übergang der Gesamtkostenfunktion in eine progressive Steigung fangen die variablen Stückkosten zu steigen an, während die fixen Stückkosten immer noch sinken. Zunächst überwiegt noch der Effekt der sinkenden fixen Stückkosten, so dass die gesamten Stückkosten weiter fallen. Ab einer bestimmten Ausbringungsmenge steigen die variablen Stückkosten jedoch stärker als die fixen Stückkosten fallen. Dies führt dann zu insgesamt steigenden Stückkosten.

Im Falle des ertragsgesetzlichen Kostenverlaufs liegt das Optimum wieder bei der Ausbringungsmenge, bei der der Fahrstrahl die Kostenfunktion gerade noch tangiert.

Als Beispiel einer ertragsgesetzlichen Gesamtkostenkurve kann folgende Funktion dienen:

$K = 700 + 70x - 1{,}5x^2 + 0{,}02x^3$

Eine kleine Wertetafel zeigt anhand unterschiedlicher Ausbringungsmengen die Gesamt- und Durchschnittskosten:

Tab. 8: Gesamt- und Stückkosten I

x	0	1	10	20	30	40	50	60	70
K	700	768,5	1.270	1.660	1.990	2.380	2.950	3.820	5.110
k	–	768,5	127,0	83,0	66,3	59,5	59,0	63,7	73,0

Offensichtlich verlaufen die Gesamtkosten zunächst degressiv, was auch anhand der einzelnen Durchschnittskosten zu erkennen ist, denn zwischen den Mengen $x = 40$ und $x = 50$ liegt anscheinend das Durchschnittskostenminimum.

Würde bspw. der Output bei $x = 45$ liegen, wären die Gesamtkosten $K = 2.635$ und die Durchschnittskosten $k = 58{,}56$. Vielleicht wollen Sie es zum besseren Verständnis selbst einmal nachrechnen.

Ab etwa dieser Menge scheint die Gesamtkostenfunktion einen progressiven Verlauf anzunehmen. In der Kostenrechnung wird dies als so genanntes Betriebsoptimum beschrieben. Später wird es Ihnen anhand einer Kurvendiskussion durch Extremwerte von Funktionen (relative Maximum- und Minimumwerte) noch genauer erklärt.

Die nun skizzierten **intervallfixen Kosten** werden häufig auch als sprungfixe Kosten bezeichnet.

2 Grundlagen der Kostenrechnung

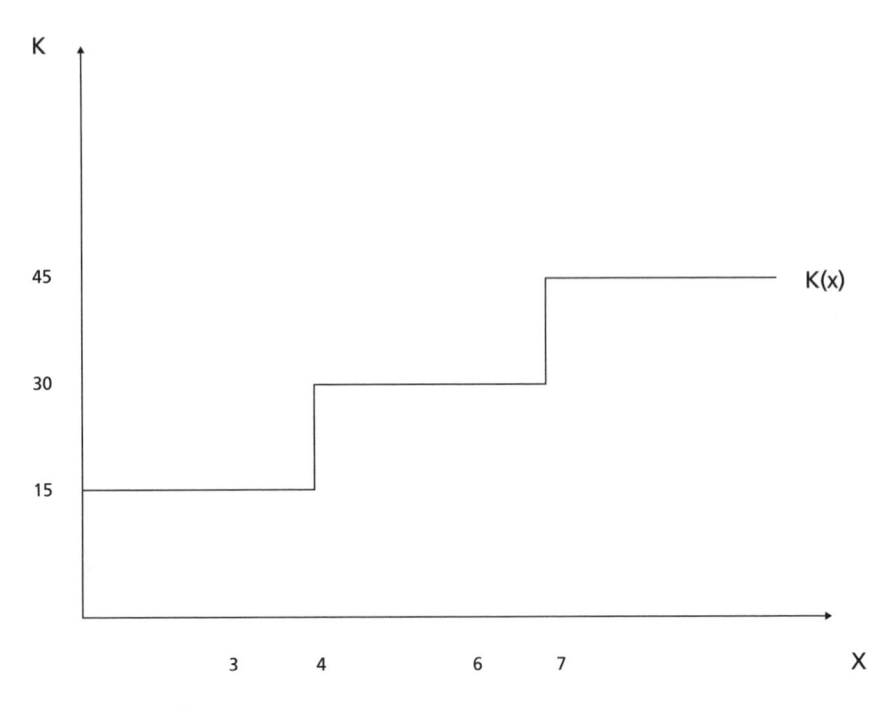

Abb. 23: Intervallfixe Kostenverläufe I

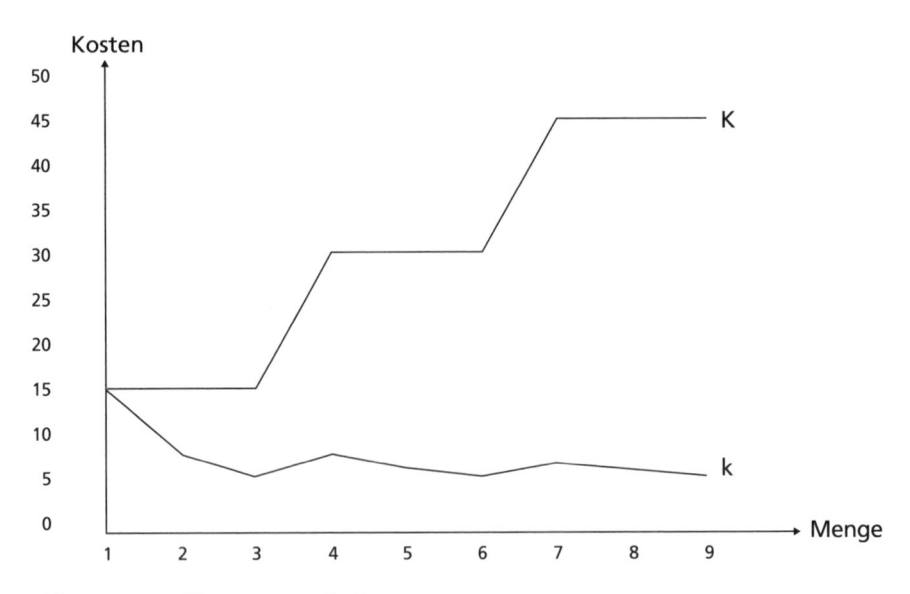

Abb. 24: Intervallfixe Kostenverläufe II

Die obige Abbildung hat innerhalb bestimmter Ausbringungsmengen unterschiedliche Kostenverläufe, wie die nachfolgende Tabelle zeigt:

Tab. 9: Gesamt- und Stückkosten II

x	1	2	3	4	5	6	7	8	9
K	16	16	16	32	32	32	48	48	48
k	16	8,0	5,3	8,0	6,4	5,3	6,8	6,0	5,3

Die Gesamtkosten und damit natürlich auch die Durchschnittskosten verändern sich entscheidend durch die Änderung der Ausbringungsmenge. I.d.R. geht es dabei um die Überschreitung bestimmter Kapazitätsstufen, so dass sich die ursprünglichen Fixkosten bedeutend, also sprunghaft, ändern.

2.2 Produktions- und Kostenfunktionen

2.2.1 Kostenminimale versus optimale Produktionsverfahren

Die im letzten Abschnitt gewonnenen Erkenntnisse über Kostenfunktionen sollen nun bei der Auswahl des kostenminimalen bzw. optimalen Produktionsverfahrens eine erste praktische Anwendung finden.

Wenn ein Unternehmen plant, ein bestimmtes Produkt herzustellen, so muss zunächst eine Entscheidung über den Einsatz des optimalen Produktionsverfahrens getroffen werden. Sollen bspw. Autos hergestellt werden, so könnte dies vorwiegend durch Handarbeit und wenig Maschineneinsatz geschehen. Ein solches Produktionsverfahren verursacht sehr hohe variable Kosten pro Auto, da eine Vielzahl von Mitarbeitern sehr lange mit der Herstellung eines Autos beschäftigt ist. Die Fixkosten dagegen fallen wegen des geringen Maschineneinsatzes und der damit verbunden niedrigen Abschreibungen vergleichsweise niedrig aus. Werden bei der Fahrzeugproduktion dagegen Fließbänder eingesetzt, um Mitarbeiter einzusparen, steigen die Fixkosten wegen der höheren Abschreibung auf diese Maschinen und die variablen Kosten sinken wegen des Personalabbaus.

Seit Erfindung der Dampfmaschine im 18. Jahrhundert ist unser Wirtschaftsprozess durch Technisierung/Rationalisierung gekennzeichnet. Der Produktionsfaktor Arbeit wurde dabei in zunehmendem Maße durch den Produktionsfaktor Kapital substituiert. Dies bedeutet, dass die älteren Produktionsverfahren grundsätzlich mit hohen variablen Stückkosten und niedrigen Fixkosten verbunden waren, während neuere, rationellere Produktionsverfahren geringe variable Stückkosten aber dafür hohe Fixkosten aufweisen.

Die Auswahl des optimalen Produktionsverfahrens wird nun an einem einfachen Beispiel verdeutlicht. Sie benötigen für Ihre EDV-Anlage einen neuen Drucker. Zur Auswahl stehen ein Tintenstrahl- und ein Laserdrucker. Bei beiden Druckern rechnen Sie mit einer Nutzungsdauer von drei Jahren. Der Tintenstrahldrucker kostet 300 €, der Laserdrucker dagegen 900 €. Der Tintenstrahldrucker verursacht Kosten pro gedruckter Seite von 0,15 €, beim Laserdrucker dagegen kostet eine Seite 0,10 €. Wenn bei der Auswahl des Druckers nur Kostenaspekte eine Rolle spielen sollen, gehen Sie folgendermaßen vor:

Zunächst werden die Kostenfunktionen für beide Drucker erstellt, wobei eine einjährige Betrachtungsperiode zugrunde liegt. Deshalb müssen die Anschaffungskosten der beiden Drucker auf ihre dreijährige Nutzungsdauer verteilt werden.

K_T = Kosten für Tintenstrahldrucker K_L = Kosten für Laserdrucker
$K_T = 100 + 0{,}15x$ $K_L = 300 + 0{,}10x$

Die **graphische Darstellung** der beiden Kostenfunktionen ergibt folgendes Bild:

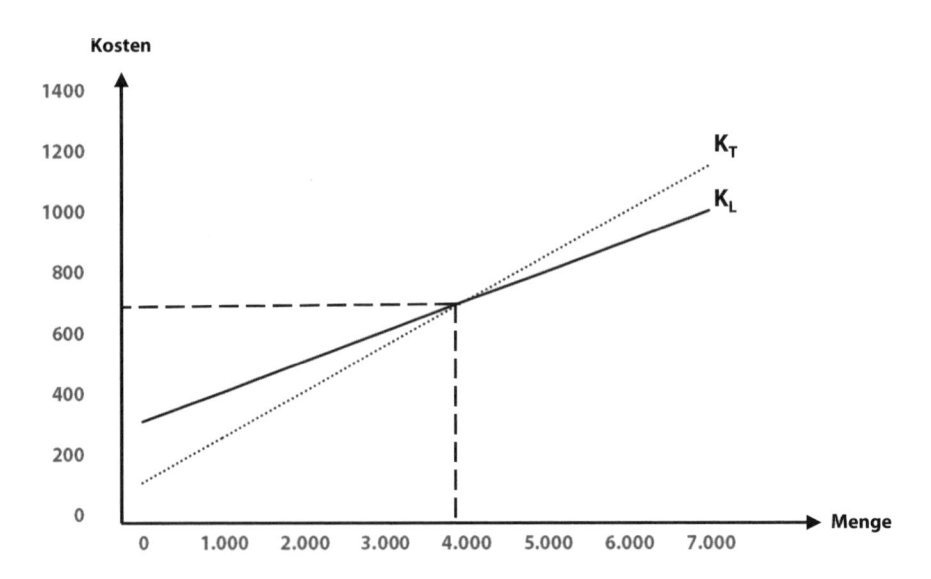

Abb. 25: Verfahrensvergleiche von Kostenfunktionen

Die Graphik macht deutlich, dass beide Drucker genau bei 4.000 ausgedruckten Seiten pro Jahr gleich hohe Kosten, nämlich 700 € verursachen.

Zwischen 0 und 4.000 Seiten ist der Tintenstrahldrucker, über 4.000 Seiten der Laserdrucker preisgünstiger.

Wählt man neben oder parallel zur graphischen Darstellung die mathematische Lösung, die i. d. R. schneller und präziser funktioniert, so werden die beiden Kostenfunktionen gleichgesetzt und nach x, also der Menge, aufgelöst:

$K_T = 100 + 0{,}15x \quad K_L = 300 + 0{,}10x \quad \Rightarrow \quad 100 + 0{,}15x = 300 + 0{,}10x$
$\Rightarrow \quad 0{,}05x = 200$
$\Rightarrow \quad x = 4.000$

Bei einer Ausbringungsmenge von 4.000 Seiten pro Jahr verursachen also beide Produktionsverfahren Kosten in gleicher Höhe. Bei Ausbringungsmengen unter 4.000 ist das Produktionsverfahren mit den geringeren Fixkosten und den höheren variablen Kosten günstiger. Bei mehr als 4.000 gedruckten Seiten jährlich wird der Laserdrucker kostengünstiger. (▶ Aufgabe 2 und 3).

2.2.2 Grenzkosten

Unter Grenzkosten (K´) versteht man den Kostenzuwachs, der entsteht, wenn die Ausbringungsmenge um eine Einheit erhöht wird. Angenommen, es gilt die Kostenfunktion

$K = 20 + 4x$

und ein Anbieter produziert 10 Einheiten. Bei 10 Einheiten entstehen ihm Gesamtkosten in Höhe von 60 €. Erhöht er nun seine Ausbringungsmenge auf 11 Einheiten, so entstehen ihm Gesamtkosten von 64 €. Der Kostenzuwachs, also die Grenzkosten, belaufen sich somit auf 4 €. Würde der Anbieter seinen Output z. B. von 25 auf 26 Einheiten steigern, so entsteht ihm ebenfalls ein Kostenzuwachs von 4 €.

Bei **linearem Verlauf** der Gesamtkostenfunktion sind die Grenzkosten konstant und entsprechen den variablen Stückkosten. Bei nichtlinearem Gesamtkostenverlauf sind die Grenzkosten dagegen nicht konstant – man unterscheidet hier:

- **Progressiver Kostenverlauf**: Die Grenzkosten steigen.
- **Degressiver Kostenverlauf**: Die Grenzkosten fallen.
- **Ertragsgesetzlicher Kostenverlauf**: Die Grenzkosten fallen zunächst, um dann wieder anzusteigen. Das Minimum der Grenzkostenkurve liegt bei der Ausbringungsmenge, bei der die Gesamtkostenfunktion ihren Wendepunkt hat, d. h., wo der degressive Verlauf in einen progressiven übergeht.

Die folgenden Schaubilder stellen die Grenzkostenkurven bei den verschiedenen Formen der Gesamtkostenfunktionen dar.

2 Grundlagen der Kostenrechnung

Linearer Kostenverlauf:
Die Grenzkosten sind konstant

Degressiver Kostenverlauf:
Die Grenzkosten fallen

Progressiver Kostenverlauf:
Die Grenzkosten steigen

Ertragsgesetzlicher Kostenverlauf:
Die Grenzkosten fallen zunächst, steigen dann aber wieder

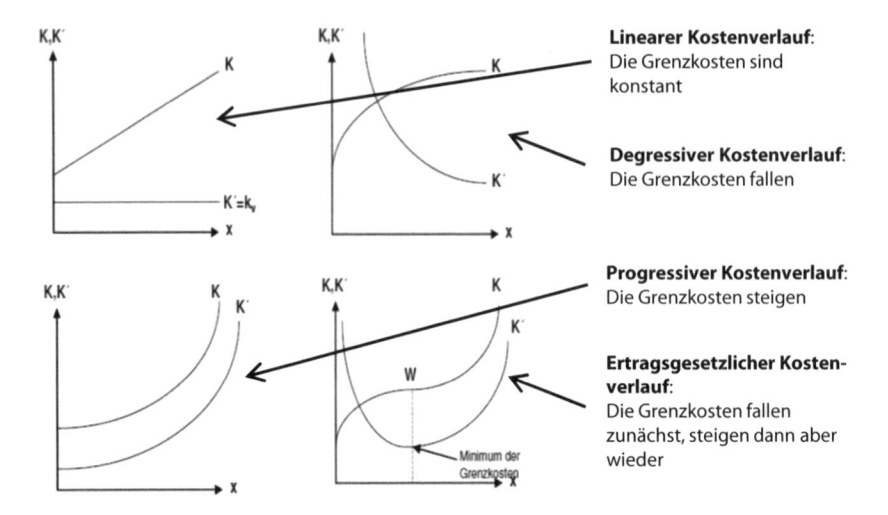

Abb. 26: verschiedene Grenzkostenverläufe

Die folgenden Zahlenbeispiele stellen die Entwicklung der Grenzkosten für den degressiven und progressiven Verlauf der Gesamtkostenfunktion dar:

Folgende Grenzkosten leiten sich aus einer **degressiv** verlaufenden Gesamtkostenfunktion ab:

Tab. 10: Gesamt- und Grenzkosten I

x	0	1	2	3	4	5	6	7	8	9	10
K	2,00	3,00	3,41	3,73	4,00	4,24	4,45	4,65	4,83	5,00	5,16
K'	–	1,00	0,41	0,32	0,27	0,24	0,21	0,20	0,18	0,17	0,16

Während sich die Grenzkosten aus einer **progressiv** verlaufenden Gesamtkostenfunktion wie folgt ergeben kann:

Tab. 11: Gesamt- und Grenzkosten II

x	0	1	2	3	4	5	6	7	8	9	10
K	2.000	2.005	2.040	2.135	2.320	2.625	3.080	3.715	4.560	5.645	7.000
K'	–	5	35	95	185	305	455	635	845	1.085	1.355

Beziehen wir uns noch einmal auf die ertragsgesetzliche Gesamtkostenkurve von oben und ändern diese ein wenig:

$K = 600 + 60x - 1{,}5x^2 + 0{,}02x^3$

2.2 Produktions- und Kostenfunktionen

so erhält man die Grenzkosten aus der 1. Ableitung, also aus:
$K' = 60 - 3x + 0,06x^2$

Tab. 12: Gesamt- und Grenzkosten III

x	20	21	22	23	24	25	26	27	28	29	30
K'	24	23,46	23,04	22,74	22,56	22,50	22,56	22,74	23,04	23,46	24

Die ausgerechneten Grenzkosten dieser Tabelle machen deutlich, dass offensichtlich die Grenzkostenkurve der Funktion bei x = 25 das Minimum aufweist, also bei x < 25 einen sinkenden und bei x > 25 einen steigenden Verlauf hat. Die ertragsgesetzliche Kostenfunktion inklusive deren Grenzkosten sowie den Stückkosten sehen graphisch wie folgt aus:[6]

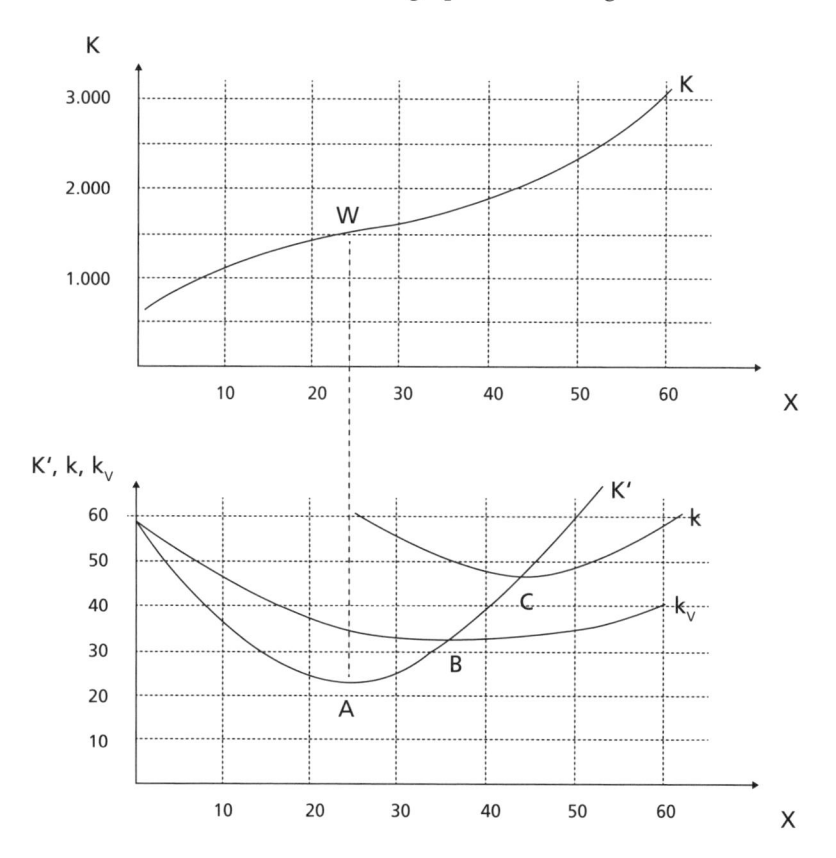

Abb. 27: Wendepunkt von Kostenfunktionen

---

6 Vgl. hierzu auch Haberstock L., Kostenrechnung I, S. 40.

Bisher wurden also im Rahmen der Kostentheorie ganz unterschiedliche Kostenverläufe erklärt. Daraus leiten sich dann konsequenterweise ganz unterschiedliche Gesamtkosten inklusive deren Stückkosten, variablen bzw. fixen Kosten, aber auch mögliche Grenzkosten ab (▶ Aufgabe 4 bis 6).

2.2.3 Gewinnschwelle – Break-Even-Analyse

Häufig streben Unternehmer neben anderen Zielen vor allem das Ziel der Gewinnmaximierung an. Der Gewinn (G) ist betriebswirtschaftlich als Differenz zwischen Erlösen (E) und Kosten (K) definiert. Die Gleichung beträgt also:

$G = E - K$

Der Erlös bzw. Umsatz ergibt sich seinerseits als Produkt aus abgesetzter Menge (x) und Marktpreis (p):

$E = p \cdot x$

Wird der Preis als vom Markt vorgegeben (vollkommene Konkurrenz, Polypol) angenommen, so kann ein Anbieter die Höhe seines Erlöses nur über die Variation der Ausbringungsmenge beeinflussen. Es ergibt sich dann eine lineare Erlösfunktion. Verläuft die Gesamtkostenfunktion ebenfalls linear, so werden wegen der Fixkosten bei geringen Ausbringungsmengen die Gesamtkosten die Erlöse übersteigen. Bei zunehmender Ausbringungsmenge wird der Erlös jedoch höher als die Gesamtkosten. Es muss also eine Ausbringungsmenge geben, bei der sich Erlösfunktion und Kostenfunktion schneiden, bei der also gilt:

$E = K$

Als Break-Even-Point wird nun diejenige Ausbringungsmenge bezeichnet, bei der Erlöse und Kosten gleich hoch sind, ab der also das Unternehmen in die Gewinnzone kommt. Die Bestimmung dieses Break-Even-Points (man spricht auch von der Gewinnschwelle) kann sowohl mathematisch wie auch graphisch vorgenommen werden.

Angenommen seien die folgende Kosten- und Erlösfunktion:

$K = 20 + 4x$ und $E = 6x$ (Marktpreis ist 6 €)

Beim Break-Even-Point gilt E = K, also können auch die rechten Seiten der beiden Gleichungen gleichgesetzt werden. Man erhält dann eine Gleichung mit einer Unbekannten, der Ausbringungsmenge x, die sich lösen lässt:

$20 + 4x = 6x \Rightarrow 20 = 2x \Rightarrow x = 10$

Ab einer Ausbringungsmenge von 10 Einheiten kommt das Unternehmen in die Gewinnzone. Da das Gewinnmaximum immer dort liegt, wo die Differenz zwischen Erlösen und Kosten am größten ist, liegt die gewinnmaximale Ausbringungsmenge eines Anbieters mit linearem Kosten- und Erlösverlauf an der Kapazitätsgrenze.

Die graphische Bestimmung des Break-Even-Points erfolgt, indem beide Kurven graphisch dargestellt werden und vom Schnittpunkt der beiden Kurven das Lot auf die x-Achse gefällt wird.

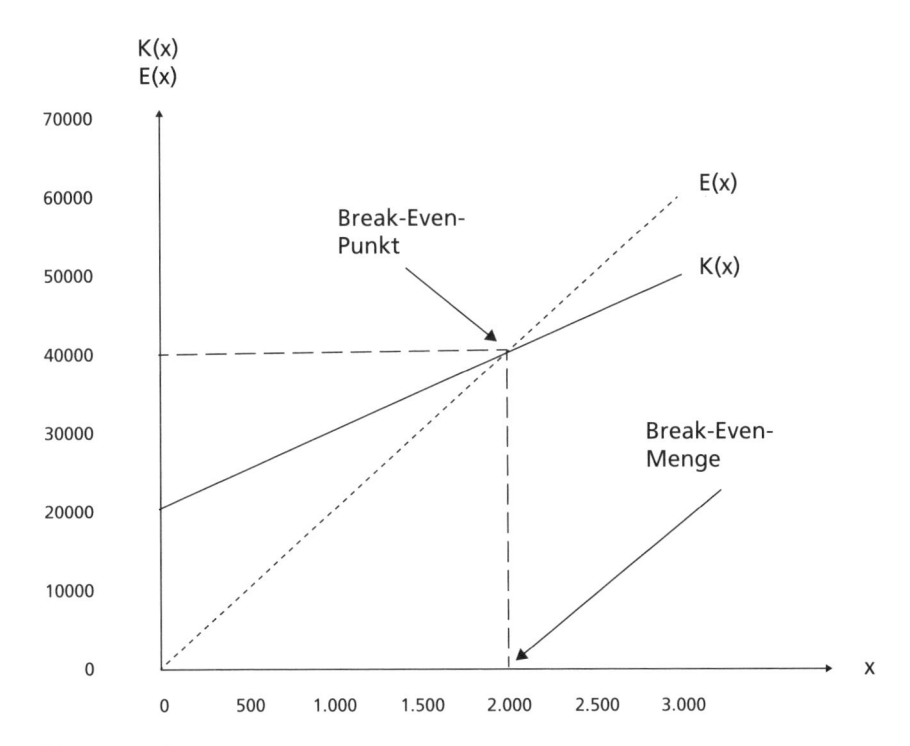

Abb. 28: Break-Even-Point

Etwas später, im Rahmen der Deckungsbeitragsrechnung, wird der Break-Even-Point anders dargestellt und mathematisch hergeleitet (▶ Aufgabe 7).

2.2.4 Nutzenschwelle – Nutzengrenze

Bei **linearem** und **degressivem** Verlauf der Gesamtkostenfunktion gibt es lediglich einen Schnittpunkt zwischen Erlös- und Kostenfunktion, wie soeben im Rahmen der linearen Kostenfunktion gezeigt wurde.

Verlaufen die Kostenfunktionen dagegen **progressiv** oder **ertragsgesetzlich**, schneidet die Erlösfunktion zweimal die Kostenfunktion. Bei progressivem und ertragsgesetzlichem Verlauf der Kostenfunktion wird der erste Schnittpunkt zwischen Erlös- und Kostenfunktion als **Nutzenschwelle** oder **Gewinnschwelle**, der zweite Schnittpunkt als **Nutzengrenze** oder **Gewinngrenze** bezeichnet.

2 Grundlagen der Kostenrechnung

Nur bei Ausbringungsmengen, die zwischen Nutzenschwelle (x_1) und Nutzengrenze (x_3) liegen, befindet sich das Unternehmen in der Gewinnzone. Die Fläche zwischen Erlös- und Kostenfunktion wird als Gewinnlinse bezeichnet (▶ Abb. 29).

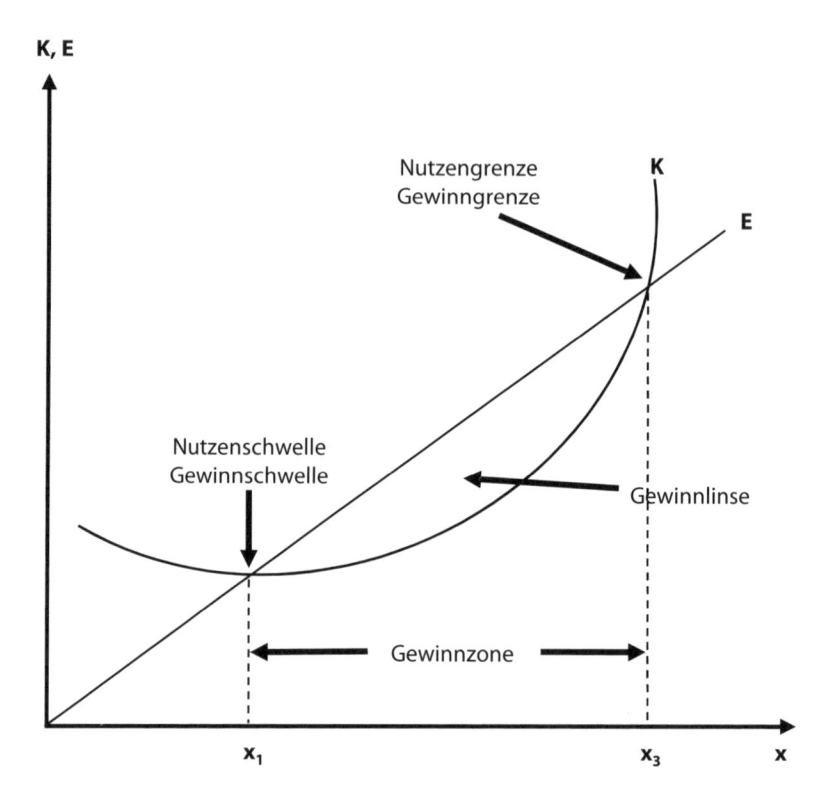

Abb. 29: Nutzenschwelle von Erlös- und Kostenfunktionen I

Der Gewinn wird bei der Ausbringungsmenge maximiert, bei der Erlös- und Kostenfunktion am weitesten auseinander liegen. Graphisch lässt sich die gewinnmaximale Ausbringungsmenge ermitteln, indem man die Erlösfunktion solange parallel verschiebt, bis sie die Kostenfunktion gerade noch tangiert. Fällt man vom Tangentialpunkt aus das Lot auf die x-Achse, entsteht die gewinnmaximale Ausbringungsmenge (x_2), dies wird in Abbildung 30 dargestellt.

2.2 Produktions- und Kostenfunktionen

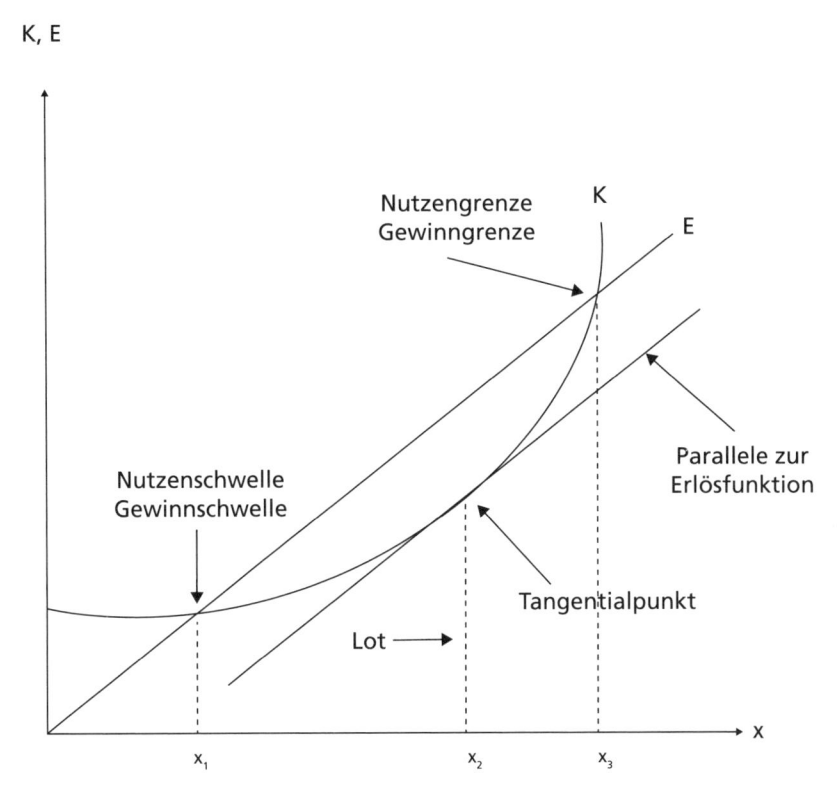

Abb. 30: Nutzenschwelle von Erlös- und Kostenfunktionen II

Mathematisch etwas komplexer wären Nutzenschwelle und Nutzengrenze beim ertragsgesetzlichen Kostenverlauf zu ermitteln.

2 Grundlagen der Kostenrechnung

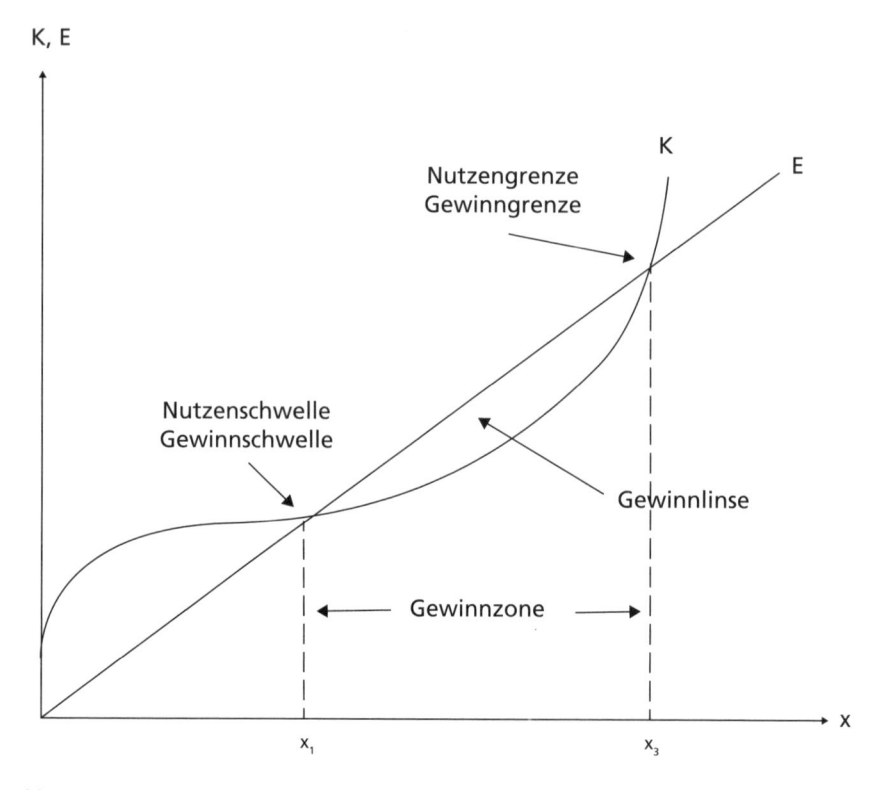

Abb. 31: Nutzenschwelle von Erlös- und Kostenfunktionen III

2.2.5 Kurz- und langfristige Preisuntergrenze

Sinkt der Marktpreis für ein bestimmtes Produkt, so müssen sich die Anbieter dieses Produktes die Frage stellen, bis zu welchem Preis sie noch bereit sind, das Produkt herzustellen. Bei der Beantwortung dieser Frage ist zwischen einer kurz- und langfristigen Betrachtungsweise zu unterscheiden: Die **kurzfristige Preisuntergrenze** liegt dort, wo der Marktpreis (p) gerade noch die variablen Stückkosten (k_v) deckt, wo also gilt:

$p = k_v$

Kurzfristig wird ein Unternehmen bereit sein, einen Marktpreis zu akzeptieren, der gerade noch die variablen Stückkosten deckt. Dem liegt folgende Überlegung zugrunde:

- Die fixen Kosten sind kurzfristig nicht abbaubar und demzufolge ist kurzfristig betrachtet der Verlust bei Fortführung genauso hoch wie bei Einstellung der Produktion.

- Bei einem Marktpreis, der also gerade noch die variablen Stückkosten deckt ($p = k_v$), entsteht ein Verlust in Höhe des gesamten Fixkostenblocks. Dieser Preis wird als **kurzfristige Preisuntergrenze** bezeichnet. Die Kurve der variablen Gesamtkosten ist dann identisch mit der Erlöskurve (linearer Kosten- und Erlösverlauf unterstellt). Dies bedeutet, dass die Erlöse gerade die variablen Kosten decken.

In der Praxis spielen neben dieser rein kostenrechnerischen Betrachtungsweise noch andere Überlegungen eine Rolle:

- Ein Unternehmen wird wahrscheinlich sogar einen Preis akzeptieren, der noch unter den variablen Stückkosten liegt, wenn in absehbarer Zeit wieder mit Preissteigerungen gerechnet werden kann. Eine Unterschreitung der kurzfristigen Preisuntergrenze könnte auch in Kauf genommen werden, um Konkurrenten aus dem Markt zu drängen. Andererseits wird möglicherweise die Produktion schon eingestellt bei einem Preis, der oberhalb der kurzfristigen Preisuntergrenze liegt, weil zur Deckung der Fixkosten laufende Ausgaben erforderlich sind, die zu Liquiditätsproblemen und u.U. zur Zahlungsunfähigkeit bzw. Insolvenz führen können.
- Als **langfristige Preisuntergrenze** wird der Preis bezeichnet, bei dem sowohl die variablen wie auch die fixen Stückkosten gedeckt sind, wo also gilt $p = k$. Da die Durchschnittskostenkurve degressiv fällt, ist die Frage nach der langfristigen Preisuntergrenze nur im Zusammenhang mit der Ausbringungsmenge zu beantworten. Nimmt man die Stückkostenfunktion eines Unternehmens als gegeben an, so darf der Preis bis höchstens auf das Minimum der Stückkosten (an der Kapazitätsgrenze) absinken. Diesen Sachverhalt verdeutlicht Abbildung 32.

2 Grundlagen der Kostenrechnung

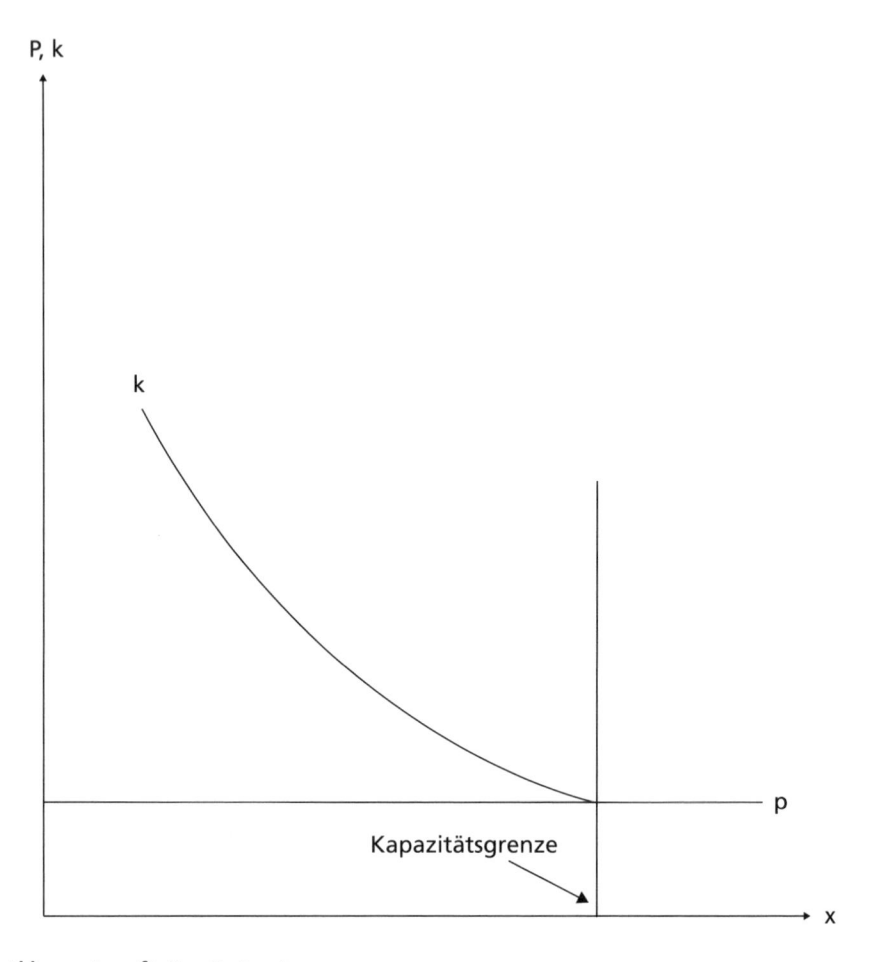

Abb. 32: Langfristige Preisuntergrenze

Im Folgenden soll das Zahlenbeispiel die Ermittlung der langfristigen Preisuntergrenze erläutern.
  Unterstellt wird die folgende Kostenfunktion:
  $K = 5000 + 2x$
Bei 10.000 Outputeinheiten betragen die Gesamtkosten 25.000 €. Können tatsächlich 10.000 Einheiten abgesetzt werden, so ergibt sich eine langfristige Preisuntergrenze von

$$PU = k = \frac{K}{x} = \frac{25.000}{10.000} = 2{,}50\,€$$

Lassen sich jedoch am Markt bspw. nur 5.000 Einheiten absetzen, so liegt die langfristige Preisuntergrenze bei

$$PU = k = \frac{K}{x} = \frac{15.000}{5.000} = 3{,}00\ €$$

Das Beispiel verdeutlicht, dass die Frage nach der langfristigen Preisuntergrenze immer nur unter Angabe der hergestellten und verkauften Stückzahl beantwortet werden kann.

Einen Zusammenhang zwischen Break-Even-Point und langfristiger Preisuntergrenze kann nicht gesehen werden, da die Ermittlung des Break-Even-Points eine völlig andere Fragestellung beantwortet, nämlich: »Bei welcher Ausbringungsmenge ist eine Deckung der Gesamtkosten erreicht?« Hier ist die zu ermittelnde Unbekannte die Ausbringungsmenge, während bei der Feststellung der langfristigen Preisuntergrenze ein Preis zu berechnen ist.

Der pauschalen Aussage »Die langfristige Preisuntergrenze stellt der Break-Even-Point dar«, kann aus den genannten Gründen nicht zugestimmt werden. Ein Absinken des Preises führt zu einer Drehung der Erlösfunktion um den Nullpunkt des Koordinatensystems. Dadurch verschiebt sich bei gleichbleibender Kostenfunktion der Break-Even-Point nach rechts. Eine Deckung der Gesamtkosten wird also erst bei größeren Ausbringungsmengen erreicht (▶ Aufgabe 8).

2.3 Grundzusammenhänge der Kostenrechnung in Unternehmen

Wurden in den vorangegangenen Kapiteln wichtige Basiselemente der Kostenrechnung beschrieben und durch Beispiele erläutert, folgen nun Aufgaben, Ablauf und die Abgrenzung der Kostenrechnung von der Finanzbuchhaltung im Unternehmen.

2.3.1 Warum ist Kostenrechnung so wichtig?

Die Kosten- und Leistungsrechnung verfolgt nicht nur das **Ziel**, die **Kosten und Leistungen** einer Abrechnungsperiode **vollständig** zu **erfassen** und daraus die Angebotspreise aller Produkte und das Betriebsergebnis zu ermitteln. Sie hat noch weitere Aufgaben:

- **Ermittlung der Selbstkosten und Leistungen einer Abrechnungsperiode.** Damit ist sie Instrumentarium der kurzfristigen betrieblichen Erfolgsermittlung.
- **Ermittlung der Selbstkosten der Erzeugniseinheit.** Damit ist sie Grundlage für die Ermittlung der Verkaufspreise.

2 Grundlagen der Kostenrechnung

- **Kontrolle der Wirtschaftlichkeit.** Dies ist eine der zentralen Aufgaben. Es stellt sich hier die Frage, ob Abläufe nicht effektiver und damit kostengünstiger und Vorprodukte nicht billiger eingekauft werden können. Kosten und Leistungen sind daher laufend zu planen und zu überwachen.
- **Grundlage für Planung und Entscheidungen.** Die Teilkostenrechnung liefert der Geschäftsführung wichtige Planungsinstrumentarien an die Hand, auf deren Grundlage Entscheidungen bzw. über die zukünftige Produktpalette getroffen werden können.

Zur Erfüllung dieser Aufgaben werden die Kosten durch die Kosten- und Leistungsrechnung

- nach **Kostenarten** erfasst (Material, Löhne, Abschreibungen etc.),
- auf **Kostenstellen** verteilt (dort, wo es sinnvoll ist, durch die Maschinenstundensatzrechnung),
- den **Kostenträgern** zugerechnet,
- im Vorfeld die wichtige (Kosten-)**Abgrenzungsrechnung** durchgeführt.

Teilaufgaben der Kostenrechnung	
Kostenartenrechnung	**Frage**: Welche Kosten sind entstanden?
	Aufgabe: Erfassen von Kosten und Gruppieren zu Kostenarten (Material, Personal etc.)
Kostenstellenrechnung	**Frage**: Wo sind Kosten entstanden?
	Aufgabe: Verteilung von Kosten auf Kostenstellen (Funktionsbereiche/Abteilungen, in denen Kosten entstanden sind)
Kostenträgerrechnung	**Frage**: Wofür sind Kosten entstanden?
	Aufgabe: Verrechnung der Kosten auf Produkte/Tätigkeiten, für deren Erstellung die Kosten angefallen sind

Abb. 33: Teilaufgaben der Kostenrechnung

Um die Bedeutung und die Herausforderungen der Kostenrechnung zu verdeutlichen, wird zunächst einmal die Vorgehensweise beschrieben.

2.3.2 Ablauf der Kostenrechnung

Im Rahmen der Kosten- und Leistungsrechnung unterscheidet man bezüglich des Ablaufes die bereits erwähnten drei Stufen:

- Die **Kostenartenrechnung** als erste Stufe beantwortet die Frage, welche Kosten entstanden sind.
- Die **Kostenstellenrechnung** als zweite Stufe beantwortet die Frage, wo die Kosten entstanden sind und
- die **Kostenträgerrechnung** als dritte Stufe beantwortet die Frage, wer die Kosten zu tragen hat.

Der Zusammenhang der drei Stufen wird in Abbildung 34 dargestellt.

Kostenarten (aus der Finanzbuchhaltung übernommen)

↓ ↓

Einzelkosten   Gemeinkosten

↓ indirekte Zurechnung auf **Kostenträger** über

Betriebsabrechnungsbogen (BAB)

= tabellarische Verteilung der Gemeinkosten auf **Kostenstellen** nach dem Verursacherprinzip und Ermittlung der Zuschlagssätze für jede Kostenstelle

direkte Zurechnung auf **Kostenträger**

↓ ↓ ↓

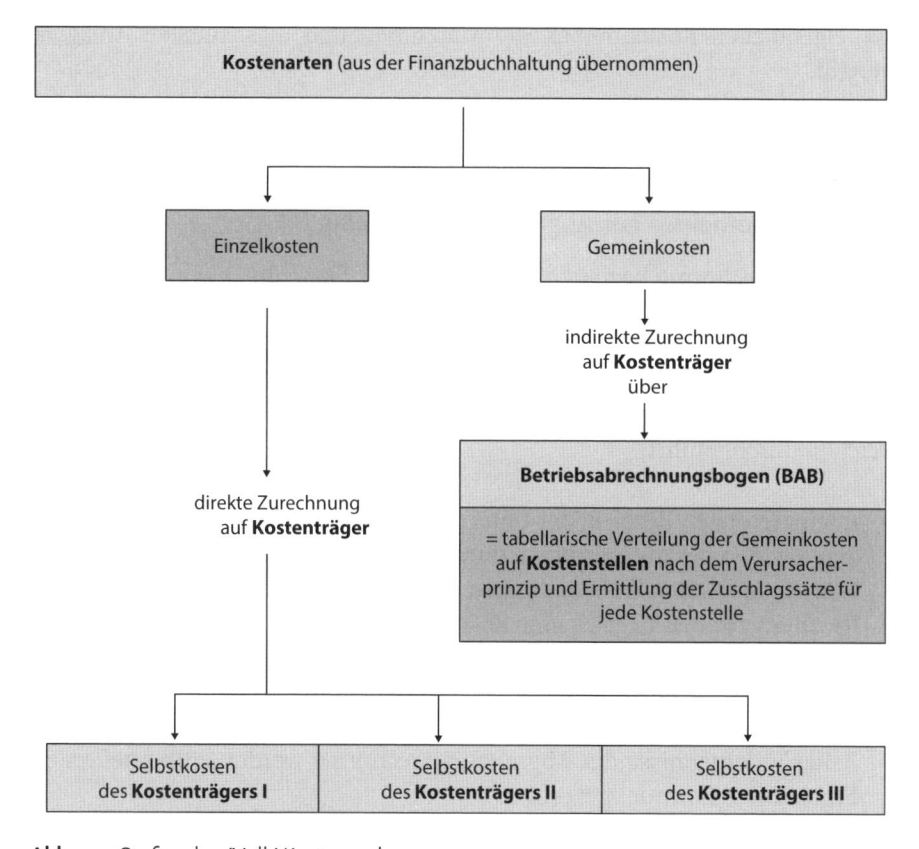

Selbstkosten des **Kostenträgers I** | Selbstkosten des **Kostenträgers II** | Selbstkosten des **Kostenträgers III**

Abb. 34: Stufen der (Voll-)Kostenrechnung

Im Rahmen der Kostenrechnung werden die **Einzelkosten**, das sind alle Kosten, die direkt den Kostenträgern zurechenbar sind, direkt von der Kostenarten- in die Kostenträgerrechnung übernommen. Bei den Einzelkosten handelt es sich immer um so genannte **variable Kosten**. Das sind Kosten, die von der Ausbringungsmenge abhängig sind (z. B. Materialeinsatz).

Die **Gemeinkosten** hingegen umfassen alle Kosten, die man nicht direkt auf die Kostenträger verrechnen kann. Diese werden erst im Rahmen der Kostenstellenrechnung verarbeitet und dann, i. d. R. nach einem Verteilungsschlüssel, auf die Kostenträger verteilt. Gemeinkosten können, wie bereits dargestellt, sowohl variable als auch fixe Kostenbestandteile aufweisen. Fixkosten sind solche Kosten, die unabhängig von der Ausbringungsmenge anfallen (z. B. Miete). Hier liefert die Maschinenstundensatzrechnung im produzierenden Gewerbe wertvolle Dienste, da sie den Löwenanteil der Gemeinkosten auf die eigentlichen Kostentreiber, die Maschinen und maschinellen Anlagen, verteilt.

2.3.3 Abgrenzung der Kostenrechnung

2.3.3.1 Allgemeines zur Abgrenzungsrechnung

Die Kostenrechnung bezieht die Daten aus der Finanzbuchhaltung. Da dort sowohl betriebliche als auch nicht-betriebliche Aufwendungen und Erträge erfasst werden, sind diejenigen, die keine Kosten und Leistungen darstellen, im Zuge der Abgrenzungsrechnung herauszurechnen. Die Abgrenzungsrechnung wird außerhalb der Finanzbuchhaltung tabellarisch in zwei Bereichen durchgeführt:

- In einem ersten Bereich, der **unternehmensbezogenen Abgrenzung**, werden aus den gesamten Aufwendungen und Erträgen der Finanzbuchhaltung die neutralen Aufwendungen herausgefiltert.
- In einem zweiten Bereich, den **kostenrechnerischen Korrekturen**, werden die korrekturbedürftigen betrieblichen Aufwendungen der Finanzbuchhaltung von der Kostenrechnung ferngehalten und durch kalkulatorische Kosten ersetzt.
- Beide Teilergebnisse der Abgrenzungsrechnung werden zum »**neutralen Ergebnis**« zusammengefasst.

2.3.3.2 Unternehmensbezogene Abgrenzungsrechnung

Eine wesentliche Aufgabe der Kosten- und Leistungsrechnung besteht darin, aus allen Aufwendungen und Erträgen des GuV-Kontos der Finanzbuch-

2.3 Grundzusammenhänge der Kostenrechnung in Unternehmen

haltung diejenigen Aufwendungen und Erträge herauszufiltern, die **neutral** sind und deshalb nicht in die Kosten- und Leistungsrechnung übernommen werden dürfen.

Neutrale Aufwendungen und Erträge entstehen

- **bei der Verfolgung betriebsfremder Ziele** (z. B. Verluste aus Wertpapierverkäufen oder Erträge aus der Vermietung von betriebsfremden Grundstücken),
- aus betrieblichen aber **periodenfremden** Vorgängen (z. B. Nachzahlung von Löhnen und betrieblichen Steuern),
- als **außerordentliche** Aufwendungen und Erträge (z. B. Erlöse aus dem Verkauf von Anlagevermögen).

Die Abgrenzungsrechnung als Bindeglied zwischen der Finanzbuchhaltung und der Kosten- und Leistungsrechnung soll anhand der in Tabelle 13 dargestellten GuV erklärt werden.

Tab. 13: Gewinn- und Verlustrechnung

Soll/ Aufwand			Gewinn- und Verlustkonto		Haben/ Ertrag
6000	Rohstoffe	2.940.000	5000	Umsatzerlöse	10.520.000
6020	Hilfsstoffe	795.000	5202	Mehrbestand	240.000
6030	Betriebsstoffe	35.000	5400	Mieterträge	140.000
6200	Löhne	2.400.000	5480	Rückst.herabsetzung	65.000
6300	Gehälter	500.000	5710	Zinserträge	50.000
6400	Soziale Abgaben	600.000			
6520	Abschreibungen	650.000			
6800	Büromaterial	50.000			
6870	Werbung	205.000			
6960	Verluste a.Verm.abgang	100.000			
7077	Betriebliche Steuern	190.000			
7460	Verluste a. Wertp.verkauf	40.000			
7510	Zinsaufwendungen	540.000			
7600	Außerord. Aufwand	260.000			
	Gewinn	1.710.000			
Saldo		11.015.000	Saldo		11.015.000

Auf dieser Grundlage wird nun über die Abgrenzungsrechnung das Betriebsergebnis aus dem Gesamtergebnis abgeleitet – dazu folgende Erläuterungen:

- In die **Betriebsergebnisrechnung** (Rechnungskreis II) werden die Salden aus der Gesamtbetriebsergebnisrechnung (Rechnungskreis I) dann übertragen, wenn es sich um Erträge handelt, die in voller Höhe Leistungen darstellen, oder wenn Aufwendungen in voller Höhe Kosten darstellen. Als Beispiele dienen hier die Umsatzerlöse (Konto 5000) und die Gehälter (Konto 6300).
- In die **Abgrenzungsrechnung** werden die Salden aus dem Rechnungskreis I dann übertragen, wenn sie in voller Höhe neutrale Erträge oder neutrale Aufwendungen sind. Mieterträge (Konto 5400) z. B. entstanden aus der Vermietung eines nichtbetriebsnotwendigen Gebäudes und erscheinen nicht in der Betriebsergebnisrechnung.
- Auch **Anderskosten** können entstehen. Oftmals fallen kalkulatorische Abschreibungen (Konto 6520) darunter, da die handelsrechtlichen Abschreibungen meist nicht dem kalkulierten Werteverschleiß entsprechen.

Die Abgrenzungsrechnung ist in Tabelle 14 dargestellt und es zeigt sich in diesem Beispiel, dass das Betriebsergebnis niedriger ist als das bilanzielle Ergebnis.

2.3 Grundzusammenhänge der Kostenrechnung in Unternehmen

Tab. 14: Unternehmensbezogene Abgrenzungsrechnung

Ergebnistabelle							
Finanzbuchhaltung (= Rechnungskreis I)			Kosten- und Leistungsrechnung (= Rechnungskreis II)				
Gesamtergebnisrechnung			Abgrenzungsrechnung		Betriebsergebnisrechnung		
			Unternehmensbezogene Abgrenzungen				
Konto	Aufwand	Erträge	Neutraler Aufwand	Neutraler Ertrag	Kosten	Leistungen
5000		10.520.000				10.520.000
5202		240.000				240.000
5400		140.000		140.000		
5480		65.000		65.000		
5710		50.000		50.000		
6000	2.940.000				2.940.000	
6020	795.000				795.000	
6030	35.000				35.000	
6200	2.400.000				2.400.000	
6300	500.000				500.000	
6400	600.000				600.000	
6520	650.000				660.000	
6800	50.000				50.000	
6870	205.000				205.000	
6960	100.000				180.000	
7077	190.000		100.000		1.035.000	
7460	40.000		10.000			
7510	540.000		40.000			
7600	260.000		260.000			
	9.305.000	11.015.000	410.000	255.000	9.400.000	10.760.000
	1.710.000			**155.000**	**1.360.000**	
	11.015.000	11.015.000	410.000	410.000	10.760.000	10.760.000
	Gesamtergebnis		Neutrales Ergebnis		Betriebsergebnis	

2 Grundlagen der Kostenrechnung

Exkurs: Was hat es mit Mehr- oder Minderbeständen auf sich?

Im obigen Beispiel wurden dem Konto »5202 Mehrbestand« insgesamt 240.000,- € zugebucht, die in der GuV die Umsatzerlöse und damit den Gewinn erhöhen. Folgender beispielhafter Geschäftsvorfall »Buchen von Bestandsveränderungen« soll diesen Sachverhalt verdeutlichen:

In Periode 1 wurden 1.000 Stück der Produkte produziert und verkauft. Produktion und Absatz waren also identisch. Der entsprechende Umsatzerlös betrug 1.800 € (1.000 Stck. × 1,80 €), der Materialaufwand belief sich auf 1.000 € (1.000 Stck. × 1,00 €). Der Gewinn entsprach folglich 800,- €.

In Periode 2 laufen Produktion und Absatz auseinander. Es werden zwar 1.000 Stück produziert, aber lediglich 800 Stück verkauft. Würden hier keine Bestandsveränderungen (hier Erhöhung) berücksichtigt, würde der Gewinn 440,- € betragen. Die Bestandserhöhung (BE) auf der Habenseite der GuV erhöhen also den Gewinn um 200,- € (200 Stck. × 1,- €) auf insgesamt 640,- €.

In Periode 3 wurde zwar keine Produktion durchgeführt, aber 200 Stück verkauft. Ohne Berücksichtigung der Bestandsveränderung (hier die Bestandsminderung) würde ein »zu hoher« Gewinn von insgesamt 360,- € ausgewiesen. Die Bestandsminderung (BM) auf der Sollseite der GuV verringert also den Gewinn um 200,- € (200 Stck. × 1,- €) auf insgesamt 160,- €.

Kosten des Produktes		1,00		
Verkaufserlös		1,80		
Periode 1	Produktion	1.000	Materialaufwand	1.000
	Absatz	1.000	Umsatzerlös	1.800
			Gewinn	800

					GuV 2			
Periode 2	Produktion	1.000	Materialaufwand	1.000	Material	1.000	Umsatz	1.440
	Absatz	800	Umsatzerlös	1.440	Gewinn	640	BE	200
			Gewinn	440				
					GuV 3			
Periode 3	Produktion	0	Materialaufwand	0	Material	0	Umsatz	360
	Absatz	200	Umsatzerlös	360	BM	200		
			Gewinn	360	Gewinn	160		

Abb. 35: Mehr- oder Minderbestände von Vorräten

2.3.3.3 Kostenrechnerische Korrekturen

Im Rahmen der Kosten- und Leistungsrechnung gibt es eine Reihe von Kosten, die man voneinander unterscheiden muss:

- Viele Aufwendungen der Finanzbuchhaltung können unverändert als Kosten in die Betriebsergebnisrechnung aufgenommen werden. In diesen Fällen spricht man von **aufwandsgleichen Kosten** oder auch **Grundkosten** (Standardbeispiel: Löhne und Gehälter).
- Aufwendungen aus der Finanzbuchhaltung, die kalkulatorisch ungeeignet sind und deshalb in der Kosten- und Leistungsrechnung mit einem anderen Wert anzusetzen sind, nennt man **aufwandsungleiche Kosten** oder auch **Anderskosten** (Standardbeispiel: Abschreibungen).
- Es gibt drittens Kosten, denen in der Finanzbuchhaltung keine Aufwendungen gegenüberstehen, die aber leistungsbedingt anfallen und deshalb im Rahmen der Kalkulation anzusetzen sind. Diese Kosten nennt man **Zusatzkosten** (z. B. kalkulatorischer Unternehmerlohn).

Aufwendungen der Finanzbuchhaltung		
Neutrale Aufwendungen	Betriebliche Aufwendungen	Betriebliche Aufwendungen
	=	≠
	Grundkosten	Anderskosten	Zusatzkosten
	Kosten der Kosten- und Leistungsrechnung	

Abb. 36: Kostenrechnerische Korrekturen

Tabelle 15 enthält für die neutralen Aufwendungen, für Grund-, Anders- und Zusatzkosten jeweils ein Beispiel. Hierzu noch folgende Erläuterungen:

- Verluste aus Wertpapiergeschäften (Konto 6960) gehören nicht zum Betriebsergebnis, sondern werden im Rahmen der unternehmensbezogenen Abgrenzung als neutraler Aufwand eliminiert.
- Aufwendungen für Löhne (Konto 6200) sind Grundkosten und gehen deshalb 1:1 von der Gesamtergebnisrechnung in die Betriebsergebnisrechnung über.
- Die unternehmensbezogenen Abschreibungen (Konto 6520) sind nicht auf Basis von Wiederbeschaffungspreisen der maschinellen Anlagen be-

rechnet und im Zuge der kalkulatorischen Abschreibungen deshalb zu erhöhen.

- Der kalkulatorische Unternehmerlohn schließlich ist in der Gesamtergebnisrechnung nicht enthalten, aber aufgrund des Opportunitätskostenprinzips zu berücksichtigen (der Unternehmer würde in einem fremden Betrieb Geld verdienen und dieser Betrag würde im Rahmen der Gehälter als Kostenblock in der Kalkulation stecken) (▶ Aufgabe 9).

Tab. 15: Gesamte Abgrenzungsrechnung

Ergebnistabelle								
Finanzbuchhaltung RK I			Kosten- und Leistungsrechnung RK II					
Gesamtergebnisrechnung der FiBu			Abgrenzungsrechnung				Betriebsergebnisrechnung	
			Unternehmensbezogene Abgrenzung		Kostenrechnerische Korrekturen			
Konto	Aufwand	Ertrag	neutraler Aufwand	neutraler Ertrag	betriebl. Aufwand	verrechnete Kosten	Kosten	Leistungen
6960	100.000		100.000					
6200	2.400.000						2.400.000	
6520	650.000				650.000	660.000	660.000	
U-Lohn	0					300.000	300.000	

2.4 Kostenrechnungssysteme und Organisation

Es gibt diverse Kostenrechnungssysteme, die sich hinsichtlich des Zeitbezuges und hinsichtlich der zugrungeliegenden Kostenverrechnung einteilen lassen:

2.4 Kostenrechnungssysteme und Organisation

Kostenrechnungssysteme	
Zeitbezug der Kosten	Ist- und Normalkostenrechnung (= vergangenheitsbezogen)
	Plankostenrechnung (= zukunftsbezogen)
Ausmaß der Kostenverrechnung	Vollkostenrechnung (=Verrechnung aller Arten von Kosten auf die Kostenträger)
	Teilkostenrechnung (= Verrechnung nur von Teilen der Kosten auf die Kostenträger)

Abb. 37: Kostenrechnungssysteme

Kleine und mittelständische Unternehmen beginnen meist mit der Istkostenrechnung auf Vollkostenbasis. Es werden also zunächst aus der Finanzbuchhaltung alle Aufwendungen und Erträge, die das operative Geschäft betreffen, herausgelöst und als Kosten (Aufwendungen) und Leistungen (Erträge) über die Kostenartenrechnung auf die Kostenstellenrechnung und abschließend auf die Kostenträger (Produkte und oder Dienstleistungen) verteilt. Dies ist etwas leichter, als direkt mit der Teilkostenrechnung zu beginnen, da in diesem Fall zunächst alle Kosten in variable und fixe Bestandteile zerlegt und mit Hilfe der Deckungsbeitragsrechnung gelöst werden müssen.

Die Organisationsstruktur eines Unternehmens und damit der Kostenrechnung kann sehr vielfältig sein. Sehr kleine Unternehmen kennen oft »nur« die Finanzbuchhaltung, aus der sich dann die Kostenrechnung ableitet. Mittelständische Unternehmen beziehen hingegen oft das Controlling ein, so dass sich die Organisation der Kostenrechnung aus der Organisation der Controllingabteilung ergibt. Diesen Zusammenhang zeigt Abbildung 38.

2 Grundlagen der Kostenrechnung

Unternehmensführung	Beschaffung		Internes Rechnungswesen
	Produktion		Planung und Kontrolle Produkte
	Absatz	Controlling	Planung und Kontrolle Abteilungen
	Finanzen	Externes Rechnungswesen	Planung und Kontrolle Projekte
	Personal	Finanzwesen	Methoden und Systeme

Abb. 38: Organisation der Kostenrechnung eines mittelständischen Unternehmens

2.5 Kostenartenrechnung

2.5.1 Aufgaben und Grundlagen

Die Kostenartenrechnung steht am Anfang der laufenden Kostenrechnung.

	Teilaufgaben der Kostenrechnung	
Kostenartenrechnung	Frage	Welche Kosten sind entstanden?
Kostenstellenrechnung	Aufgabe	Erfassen von Kosten und Gruppieren zu Kostenarten (Material, Personal etc.) entsprechend der Art der verbrauchten Güter
	Nutzen	Liefert Basisinformationen für die Kostenstellen- und Kostenträgerrechnung; liefert Informationen für die interne Planung und Kontrolle von Kostenarten (Höhe, Zeitvergleich, Anteil, Betriebsvergleich)
Kostenträgerrechnung	Grundlage	Finanzbuchhaltung, Lohn- und Gehaltsbuchhaltung, Materialbuchhaltung, Anlagenbuchhaltung; Abgrenzung von Kosten und Aufwand
	Anforderungen	Eindeutigkeit: Klare Definition von Kostenarten Überschneidungsfreiheit: Keine inhaltlichen Überschneidungen von Kostenarten Vollständigkeit: Keine Lücken in der Kostenerfassung

Abb. 39: Kostenartenrechnung als Teilaufgabe der Kostenrechnung

2.5 Kostenartenrechnung

Im Rahmen der Kostenartenrechnung können die Kostenarten nach unterschiedlichen Zielsetzungen gegliedert und gebündelt werden wie Abbildung 40 zeigt.

Ziele der Kostenartenrechnung	Kriterien der Kostengliederung	Unterteilung der Kosten	Beispiele
Verbrauch an Produktionsfaktoren planen und kontrollieren	Gliederung nach der Verbrauchsart	Werkstoffkosten	Verbrauch von Roh-, Hilfs- und Betriebsstoffen
		Betriebsmittelkosten	Wertminderung an Betriebsmitteln
		Personalkosten	Löhne, Gehälter
		Dienstleistungskosten	Frachtkosten
		Zwangsabgaben	Steuern, Zölle
		Umweltkosten	Kosten für Abfallentsorgung
Kalkulation erstellen	Zurechnung der Kosten zu Kostenträgern	Einzelkosten	Fertigungslöhne
		Sondereinzelkosten der Fertigung	Modellkosten, Spezialwerkzeuge
		Sondereinzelkosten des Vertriebs	Spezialverpackungen
		Gemeinkosten	Zeitlöhne, Gehälter, Mieten
Marktorientierte Entscheidungen treffen	Verhalten der Kosten bei Beschäftigungsänderungen	Variable Kosten	Rohstoffverbrauch, Akkordlöhne
		Fixe Kosten	Gehälter, zeitabhängige Löhne
		Mischkosten	Telefonkosten

Abb. 40: Ziele und Beispiele der Kostenartenrechnung

Je nach Art der Unternehmung betragen die kumulierten Kosten für Material und Personal ca. 70-85 % der gesamten Kosten, weitere 5-8 % entfallen auf die Abschreibungen, der Rest umfasst die sonstigen betrieblichen Aufwendungen (Miete, Benzin, Kfz-Kosten, Büroausstattung etc.).

2.5.2 Die Materialkosten

2.5.2.1 Erfassung des Materialverbrauchs

Die für die Kostenrechnung relevanten Materialkosten ergeben sich aus dem Verbrauch von Roh-, Hilfs- und Betriebsstoffen, sofern es sich um ein produzierendes (Industrie-)Unternehmen handelt oder aus der Weiterveräußerung von (konfektionierten) Fertigprodukten, sofern es ein reines Handelsunternehmen ist. Unabhängig davon gibt es zwei praktische Methoden, den Materialverbrauch zu erfassen:

- Bei der **Inventurmethode** wird bei der Materialentnahme aus dem Lager kein Materialentnahmeschein ausgefüllt und an die Buchhaltung weitergegeben, sondern am Ende der Periode (Monat oder Jahr) der Endbestand der Materialien durch Inventur bestimmt. Der Materialverbrauch ergibt sich dann rechnerisch wie folgt:
Anfangsbestand
+ Zugänge
− Endbestand (laut Inventur)
= Abgang (Materialverbrauch)
Die Inventurmethode eignet sich am ehesten für Kleinunternehmen, denn kurzfristig kann der Erfolg durch das Fehlen des Materialverbrauchs nicht bestimmt werden, was zu eklatanten Problemen führen kann, da bestandswirtschaftliche Fehlentwicklungen möglicherweise zu spät erkannt werden.
- Bei der **Skontrationsmethode** wird der Materialverbrauch bereits unterperiodisch erfasst, da bei jeder Materialentnahme aus dem Lager diese durch den Materialentnahmeschein dokumentiert und an die Buchhaltung weitergeleitet wird. Durch Vergleich des buchmäßig ermittelten Endbestandes mit dem Inventurbestand wird dann der Lagerverlust (Schwund oder Diebstahl) ermittelt. Der Materialverbrauch ergibt sich dann rechnerisch wie folgt:
Anfangsbestand
+ Zugänge
− Abgänge
= Endbestand

2.5.2.2 Bewertung des Materialverbrauchs

Für die Kostenrechnung als Bestandteil des internen Rechnungswesens bestehen keine gesetzlichen Vorschriften für die Bewertung des Materialverbrauchs. Es gibt eine Vielzahl von Bewertungsmöglichkeiten, die zu unterschiedlichen Materialkostenausweisen führen. Die gängigsten Verbrauchsfolgeverfahren sind:

- Durchschnittliche Anschaffungskosten (periodisch)[7]
- Fifo-Verfahren (First in first out)

---

[7] Grundsätzlich gibt es auch das permanente Durchschnittsverfahren, das in der Praxis aber aufgrund des hohen Arbeitsaufwandes praktisch keine Relevanz besitzt.

- Lifo-Verfahren (Last in first out)
- Hifo-Verfahren (Highest in first out)
- Lofo (Lowest in first out)[8]

Ausgangsbeispiel

Tab. 16: Ausgangsbeispiel des Materialverbrauchs

Datum		Menge (kg)	Preis €/kg	Wert (€)
01.12	AB	0	0	0
02.12	Zugang	500	0,40	200
09.12	Zugang	850	0,60	510
15.12	Zugang	1.600	0,90	1.440
20.12	Zugang	2.400	0,50	1.200
22.12	Zugang	950	0,80	760
25.12	Zugang	800	0,95	760
30.12	Zugang	600	0,70	420

Es wird unterstellt, dass der Verbrauch des Dezembers (Skontrations- oder Inventurmethode) 3.000 kg beträgt. Danach würden sich nach den einzelnen Bewertungsverfahren der Ausweis der Materialaufwendungen und des Vorratsvermögens wie folgt darstellen:

---

8 Sofern das Bilanzrechtsmodernisierungsgesetz (BilMoG) zur Anwendung kommt, werden diese möglichen Verfahren ausschließlich durch das Lifo- und Fifo-Verfahren bestimmt, so dass das BilMoG den § 256 HGB ersetzt. Dort wird bestimmt: »Soweit es den Grundsätzen ordnungsgemäßer Buchführung entspricht, kann für den Wertansatz gleichartiger Vermögensgegenstände des Vorratsvermögens unterstellt werden, dass die zuerst oder dass die zuletzt angeschafften oder hergestellten Vermögensgegenstände zuerst verbraucht oder veräußert worden sind.«

2 Grundlagen der Kostenrechnung

Tab. 17: Durchschnittliche Anschaffungskosten zur Ermittlung des Materialverbrauchs

Verfahren der durchschnittlichen Anschaffungskosten				
Datum		Menge (kg)	Preis €/kg	Wert (€)
01.12	AB	0	0	0
02.12	Zugang	500	0,40	200
09.12	Zugang	850	0,60	510
15.12	Zugang	1.600	0,90	1.440
20.12	Zugang	2.400	0,50	1.200
22.12	Zugang	950	0,80	760
25.12	Zugang	800	0,95	760
30.12	Zugang	600	0,70	420
	Summe	7.700	0,687	5.290
	Materialkosten	3.000	0,687	2.061,04
	Vorratsbestand	4.700	0,687	3.228,96

Tab. 18: Fifo-Verfahren zur Ermittlung des Materialverbrauchs

	Fifo-Verfahren		
	Menge (kg)	Preis €/kg	Wert (€)
Materialkosten	500	0,40	200
	850	0,60	510
	1.600	0,90	1.440
	50	0,50	25
	3.000		2.175
Vorratsbestand	2.350	0,50	1.175
	950	0,80	760
	800	0,95	760
	600	0,70	420
	4.700		3.115

2.5 Kostenartenrechnung

Tab. 19: Lifo-Verfahren zur Ermittlung des Materialverbrauchs

	Lifo-Verfahren		
	Menge (kg)	Preis €/kg	Wert (€)
Materialkosten	600	0,70	420
	800	0,95	760
	950	0,80	760
	650	0,50	325
	3.000		**2.265**
Vorratsbestand	1.750	0,50	875
	1.600	0,90	1.440
	850	0,60	510
	500	0,40	200
	4.700		**3.025**

Tab. 20: Hifo-Verfahren zur Ermittlung des Materialverbrauchs

	Hifo-Verfahren		
	Menge (kg)	Preis €/kg	Wert (€)
Materialkosten	800	0,95	760
	1.600	0,90	1.440
	600	0,80	480
	3.000		**2.680**
Vorratsbestand	350	0,80	280
	600	0,70	420
	850	0,60	510
	500	0,40	200
	4.700		**2.610**

Tab. 21: Lofo-Verfahren zur Ermittlung des Materialverbrauchs

	Lofo-Verfahren		
	Menge (kg)	Preis €/kg	Wert (€)
Materialkosten	500	0,40	200
	2.400	0,50	1.200
	100	0,60	60
	3.000		1.460
Vorratsbestand	750	0,60	450
	600	0,70	420
	950	0,80	760
	1.600	0,90	1.440
	800	0,95	760
	4.700		3.830

Die unterschiedlichen Verfahren zeigen sehr anschaulich, wie unterschiedlich sich die Berücksichtigung der Materialkosten auf den Ausweis des verbleibenden Vorratsbestandes auswirken kann (▶ Aufgabe 10).

2.5.3 Personalkosten

Personalkosten, zu denen die Löhne und Gehälter sowie die resultierenden gesetzlichen Sozialabgaben (Beiträge zur Kranken-, Pflege-, Renten- und Arbeitslosenversicherung) zu zählen sind, bilden mit den Materialkosten den größten Kostenfaktor eines Unternehmens. Auch sollten, in Abhängigkeit von der Unternehmensform, die kalkulatorischen Unternehmerlöhne berücksichtigt werden. Der kalkulatorische Unternehmerlohn wird in Kapitel 2.5.4.3 dargestellt.

Die Gehälter stellen Entgelte für Angestellte eines Unternehmens dar. Zu den Löhnen gehören der Zeitlohn, Stück- bzw. Akkordlohn sowie der Prämienlohn als Lohnformen. Der Zeitlohn der beschäftigten Person wird in Abhängigkeit von der Arbeitszeit im Unternehmen ermittelt, während sich der Stücklohn ebenso wie der Akkordlohn in Abhängigkeit von der erbrachten Leistungsmenge ergibt. Auch bei den Löhnen fallen die oben beschriebenen Sozialabgaben an.

2.5.4 Kalkulatorische Kosten

Kalkulatorischen Kosten sind Kostenarten, die gar nicht oder in einer anderen Höhe bei den Aufwendungen in der Finanzbuchhaltung vorzufinden sind. Die bekanntesten kalkulatorischen Kosten sind

- die kalkulatorische Abschreibung,
- die kalkulatorischen Zinsen sowie
- der kalkulatorische Unternehmerlohn.

2.5.4.1 Die kalkulatorische Abschreibung

Die kalkulatorischen Abschreibungen haben die Aufgabe, die tatsächliche Wertminderung von Anlagegütern zu erfassen und als Kosten zu verrechnen. Die kalkulatorischen Abschreibungen sind ihrer Höhe nach also möglichst nach dem tatsächlichen Werteverzehr anzusetzen und weichen oftmals von den bilanziellen Abschreibungen ab, die nach handelsrechtlichen bzw. steuerlichen Bestimmungen vorgenommen werden.

Da beim Ansatz von kalkulatorischen Abschreibungen keine gesetzlichen Vorschriften zu berücksichtigen sind, ist die Höhe ausschließlich nach betriebswirtschaftlich sinnvollen Kriterien zu bemessen. Dies bedeutet, dass z. B. nicht von den Anschaffungskosten, sondern von den **Wiederbeschaffungskosten** auszugehen ist. Ebenso ist nicht von der steuerlich zulässigen, sondern von der **tatsächlichen Nutzungsdauer** auszugehen.

Folgender Sachverhalt soll den Unterschied zwischen der bilanziellen und der kalkulatorischen Abschreibung verdeutlichen:

Ein Anlagegut wurde für 100 T€ beschafft und kann aus steuerlichen Überlegungen heraus über 5 Jahre linear sowohl handelsrechtlich als auch steuerrechtlich abgeschrieben werden. Aufgrund von Erfahrungen weiß der Anlagenbauer aber, dass die tatsächlichen Wiederbeschaffungskosten 130 T€ betragen und das Anlagegut wirtschaftlich über 7 Jahre genutzt werden kann.

Bilanziell beträgt die jährliche **Abschreibung** somit **20.000,- €** (100.000,- / 5 Jahre), während die **kalkulatorische Abschreibung** hingegen **18.571,- €** (130.000,- / 7 Jahre) beträgt.

Neben den Wiederbeschaffungskosten und der tatsächlichen Nutzungsdauer muss der Kostenrechner auch berücksichtigen, dass er einen Kostenansatz wählt, der langfristig Bestand hat. So ist es z. B. völlig widersinnig, in den ersten 7 Jahren in Form von Gemeinkosten die kalkulatorische Abschreibung zum Ansatz zu bringen und ab dem 8 Jahr diese bei der Produktkalkulation zu vernachlässigen.

2.5.4.2 Die kalkulatorischen Zinsen

Kalkulatorische Zinsen sind ein Kostenelement, das unterschiedliche unternehmerische Finanzierungsstrukturen zum Ausgleich bringen soll. Diese kalkulatorischen Zinsen werden oftmals bei kleinen und mittelständischen Unternehmen nicht beachtet. Deshalb empfehle ich Ihnen den Gliederungspunkt 5.2 dieses Buches. Dort wird anhand der Beispiels-GmbH auch dieser Kosteneffekt speziell berücksichtigt.

Folgender Sachverhalt möge dies veranschaulichen:

Man stelle sich vor, zwei ansonsten völlig gleiche Unternehmen A und B unterscheiden sich lediglich durch ihre Finanzierungsstruktur. Das Unternehmen A finanziert sich ausschließlich mit Eigenkapital, das Unternehmen B ausschließlich mit Fremdkapital.[9] B zahlt Fremdkapitalzinsen, die sowohl Aufwand als auch Kosten darstellen. Die tatsächlich gezahlten FK-Zinsen erhöhen somit die Selbstkosten der hergestellten Produkte.

Wenn das Unternehmen A nun keine kalkulatorischen Zinsen für das investierte Eigenkapital zum Ansatz bringen würde, fielen die Selbstkosten der Produkte bei A niedriger aus als bei B. Die kalkulierten Selbstkosten der Produkte dürfen jedoch nicht von der Finanzierungsstruktur eines Unternehmens abhängen.

In der Praxis geht man so vor, dass kalkulatorische Zinsen auf der Basis des so genannten **betriebsnotwendigen Kapitals** berechnet werden:

Betriebsnotwendiges Anlagevermögen
+ betriebsnotwendiges Umlaufvermögen
= betriebsnotwendiges Kapital

Nichtbetriebsnotwendiges Kapital bilden somit Vermögenswerte, die nicht dem eigentlichen Betriebszweck dienen. Beispielhaft wären hier Wertpapiere des Anlage- oder Umlaufvermögens zu nennen, Beteiligungen an anderen Firmen oder bspw. Grundstücke, die aus spekulativen Gründen gehalten werden.

Vom **betriebsnotwendigen Kapital** wird das so genannte **Abzugskapital** subtrahiert. Dabei handelt es sich um dasjenige Fremdkapital, das dem Unternehmen zinslos zur Verfügung gestellt wird:

Zinslos erhaltene Lieferantenkredite
+ zinslose Gesellschafterdarlehen
+ Anzahlungen von Kunden
+ kurzfristige Rückstellungen
= Abzugskapital

---

9 Natürlich gibt es Unternehmensformen, bei denen gewisse Eigenkapitalbeträge gesetzlich vorgeschrieben sind. Auch wird ein Unternehmen bestimmt kein Fremdkapital bekommen, wenn kein haftendes Eigenkapital als Garantie vorliegt.

2.5 Kostenartenrechnung

Anhand der Bilanz in Tabelle 22 soll der Unterschied zwischen dem zu zahlenden Fremdkapitalzins und den kalkulatorischen Zinsen verdeutlicht werden.

Tab. 22: Bedeutung der kalkulatorischen Zinsen I

Bilanz in T €

AKTIVA		PASSIVA	
Grundstücke und Bauten	700	Gezeichnetes Kapital	300
Technische Anlagen	600	Jahresüberschuss/-fehlbetrag	100
Anlagevermögen	**1.300**	**Eigenkapital**	**400**
Vorräte	50	Kurzfristige Rückstellung	150
Kundenforderungen	550	Langfristige Bankverbindlichkeiten	1.300
Wertpapiere	60	Lieferantenverbindlichkeiten	80
Liquide Mittel	40	Kurzfristige Gesellschafterdarlehen	70
Umlaufvermögen	**700**	**Fremdkapital**	**1.600**
Bilanzsumme	**2.000**	**Bilanzsumme**	**2.000**

Auf die langfristigen Bankverbindlichkeiten wurden Fremdkapitalzinsen in Höhe von 5 % (= 65 T€) gezahlt. Davon weichen die kalkulatorischen Zinsen deutlich ab wie die Berechnung in Tabelle 23 zeigt:

Tab. 23: Bedeutung der kalkulatorischen Zinsen II

Bilanzsumme	2.000 T€
- Wertpapiere (nicht betriebsnotwendig)	- 60 T€
= Betriebsnotwendiges Kapital	**= 1.940 T€**
Kurzfristige Rückstellungen	150 T€
+ Lieferantenverbindlichkeiten	+ 80 T€
+ kurzfristige Gesellschafterdarlehen	+70 T€
= Abzugskapital	**= 300 T€**
Basis für kalkulatorische Zinsen	= 1.640 T€
Zinssatz 10%	**Kalkulatorischen Zinsen = 164 T€**

Durch die kalkulatorischen Zinsen wird also den unterschiedlichen Finanzierungsstrukturen (Verhältnis zwischen Eigen- und Fremdkapital) Rechnung getragen. Dieses Beispiel mit 10 % beinhaltet aus heutiger Sicht natürlich einen sehr hohen Zinssatz, was aber auch Risikokomponenten des Unternehmens geschuldet sein könnte (▶ Aufgabe 11).

2.5.4.3 Der kalkulatorische Unternehmerlohn

Bei Personengesellschaften wird für die Mitarbeit der Unternehmer im Betrieb kein Gehalt gezahlt, sondern der Jahresgewinn wird unter Berücksichtigung von Entnahmen und Einlagen als Einkommen des Unternehmers angesehen. Es gibt also keine Aufwandsbuchung für den Unternehmerlohn. Ebenso wie die Eigenkapitalzinsen in den kalkulatorischen Zinsen als Kosten verrechnet werden, muss (sollte) auch das Entgelt für die Arbeitsleistung der Unternehmensführung als Kostenfaktor in die Selbstkosten eingerechnet werden.

Die Höhe des kalkulatorischen Unternehmerlohns sollte dabei so bemessen werden, dass sie den Bezügen eines leitenden Angestellten entspricht, der eine vergleichbare Tätigkeit in einer etwa gleich großen Firma ausübt.

Oft verwendet man zur Bestimmung der Höhe des kalkulatorischen Unternehmerlohns in der Praxis eine Formel, die zuerst in der Seifenindustrie verwendet und wahrscheinlich deshalb auch als **Seifenformel** bezeichnet wird:

$$\text{Unternehmerlohn} = 18 \cdot \sqrt{\text{Jahresumsatz}}$$

Bei einem Jahresumsatz von 1.000.000 € würde der kalkulatorische Unternehmerlohn folglich nur 18 T€ betragen. Das zeigt, dass diese »Seifenformel« wohl nur bedingt einsetzbar ist.

2.6 Kostenstellenrechnung

2.6.1 Aufgaben und Grundlagen

Die Kostenstellenrechnung bildet nach der Kostenartenrechnung die zweite Stufe im betrieblichen Prozess der Kosten- und Leistungsrechnung. Sie ist erforderlich, um die Gemeinkosten nach einem in der Praxis gebräuchlichen Verfahren anteilig den Kostenträgern zurechnen zu können.

2.6 Kostenstellenrechnung

		Teilaufgaben der Kostenrechnung	
Kostenartenrechnung	Frage	Wo sind Kosten angefallen?	
	Aufgabe	Verteilung von Kosten auf Kostenstellen (Funktionsbereiche/Abteilungen, in denen Kosten entstanden sind)	
Kostenstellenrechnung	Nutzen	Ermöglicht eine Kontrolle der Wirtschaftlichkeit von Organisationseinheiten (Kostenverantwortung); Grundlage für eine detaillierte Zurechnung von Kosten (Gemeinkosten) auf Kostenträger	
	Grundlage	Kostenartenrechnung	
Kostenträgerrechnung	Anforderungen	Identität von Kostenstelle und Verantwortungsbereich (möglichst räumliche Einheit) Beziehung zwischen Kostenanfall und Leistungen der Kostenstelle (Maßgröße der Kostenverursachung) Klare Abgrenzung von Kostenstellen, eindeutige Zuordenbarkeit von Kosten	

Abb. 41: Ziele und Beispiele der Kostenstellenrechnung

Abbildung 42 zeigt die unterschiedlichen Einzel- (direkte Zurechenbarkeit auf den Kostenträger) und Gemeinkosten (indirekte Zurechenbarkeit auf den Kostenträger):

2 Grundlagen der Kostenrechnung

Zurechnung auf Kostenträger	Kostenarten	Zurechnungsgrundlage (Belege)
Einzelkosten	Fertigungsmaterial	direkte Zurechnung aufgrund der Aufzeichnungen in der FiBu, aufgrund von Materialentnahmescheinen, Stücklisten und Konstruktionsunterlagen
	Fertigungslöhne	direkte Zurechnung aufgrund von Auftragszetteln, Laufzetteln, Lohnlisten
	Sondereinzelkosten	direkte Zurechnung aufgrund von Rechnungen und Auftragszetteln
Gemeinkosten	Hilfs- und Betriebsstoffe	indirekte Zurechnung aufgrund von Materialentnahmescheinen
	Gehälter, Hilfslöhne	indirekte Zurechnung aufgrund von Lohn- und Gehaltslisten
	Soziale Abgaben	indirekte Zurechnung aufgrund von Lohn- und Gehaltslisten
	Abschreibungen	indirekte Zurechnung aufgrund von Anlagekarteien
	Büromaterial	indirekte Zurechnung aufgrund von Rechnungen und Verteilungsschlüsseln
	Werbung	indirekte Zurechnung aufgrund von Rechnungen und Verteilungsschlüsseln
	Betriebliche Steuern	indirekte Zurechnung aufgrund von Rechnungen und Verteilungsschlüsseln
	Kalkulatorische Kosten	indirekte Zurechnung aufgrund von Anlagewerten, Beschäftigungszahlen

Abb. 42: Einzel- und Gemeinkosten

2.6.2 Gliederung eines Unternehmens in Kostenstellen

Die Gliederung des Gesamtbetriebes in Kostenbereiche, die sich aus den Funktionen des Betriebes ableiten, ist die Grundlage für die Einrichtung von Kostenstellen.

- Für jeden Kostenbereich ist mindestens eine Kostenstelle zu bilden.
- Kostenstellen sind die Stellen im Unternehmen, an denen die Gemeinkosten entstehen. Betriebsabteilungen bilden in der Regel Kostenstellen.

Die Zahl der zu bildenden Kostenstellen je Kostenbereich hängt von der Art und Größe des Betriebes und dem angestrebten Genauigkeitsgrad der Kostenrechnung ab.

Abbildung 43 zeigt die gängige Form der Einteilung nach unternehmerischen Funktionsbereichen:

2.6 Kostenstellenrechnung

Kostenbereiche nach Funktionen	Kostenstellen nach Tätigkeiten
Materialbereich	Materialeinkauf, -prüfung, -verwaltung
Fertigungsbereich	Fertigungsabteilungen, z.B. mechanische Bearbeitung, Montage, Technische Betriebsleitung
Verwaltungsbereich	Kfm. Leitung, Finanzabteilung, Buchhaltung usw.
Vertriebsbereich	Werbung, Verkauf, Fertiglager, Versand

Abb. 43: Kostenstellen nach Tätigkeiten

2.6.3 Der Betriebsabrechnungsbogen

Der Betriebsabrechnungsbogen (BAB) ist eine tabellarische Kostenstellenrechnung und in der einfachsten Version nach den Kostenbereichen Material, Fertigung, Verwaltung und Vertrieb gegliedert. Er hat die Aufgabe,

- die Gemeinkosten aus der Betriebsergebnisrechnung der Ergebnistabelle zu übernehmen und diese nach vordefinierten Schlüsseln **auf die Kostenstellen zu verteilen**,
- die **(Ist-)Zuschlagssätze** für Kostenträgerstückrechnung (Kalkulation) und Kostenträgerzeitrechnungen zu ermitteln und
- die Gemeinkosten an der Stelle ihrer Entstehung zu **überwachen**.

Mit dem BAB wird für die Gemeinkosten jeder Kostenstelle eine geeignete Zuschlagsgrundlage ermittelt. Für die in Abbidlung 43 vorgestellten Kostenbereiche gelten folgende Zuschlagssätze:

Kostenstellen-Gemeinkosten	Zuschlagsgrundlage
Materialgemeinkosten (MGK)	Fertigungsmaterial
Fertigungsgemeinkosten (FGK)	Fertigungslöhne
Verwaltungsgemeinkosten (VwGK)	Herstellkosten des Umsatzes
Vertriebsgemeinkosten (VtGK)	Herstellkosten des Umsatzes

Abb. 44: Kostenstellengemeinkosten und Zuschlagsgrundlagen

Ein Zuschlagssatz wird ermittelt, indem man die Gemeinkosten der Kostenstelle auf die im jeweiligen Bereich angefallenen Einzelkosten bezieht,

2 Grundlagen der Kostenrechnung

also bei den Materialkostenstellen auf das Fertigungsmaterial, bei den Fertigungskostenstellen auf die Fertigungslöhne sowie bei den Verwaltungs- und Vertriebskostenstellen auf die Herstellkosten. Nach der Ermittlung der Zuschlagssätze können im Rahmen der Kostenträgerrechnung die Selbstkosten kalkuliert werden.

Tab. 24: Berechnung eines Betriebsabrechnungsbogens

Betriebsabrechnungsbogen						
Gemein-kostenart	Betrag	Verteilungs-grundlage	Hauptkostenstelle			
			Material	Fertigung	Verwaltung	Vertrieb
Hilfsstoffe	795.000	Entnahmesch.	-	710.000	-	85.000
Betr.-Stoffe	35.000	Entnahmesch.	-	30.000	3.000	2.000
Gehälter	500.000	Gehaltsliste	60.000	100.000	290.000	50.000
AG-Anteil	600.000	Gehaltsliste	10.000	450.000	130.000	10.000
Kalk. Afa	660.000	Anlagekartei	40.000	510.000	70.000	40.000
Büromat.	50.000	Rechnungen	-	20.000	30.000	-
Werbung	205.000	Rechnungen	-	30.000	122.000	53.000
Steuern	180.000	Anlagewerte	20.000	40.000	90.000	30.000
Kalk. Zinsen	1.035.000	Vermögen	149.300	650.000	110.000	125.700
Kalk. Lohn	300.000	Schätzung	-	100.000	200.000	-
Summe	**4.360.000**		279.300 MGK	2.640.000 FGK	1.045.000 VwGK	395.700 VtGK
		Zuschlags-grundlage	Fertigungs-material (FM) 2.940.000	Fertigungs-löhne (FL) 2.400.000	Herstellkostendes Umsatzes (HK) 8.259.300	
		Zuschlags-sätze	9,5%	110%	12,65%	4,79%

Ist der BAB ausgewertet, kann ein Kalkulationsschema zur Ermittlung der Selbstkosten aufgestellt werden, das dem nachfolgenden Schema entspricht:

2.6 Kostenstellenrechnung

Tab. 25: Ermittlung der Selbstkosten des Umsatzes

Pos.	Kalkulationsschema		
1	Fertigungsmaterial	2.940.000	
2	+ Materialgemeinkosten (9,5%)	279.300	
3	= **Materialkosten**		**3.219.300**
4	Fertigungslöhne	2.400.000	
5	+ Fertigungsgemeinkosten (110%)	2.640.000	
6	= **Fertigungskosten**		**5.040.000**
7	= **Herstellkosten d. Erzeugung (3 + 6)**		**8.259.300**
8	+/- Bestandsveränderungen		-
9	= **Herstellkosten des Umsatzes**		**8.259.300**
10	+ Verwaltungsgemeinkosten (12,65%)		1.045.000
11	+ Vertriebsgemeinkosten (4,79%)		395.700
12	**Selbstkosten des Umsatzes**		**9.700.000**

Ebenso hat man nun eine Grundlage zur Errechnung der Selbstkosten je Kostenträger (Produkt A und B) (▶ Aufgabe 12).

Tab. 26: Selbstkosten je Kostenträger

	Kalkulationssatz	Produkt A	Produkt B
Materialeinzelkosten		1.080.000	1.860.000
Materialgemeinkosten	9,5%	102.600	176.700
Materialkosten		**1.182.600**	**2.036.700**
Fertigungslöhne		1.040.000	1.360.000
Fertigungsgemeinkosten	110%	1.144.000	1.496.000
Fertigungskosten		**2.184.000**	**2.856.000**
Herstellkosten		3.366.600	4.892.700
Verwaltungsgemeinkosten	12,65%	425.875	618.927
Vertriebsgemeinkosten	4,79%	161.260	234.360
Selbstkosten		**3.953.735**	**5.745.987**
Produktionsmenge (Stück)		694.000	548.000
Selbstkosten/Stück		**5,70**	**10,49**

2 Grundlagen der Kostenrechnung

Je nach dem organisatorischen Verantwortungsbereich unterscheidet man verschiedene Arten von Kostenstellengruppierungen:

Cost Center	Profit Center	Investment Center
Kostenverantwortung	Gewinnverantwortung	Gewinn- und Investitionsverantwortung
Einheiten ohne direkten Zugang zum Absatzmarkt (keine Erlösbeeinflussung)	Einheiten mit Eigenverantwortung in Beschaffung, Produktion und Absatz	Einheiten mit Eigenverantwortung in Beschaffung, Produktion und Absatz
	Kein Einfluss auf Kapitaleinsatz (Investition)	Autonomie über das eingesetzte Kapital

Abb. 45: Mögliche Kostenstellengruppierungen

Ausgehend vom Cost Center über das Profit Center bis schließlich zum Investment Center wird der Autonomiegrad stufenweise vergrößert.

3 Kostenträgerrechnung auf Vollkostenbasis

3.1 Aufgaben und Grundlagen

Die Kostenträgerrechnung basiert auf den in Kapitel 2.5 und 2.6 Kostenarten- und Kostenstellenrechnung. Die Kostenträgerrechnung lässt sich in zwei Arten unterteilen:

- **Kostenträgerstückrechnung:** Sie ermittelt die angefallenen Kosten pro Produktionseinheit, wobei die Art des Kalkulationsverfahrens, wie wir im weiteren Verlauf sehen werden, sehr stark vom Produktionsprozess abhängt.
- **Kostenträgerzeitrechnung:** Sie ermittelt die angefallenen Kosten auf eine Zeiteinheit bezogen (i. d. R. ein Monat oder ein Jahr).

	Teilaufgaben der Kostenrechnung	
Kostenartenrechnung	Frage	Wofür sind Kosten angefallen?
Kostenstellenrechnung	Aufgabe	Verrechnung der Kosten auf Produkte (Kostenträger), für deren Erstellung die Kosten angefallen sind
	Nutzen	Ermittlung der Selbstkosten; Grundlage für die Bestimmung der Produktpreise, Grundlage für die Bewertung von Beständen an Halb- und Fertigfabrikaten Grundlage für die Ergebnisrechnung
Kostenträgerrechnung	Grundlage	Kostenartenrechnung (Einzelkosten) Kostenstellenrechnung (Gemeinkosten) Produktionsprogrammstruktur, Produktionstyp
	Anforderungen	Verursachungsprinzip: Nur solche Kosten auf einen bestimmten Kostenträger verrechnen, die eindeutig durch diesen verursacht worden sind

Abb. 46: Kostenträgerrechnung als Teilaufgabe der Kostenrechnung

3.2 Kostenträgerstückrechnung

Die Kostenträgerstückrechnung oder Kalkulation findet man in ganz unterschiedlichen Ausprägungen und zwar in Abhängigkeit des Produktionstyps (▶ Abb. 47).

Produktionstyp		Kalkulationsverfahren
Massenproduktion	Produktion einer unbegrenzten Anzahl identischer Produkte (z.B. Energie)	Divisionskalkulation
Sortenproduktion	Produktion einer begrenzten Anzahl eines Produktes mit Varianten (z.B. Bier)	Äquivalenzziffernkalkulation
Serienproduktion	Produktion einer begrenzten Anzahl mehrerer Produktarten (z.B. Autos)	Zuschlagskalkulation
Einzelproduktion	Einmalige Produktion eines bestimmten Produktes (z.B. Schiff)	Zuschlagskalkulation

Abb. 47: Kalkulationsverfahren der Produktionstypen

Allen Kalkulationsformen ist das Ziel gemeinsam, die Selbstkosten je Stück zu ermitteln und durch einen Gewinnaufschlag die allgemeinen Unternehmerrisiken abzudecken sowie Finanzmittel für zukünftige Neuinvestitionen bereitzustellen. Folglich werden nun die verschiedenen Kalkulationsverfahren erläutert, wobei gemäß dem Produktionstyp der Massenproduktion mit der Divisionskalkulation gestartet wird.

3.2.1 Divisionskalkulation

Bei der Divisionskalkulation unterscheidet man die ein- und mehrstufige Divisionskalkulation:

- Die **einstufige Divisionskalkulation** findet Anwendung, wenn die produzierte Menge einer Abrechnungsperiode auch vollständig abgesetzt wird. Dann wird die Summe der Kosten einer Abrechnungsperiode durch die Stückzahl der hergestellten Erzeugnisse dividiert und man erhält die Herstellungskosten pro Stück.

3.2 Kostenträgerstückrechnung

- Die **mehrstufige Divisionskalkulation** findet Anwendung, wenn zur Herstellung des Produktes mehrere Produktionsstufen erforderlich sind, diese Zwischenprodukte ferner gelagert werden und darüber hinaus möglicherweise auch noch Abfälle entstehen können.

Produktionstyp		Kalkulationsverfahren
Massenproduktion	Produktion einer unbegrenzten Anzahl identischer Produkte	Divisionskalkulation
Sortenproduktion	Produktion einer begrenzten Anzahl eines Produktes mit Varianten (z.B. Bier)	Äquivalenzziffernkalkulation
Serienproduktion	Produktion einer begrenzten Anzahl mehrerer Produktarten (z.B. Autos)	Zuschlagskalkulation
Einzelproduktion	Einmalige Produktion eines bestimmten Produktes (z.B. Schiff)	Zuschlagskalkulation

Abb. 48: Divisionskalkulation der Massenproduktion

Einstufige Divisionskalkulation

$$Herstellungskosten = \frac{Gesamtkosten}{Produktionsmenge}$$

Ein pharmazeutisches Unternehmen erzeugt ein Präparat, wobei die Herstellkosten 2.000.000 € und die produzierten Mengen 4.000.000 Liter betragen.

$$Herstellungskosten = \frac{2.000.000}{4.000.000} = 0,5\,€$$

Würden nun bspw. alle Mengeneinheiten verkauft, würde der Herstellungskostenbetrag noch um den Gewinnaufschlag erhöht und ergäbe den Barverkaufspreis.

Für den Fall, dass nicht alle produzierten Mengen abgesetzt werden könnten, würde die eingelagerte Menge zu den Herstellungskosten bilanziert.

Mehrstufige Divisionskalkulation

Die mehrstufige Divisionskalkulation wird beispielhaft für einen Steinbruch mit 4 Kostenstellen erklärt (▶ Tab. 27).

Tab. 27: Mehrstufige Divisionskalkulation

1. Stufe (Kostenstelle 1) Steinbruch	
Geförderte Menge	5.000 t
Kosten	80.000 €

2. Stufe (Kostenstelle 2) Brecheranlage	
Steinsplitt	4.500 t
Splittabfall	500 t
Kosten	64.000 €

3. Stufe (Kostenstelle 3) Siebanlage	
Sortierter Splitt	4.100 t
Aussortierte Menge	400 t
Kosten	42.000 €

4. Stufe (Kostenstelle 4) Verladeeinrichtung	
Verladener Splitt	3.800 t
Lagermenge	300 t
Kosten	4.000 €

Auf der ersten Produktionsstufe ist die Berechnung des Tonnenpreises unproblematisch:

$K_1 = 80.000\,€/5.000\,t = 16,-\ €$

Auf der zweiten Produktionsstufe ist nun zu berücksichtigen, dass hier 500 t Abfall entstehen, so dass hier lediglich 4.500 t verbleiben:

$K_2 = (16,- \cdot 5.000\,t + 64.000)/4.500\,t = 32,-\ €$

Auf der dritten Produktionsstufe entstehen annahmegemäß wiederum 400 t Abfall:

$K_3 = (32,- \cdot 4.500\,t + 42.000)/4.100\,t = 45{,}37\ €$

Die vierte Produktionsstufe ist die Verladestelle. Zu berechnen sind hier die Kosten je Tonne verladener Splitt. Verladen werden jedoch nur 3.800 t, da 300 t nach Durchlauf der Produktionsstufe 3 gelagert werden.

$K_4 = (45{,}37 \cdot 3.800\,t + 4.000)/3.800\,t = 46{,}43\ €$

Die zu bilanzierende Lagerbestandsbewertung auf der Produktionsstufe 3 beträgt:

Lagerbestand $= 45{,}37\ € \cdot 300\,t = 13.611\ €$ (▶ Aufgabe 13 und 14).

3.2.2 Äquivalenzziffernkalkulation

Die Äquivalenzziffernkalkulation

- beruht auf der Grundannahme, dass die Kosten der Produktvarianten (Sorten) in einem bestimmten konstanten Verhältnis zueinander stehen. Dieses Verhältnis lässt sich durch eine Äquivalenzziffer ausdrücken.
- läuft in vier Schritten ab. Auf der ersten Stufe werden die Äquivalenzziffern ermittelt. Dann werden die Sorten mittels der Äquivalenzziffern auf die »Einheitssorte« umgerechnet und auf der dritten Stufe erfolgt dann die Rückrechnung der Kosten der Einheitssorte auf die einzelnen Sorten.
- versieht die errechneten Selbstkosten mit einem Gewinnaufschlag, woraus sich die Barverkaufspreise ergeben.

Produktionstyp		Kalkulationsverfahren
Massenproduktion	Produktion einer unbegrenzten Anzahl identischer Produkte (z.B. Energie)	Divisionskalkulation
Sortenproduktion	Produktion einer begrenzten Anzahl eines Produktes mit Varianten (z.B. Bier)	Äquivalenzziffernkalkulation
Serienproduktion	Produktion einer begrenzten Anzahl mehrerer Produktarten (z.B. Autos)	Zuschlagskalkulation
Einzelproduktion	Einmalige Produktion eines bestimmten Produktes (z.B. Schiff)	Zuschlagskalkulation

Abb. 49: Äquivalenzziffernkalkulation der Sortenproduktion

Auch hierzu ein Beispiel: Ein pharmazeutisches Unternehmen stellt Ampullen unterschiedlicher Größe her. Es sind Gesamtkosten von 120.000 € entstanden und man hat aufgrund der Vergangenheitszahlen die Kostenverursacher wie folgt ermittelt und in Äquivalenzziffern umgerechnet:

Tab. 28: Äquivalenzzifferverfahren I

Sorte	Äquivalenzziffer
I	1,0
II	0,8
III	1,4
IV	1,2

Die Tabelle besagt, dass eine Produktionseinheit der Ampulle II 80 % dessen kostet, was eine Produktionseinheit der Ampulle I kostet, und dass die Ampulle III in der Herstellung das 1,4-fache der Kosten von Ampulle I verursacht. Die Unternehmung kalkuliert zudem mit einem Gewinnaufschlag von 11 %.

Aufgrund der Gesamtkosten und der produzierten Stück werden die Kosten mittels der Äquivalenzziffernmethode wie in Tabelle 29 dargestellt berechnet.

Tab. 29: Äquivalenzzifferverfahren II

Sorte	Absatz (Stück)	ÄZ	Umrechnungszahl	Selbstkosten/Stück (Euro)	Selbstkosten/Sorte (Euro)
I	1.000	1,0	1.000	47,24	47.244
II	500	0,8	400	37,80	18.900
III	300	1,4	420	66,14	19.842
IV	600	1,2	720	56,69	34.014
	2.400		2.540		120.000
1 Einheitssorte = 120.000€ / 2.540 = 47,24 €					

Auf die Selbstkosten je Stück und Sorte (SK) wird der Gewinnaufschlag (GA) von 11 % addiert, dies ergibt den Barverkaufspreis (BVP) – das rechnerische Ergebnis für die 4 Sorten ist in Tabelle 30 zusammengestellt (▶ Aufgabe 15).

Tab. 30: Äquivalenzzifferverfahren III

Sorte	SK je St	GA	BVP	SK je Sorte	GA	BVP
I	47,24	5,20	52,44	47.244	5.196,84	52.440,84
II	37,80	4,16	41,96	18.900	2.079,00	20.979,00
III	66,14	7,28	73,42	19.842	2.182,62	22.024,62
IV	56,69	6,24	62,93	34.014	3.741,54	37.755,54

3.2.3 Zuschlagskalkulation

Die Zuschlagskalkulation

- ordnet zunächst die Einzelkosten direkt den Kostenträgern zu.
- errechnet in einem zweiten Schritt die Gemeinkosten mit Hilfe von Zuschlagssätzen verursachungsgerecht den Kostenträgern zu.

- ist für alle Fertigungsverfahren geeignet, deren Kostenstrukturen für die Divisions- und Äquivalenzziffernkalkulation zu differenziert sind.
- ist in den Formen einer **Angebotskalkulation** und einer **Nachkalkulation** gebräuchlich. Die **Angebots-** oder Vorkalkulation soll bereits bei Abschluss eines Kaufvertrages eine verbindliche Aussage über den Verkaufspreis machen. Auf die Selbstkosten wird dazu ein Gewinnaufschlag, sowie Kundenskonto, Vertriebsprovision und Kundenrabatt aufgeschlagen, das Ergebnis ist dann der Angebotspreis. Die **Nachkalkulation** zeigt, ob der zu Normalkosten kalkulierte und angenommene Auftrag im Rahmen dieser Kosten verwirklicht werden kann.

Produktionstyp		Kalkulationsverfahren
Massenproduktion	Produktion einer unbegrenzten Anzahl identischer Produkte (z.B. Energie)	Divisionskalkulation
Sortenproduktion	Produktion einer begrenzten Anzahl eines Produktes mit Varianten (z.B. Bier)	Äquivalenzziffernkalkulation
Serienproduktion	Produktion einer begrenzten Anzahl mehrerer Produktarten (z.B. Autos)	Zuschlagskalkulation
Einzelproduktion	Einmalige Produktion eines bestimmten Produktes (z.B. Schiff)	Zuschlagskalkulation

Abb. 50: Zuschlagskalkulation der Serienproduktion

Beispiel für Angebotskalkulation

In einem großen Pharmakonzern wird der Selbstkostenpreis einer Creme pro kg mit nachfolgenden Angaben kalkuliert (in €):

Tab. 31: Werte für die Angebotskalkulation I

Fertigungsmaterial lt. Stückliste (je kg)	14,00
Fertigungslöhne der Fertigungshauptstelle I	3,70
Fertigungslöhne der Fertigungshauptstelle II	2,60
Fertigungslöhne der Fertigungshauptstelle III	3,20
Fertigungslöhne der Fertigungshauptstelle IV	2,50

3 Kostenträgerrechnung auf Vollkostenbasis

Die Normalzuschlagssätze sind in einem Kalkulationsschema eingetragen (▶ Tab. 32).

Tab. 32: Werte für die Angebotskalkulation II

Kalkulationsschema				
Fertigungsmaterial	14,00			
+ 10,8% Materialgemeinkosten	1,51			
Materialkosten		15,51		
Fertigungslöhne FHS I	3,70			
+ 113% Fertigungsgemeinkosten	4,18			
Fertigungskosten FHS I		7,88		
Fertigungslöhne FHS II	2,60			
+ 112% Fertigungsgemeinkosten	2,91			
Fertigungskosten FHS II		5,51		
Fertigungslöhne FHS III	3,20			
+ 98% Fertigungsgemeinkosten	3,14			
Fertigungskosten FHS III		6,34		
Fertigungslöhne FHS IV	2,50			
+ 100% Fertigungsgemeinkosten	2,50			
Fertigungskosten FHS IV		5,00		
Herstellkosten		40,24		
+ 13,5% Verwaltungsgemeinkosten		5,43		
+ 5,5% Vertriebsgemeinkosten		2,21		
Selbstkosten		47,88		
+ 11% Gewinn		5,27		
Barverkaufspreis		53,15	= 95%	
+ 2% Kundenskonto		1,12	= 2%	
+ 3% Vertriebsprovision		1,68	= 3%	
Zielverkaufspreis		55,95	= 100%	= 88%
+ 12% Kundenrabatt		7,63		= 12%
Angebotspreis		63,58		= 100%

Beispiel für Nachkalkulation

Auf der Grundlage der Istzuschlagssätze und der Isteinzelkosten für Material und Löhne entsteht die folgende Nachkalkulation (in €):

3.2 Kostenträgerstückrechnung

Tab. 33: Werte für die Nachkalkulation I

Fertigungsmaterial lt. Stückliste (je kg)	14,00
Fertigungslöhne der Fertigungshauptstelle I	3,67
Fertigungslöhne der Fertigungshauptstelle II	2,63
Fertigungslöhne der Fertigungshauptstelle III	3,15
Fertigungslöhne der Fertigungshauptstelle IV	2,55

Tab. 34: Werte für die Nachkalkulation II

Kalkulationsschema	Vorkalkulation		Nachkalkulation	
Fertigungsmaterial		14,00		14,00
+ Materialgemeinkosten	10,8%	1,51	10,5%	1,47
Materialkosten		**15,51**		**15,47**
Fertigungslöhne FHS I		3,70		3,67
+ Fertigungsgemeinkosten	113%	4,18	112,9%	4,14
Fertigungskosten FHS I		**7,88**		**7,81**
Fertigungslöhne FHS II	112%	2,60	112,4%	2,63
+ Fertigungsgemeinkosten		2,91		2,96
Fertigungskosten FHS II		**5,51**		**5,59**
Fertigungslöhne FHS III	98%	3,20	98,4%	3,15
+ Fertigungsgemeinkosten		3,14		3,10
Fertigungskosten FHS III		**6,34**		**6,25**
Fertigungslöhne FHS IV	100%	2,50	100%	2,55
+ Fertigungsgemeinkosten		2,50		2,55
Fertigungskosten FHS IV		**5,00**		**5,10**
Herstellkosten		**40,24**		**40,22**
+ Verwaltungsgemeinkosten	13,5%	5,44	13,3%	5,35
+ Vertriebsgemeinkosten	5,5%	2,21	5,5%	2,21
Selbstkosten		**47,88**		**47,78**
+ Gewinn	11,0%	5,27	11,24%	5,37
Barverkaufspreis		**53,15**		**53,15**
+ 2% Kundenskonto		1,12		
+ 3% Vertriebsprovision		1,68		
Zielverkaufspreis		**55,95**		
+ 12% Kundenrabatt		7,63		
Angebotspreis		**63,58**		

Die Auswertung der Nachkalkulation ergibt damit, dass die Selbstkosten um 0,10 € niedriger ausfallen als die vorkalkulierten. Diese Differenz entsteht im Beispiel durch veränderte Gemeinkostenzuschlagssätze. Da der Angebotspreis verbindlich vorgegeben war, führt diese Kostenüberdeckung zu einem entsprechend höheren (Stück-)Gewinn von 0,10 € (▶ Aufgabe 16).

3.2.4 Maschinenstundensatzrechnung

Die Maschinenstundensatzrechnung findet insbesondere in Unternehmen mit einem hohen Automatisierungsgrad häufig Verwendung. Sie ist eine Erweiterung der Zuschlagskalkulation für kapitalintensive Produktionsprozesse, bei der Maschinenlaufstunden die Zuschlagsgrundlage für die Kostenaufstellung bilden. Folglich besteht das Ziel darin, den Betrag zu berechnen, der pro Laufstunde für eine Maschine anfällt. Die Voraussetzung ist eine exakte Aufstellung der Fertigungskosten jeder einzelnen Maschine.

Betrachten wir zur Verdeutlichung ein Beispiel: Die normale Zuschlagskalkulation ergäbe das in Tabelle 35 dargestellte Bild, der Aufbau entspricht dem im vorherigen Kapitel beschriebenen.

Tab. 35: »Normale« Zuschlagskalkulation (FHS = Fertigungshauptstelle)

Fertigungslöhne FHS I		3,70 €
+ Fertigungsgemeinkosten	113%	4,18 €
Fertigungslöhne FHS II		2,60 €
+ Fertigungsgemeinkosten	112%	2,91 €
Fertigungslöhne FHS III		3,20 €
+ Fertigungsgemeinkosten	98%	3,14 €
Fertigungslöhne FHS IV		2,50 €
+ Fertigungsgemeinkosten	100%	2,50 €
Summe Fertigungskosten		24,73 €

Diese verschiedenen Gemeinkostenzuschläge enthalten Kosten, die nicht zwingend in Zusammenhang mit den Fertigungslöhnen stehen. Dazu zählen die oben beschriebenen kalkulatorischen Zinsen und Abschreibungen, aber auch z. B. Wartungs- oder Reparaturkosten. Zudem können sich weitere Nachteile ergeben. Wenn z. B. durch neue Tarifabschlüsse die Lohnkosten (= Lohneinzelkosten) steigen, hat dies direkte Veränderungen der davon eigentlich unabhängigen Fertigungs- bzw. Lohngemeinkosten zur Folge. Veränderungen der Fertigungseinzel- oder -gemeinkosten wirken sich immer auf alle Kostenträger, also auf alle Produkte aus, die dadurch häufig unverhältnismäßig stark und nicht verursachungsgemäß belastet werden.

Diese möglichen Nachteile können durch die Maschinenstundensatzrechnung umgangen werden. Dazu wird zunächst die **Maschinenlaufzeit** ermittelt.[10] Als Maschinenlaufzeit wird diejenige Zeit definiert, in welcher die Maschine tatsächlich in Betrieb ist und produziert. Davon losgelöst wird die Maschinenzeit beschrieben, in der eine Maschine (theoretisch) laufen könnte, wenn sie tatsächlich in Betrieb wäre.[11]

Die Maschinenlaufzeit wird insbesondere in einem Produktionsbetrieb, so auch in kleinen und mittleren Unternehmen, nach der Anzahl der Ruhestunden, im Wesentlichen der Umrüstzeit, kalkuliert.

> Wenn bspw. eine Arbeitswoche aus 45 Stunden besteht und die entsprechende Maschine durchschnittlich 5 Stunden an Umrüstzeit benötigt, besteht die wöchentliche Maschinenlaufzeit aus 40 Stunden. Bezogen auf das Jahr werden ggfs. Feier- und Urlaubstage berücksichtigt. Werden z. B. diesbezüglich 3,5 Wochen angesetzt, beträgt die geplante jährliche Nutzung der Maschine
> 40 Stunden · 48,5 (= 52 − 3,5) Wochen = 1.940 Stunden/Jahr.
> Betragen die maschinenabhängigen Gemeinkosten z. B. 77.600 €, so ergibt sich folgender Maschinenstundensatz:
> $$\text{Maschinenstundensatz} = \frac{\text{maschinenabh. Gemeinkosten}}{\text{Maschinenlaufstunden}} = \frac{77.600\,€}{1.940}$$
> $$= 40,-\,€$$

Oftmals werden die Kosten, die im Bereich der Teilkostenrechnung später noch genauer beschrieben werden, in variable und fixe Kosten aufgeteilt, so dass sich diese separat durch die Maschinenlaufstunden ergeben, wie folgendes Beispiel zeigen soll.

Die Anschaffungskosten einer Maschine betragen 60.000,- € bei einer unterstellten Nutzungsdauer von 5 Jahren. Die Wiederbeschaffungskosten werden ebenso hoch eingeschätzt. Die Instandhaltungskosten betragen 5.000,- € pro Monat. An monatlichen Platzkosten fallen 800,- € an. Die Grundgebühr für Energiekosten beträgt 50,- €, während noch ein Stromverbrauch für die Maschine in Höhe von 1,30 kWh bei einem Kilowattpreis von 0,25 € anfällt. Sonstige Kosten fallen nicht an. Für die Fixkosten gelten 75 % für die Abschreibung und 25 % für die Instandhaltung. Die Stromkosten sind

---

10 Die Darstellung der Maschinenstundensatzrechnung erfolgt dann später viel detaillierter im Rahmen der Beispiels-GmbH (▶ Kap. 5).
11 Im Bereich der später gezeigten Beispiels-GmbH wird durch die Sensitivitätsanalyse diese Unterscheidung genauer verdeutlicht. Dort wird Ihnen erklärt, wie sich z. B. durch die Veränderung der Produktivität die Produktkalkulation verändert bzw. verbessert.

zu 100 % variabel, alle anderen Kosten zu 100 % fix.[12] Zu berechnen ist der Maschinenstundensatz bei 150 Stunden.
Die monatlichen Kosten betragen:

Tab. 36: Maschinenstundensatzrechnung

Kosten	gesamt	variabel	fix
Kalkulatorische Abschreibung	1.000 €	250 €	750 €
Instandhaltung	5.000 €	3.750 €	1.250 €
Platzkosten	800 €		800 €
Energiekosten Grundgebühr	50 €		50 €
Stromkosten[1]	48,75 €	48,75 €	
Summe	**6.898,75 €**	**4.048,75 €**	**2.850 €**

Bezogen auf Maschinenstunden ergeben sich folgende Sätze:

$$\text{variable Kosten pro Maschinenstunde} = \frac{4.048,75}{150} = 27 \text{ €}$$

$$\text{fixe Kosten pro Maschinenstunde} = \frac{2.850}{150} = 19 \text{ €}$$

Gesamtkosten pro Maschinenstunde = 27 + 19 = 46 € (▶ Aufgabe 17).

3.3 Kostenträgerzeitrechnung

Aus den Betriebsabrechnungsbögen wurden kostenstellenbezogene Istzuschlagssätze ermittelt. Diese Istzuschlagssätze werden

- in der Nachkalkulation verwendet (▶ Kap. 3.2.3) und
- für eine nach Kostenträgern unterteilte Berechnung der Herstellkosten, der Selbstkosten und des Betriebsergebnisses, die so genannte **Kostenträgerzeitrechnung**, herangezogen.

Auf der Basis der Vollkosten zeigt diese Rechnung an, wieviel Euro Kosten die Kostenträger verursacht und mit welchem Betrag sie zum Betriebserfolg beigetragen haben.

---

12 Die Stromkosten ergeben sich als Produkt der Kilowattstunde (1,3), des Kilowattpreises (0,25 €) und den avisierten 150 Stunden.

3.3 Kostenträgerzeitrechnung

Im Beispiel des Pharmakonzerns aus Kapitel 3.2.3 wurde ein Betriebserfolg (= Kostenüberdeckung) in Höhe von 473.452 € erwirtschaftet, wobei die Cremes I und III mit einer Kostenüberdeckung und die Creme II mit einer Kostenunterdeckung (Selbstkosten > Umsatzerlös) abgeschlossen haben. Mittels der Kostenträgerzeitrechnung wird es also ermöglicht, die rentablen und unrentablen Kostenträger bzw. Produkte ausfindig zu machen.

Tab. 37: Kostenträgerrechnung auf Normalkostenbasis

Kostenträgerblatt auf Normalkostenbasis				
Kalkulationsschema	Istkosten	Creme I	Creme II	Creme III
Fertigungsmaterial	2.940.000	1.225.000	750.000	965.000
+ 9,5% Materialgemeinkosten	279.300	116.375	71.250	91.675
Materialkosten	**3.219.300**	**1.341.375**	**821.250**	**1.056.675**
Fertigungslöhne	735.000	321.500	191.400	222.100
+ 110% Fertigungsgemeinkosten	808.500	353.650	210.540	244.310
Fertigungskosten	**1.543.500**	**675.150**	**401.940**	**466.410**
Herstellkosten der Erzeugung	**4.762.800**	**2.016.525**	**1.223.190**	**1.523.085**
- Mehrbestand an Erzeugnissen	240.000	84.785	18.150	137.065
Herstellkosten des Umsatzes	**4.522.800**	**1.931.740**	**1.205.040**	**1.386.020**
+ 12,7% Verwaltungsgemeinkosten	574.396	245.331	153.040	176.025
+ 4,8% Vertriebsgemeinkosten	217.094	92.724	57.842	66.528
Selbstkosten des Umsatzes	**5.314.290**	**2.269.795**	**1.415.922**	**1.628.573**
Umsatzerlöse	5.787.742	2.451.467	1.389.924	1.946.351
Betriebsergebnis	**473.452**	**181.672**	**-25.998**	**317.778**

4 Kostenträgerrechnung auf Teilkostenbasis

4.1 Probleme und Gefahren der Vollkostenrechnung

Die Vollkostenrechnung ist in langfristiger Perspektive die erforderliche Grundlage für Kostenkontrolle und Betriebsergebnisrechnung. Ihre Aufgabe erfüllt sie gut, wenn auf dem Markt die mithilfe der Zuschlagskalkulation errechneten Preise akzeptiert werden. Aber die Vollkostenrechnung birgt eine Reihe von **Problemen**:

- Nur Einzelkosten lassen sich direkt auf Kostenträger zurechnen, die Vollkostenrechnung verrechnet zwangsläufig aber auch Gemeinkosten. Deren Zurechnung durch entsprechende Verteilungsschlüssel führt nur dann zu exakten Ergebnissen, wenn der Gemeinkostenanfall direkt von der Bezugsgröße abhängt. Die Auswahl der Bezugsgrößen zur Kostenschlüsselung ist aber meist willkürlich.
- Nur variable Kosten verändern sich in Abhängigkeit von der Produktionsmenge, zur Kalkulation verrechnet die Vollkostenrechnung aber auch fixe Kosten.
- Die Division der fixen Kosten durch die Produktionsmenge bei der Kalkulation der Stückselbstkosten stellt diese so dar, als wären sie von der Produktionsmenge abhängig.

Die Vollkostenrechnung birgt die **Gefahr** von Fehlentscheidungen im Rahmen der Preis- und Produktentscheidung:

- Die Vollkostenrechnung ermittelt die vollen Stückkosten (inklusive Fixkosten), die Deckung der vollen Stückkosten durch den Preis ist aber nur langfristig zwingend notwendig.
- Kurzfristig können auch Preisforderungen sinnvoll sein, bei denen nicht die gesamten Fixkosten gedeckt werden.
- Kurzfristig sind Fixkosten weniger entscheidungsrelevant, da sie nicht zu beeinflussen sind, deshalb kann die Berücksichtigung von Fixkosten bei kurzfristigen Produktentscheidungen zu Fehlentscheidungen führen.

Das nachfolgende Beispiel soll dies anhand einer kurzfristigen Produktentscheidung zeigen: Hier liefert uns Präparat C einen negativen Ergebnisbeitrag. Es ist also zu einer Kostenunterdeckung gekommen, so dass sich die Frage stellt, ob Präparat C nicht aus der Produktion genommen werden sollte.

4.1 Probleme und Gefahren der Vollkostenrechnung

Tab. 38: Übergang von Voll- auf Teilkostenrechnung I

	Präparat A	Präparat B	Präparat C
Absatzmenge	4.000	2.500	1.000
Erlöse	280.000	375.000	300.000
Materialkosten	40.000	62.500	40.000
...Materialeinzelkosten	4.000	6.250	5.000
...Materialgemeinkosten			
Fertigungskosten	56.000	93.750	85.000
...Fertigungseinzelkosten	80.000	137.500	135.000
...Fertigungsgemeinkosten			
Verwaltungs- und Vertriebskosten	30.000	50.000	44.000
Ergebnisbeitrag	70.000	25.000	-9.000
Betriebsergebnis			86.000

Es wurden alle Kosten nach einem Kostenschlüssel auf die Präparate A, B und C verteilt. In den Fertigungs-, Verwaltungs- und Vertriebskosten befanden sich Fixkosten, die bei einer kurzfristigen Produktionsänderung (Eliminierung von Präparat C) nicht abbaubar sind.

Tab. 39: Übergang von Voll- auf Teilkostenrechnung II

	Präparat A	Präparat B	Präparat C
Absatzmenge	4.000	2.500	0
Erlöse	280.000	375.000	0
Materialkosten	40.000	62.500	0
...Materialeinzelkosten	4.000	6.250	0
...Materialgemeinkosten			
Fertigungskosten	56.000	93.750	0
...Fertigungseinzelkosten	80.000	137.500	70.000
...Fertigungsgemeinkosten			
Verwaltungs- und Vertriebskosten	30.000	50.000	35.000
Ergebnisbeitrag	70.000	25.000	-105.000
Betriebsergebnis			-10.000

4 Kostenträgerrechnung auf Teilkostenbasis

Würde also Präparat C vom Markt genommen, würden trotzdem fixe Kosten in Höhe von 105.000 € entstehen, so dass das Betriebsergebnis insgesamt negativ wäre. Somit sollte das Unternehmen – zumindest auf kurze Betrachtungsfrist – das Präparat nicht vom Markt nehmen!

4.2 Systeme der Teilkostenrechnung

Der Einsatz der Teilkostenrechnung im Rechnungswesen eines Betriebes setzt voraus, dass alle Kostenarten auf ihre Abhängigkeit von der Produktion untersucht und danach in variable oder fixe Kosten aufgeteilt werden (können).

4.2.1 Deckungsbeitragsrechnung (Direct Costing)

Die Deckungsbeitragsrechnung geht davon aus, dass die variablen (beschäftigungsabhängigen) Kosten maßgeblich für den Betriebserfolg sind. Die fixen Kosten sind hingegen, zumindest kurzfristig, unvermeidbar, d. h. fallen auch dann an, wenn der Betrieb Beschäftigungsschwankungen unterliegt oder gar nicht mehr produziert.

Um festzustellen, in welchem Umfang ein Kostenträger am Betriebserfolg beteiligt ist, werden von den Umsatzerlösen dieses Kostenträgers dessen variable Kosten abgezogen. Die Differenz wird als Deckungsbeitrag bezeichnet und gibt den Betrag an, der zur Deckung der fixen Kosten noch zur Verfügung steht. Es gilt also:

> Umsatzerlös – variable Kosten des Kostenträgers = **Deckungsbeitrag**

4.2.1.1 Deckungsbeitragsrechnung als Stückrechnung

In einem Unternehmen wird das Ergebnis des Geschäftsjahres auf der Grundlage der Deckungsbeitragsrechnung analysiert.

Im Geschäftsjahr wurde ein Umsatzerlös von 10.520.000 € bei einer Verkaufsmenge von 193.966 Stück realisiert. Gleichzeitig hat die Buchhaltung eine Kosteneinteilung in variable und fixe Kosten vorgenommen, deren Zahlen in Tabelle 38 aufgeführt sind:

4.2 Systeme der Teilkostenrechnung

Tab. 40: Deckungsbeitragsrechnung als Stückrechnung I

	Gesamtkosten	Variable Kosten	Fixe Kosten
Fertigungsmaterial	2.940.000	2.940.000	960.000
Fertigungslöhne	2.400.000	1.440.000	3.140.000
Gemeinkosten	4.360.000	1.220.000	
Summe	**9.700.000**	**5.600.000**	**4.100.000**

Schritt 1: Ermittlung des Deckungsbeitrages je Stück

Tab. 41: Deckungsbeitragsrechnung als Stückrechnung II

Umsatzerlös je Stück	10.520.000 / 193.966 = 54,24
- variable Stückkosten	5.600.000 / 193.966 = 28,87
Stückdeckungsbeitrag	**25,37**

Der Deckungsbeitrag je Stück in Höhe von 25,37 € trägt zur Deckung der ohnehin anfallenden fixen Kosten bei und führt zu einem Betriebsgewinn, sobald die fixen Kosten gedeckt sind.

Schritt 2: Bestimmung der Gewinnschwellenmenge (Break-Even-Point)

Die Gewinnschwellenmenge kennzeichnet die Produktionsmenge, bei der die Summe der Stückdeckungsbeiträge gerade zur Deckung der fixen Kosten ausreicht, d. h. der Betriebsgewinn beträgt bei dieser Menge gerade 0 €.

Betriebsgewinn = Stückdeckungsbeitrag · Menge – fixe Kosten
$G(x) = db \cdot x - K_f$

Im Break-Even-Point gilt:
$0 = db \cdot x - K_f$ so dass $db \cdot x = K_f$ bzw. $x = K_f/db$

Da in unserem Beispiel die fixen Kosten (K_f) 4.100.000 € betragen und der Deckungsbeitrag (db) bei 25,37 € liegt, beträgt die Gewinnschwellenmenge

$x = K_f/db = 4.100.000/25,37 = 161.608,2$ (Stück)

d. h., ab einer Produktion von 161.609 Stück erwirtschaftet die Unternehmung einen Gewinn.

Allgemein kann festgehalten werden:

- Die Gewinnschwellenmenge ermittelt sich aus Kf/db.
- Deckungsbeitrag > fixe Kosten = Betriebsgewinn

- Deckungsbeitrag < fixe Kosten = Betriebsverlust
- Eine Preiserhöhung/-senkung würde die Gewinnschwellenmenge bei unveränderten Kosten verringern/erhöhen.
- Durch Erhöhung/Senkung der fixen Kosten wird die Gewinnschwellenmenge vergrößert/verringert.
- Die Erhöhung/Verringerung der variablen Stückkosten hat eine Verringerung/Erhöhung des Stückdeckungsbeitrages zur Folge. Die Deckung der fixen Kosten ist dann über eine Erhöhung/Verringerung der Gewinnschwellenmenge möglich (▸ Aufgabe 18, 19 und 20).

4.2.1.2 Deckungsbeitragsrechnung im Einproduktunternehmen

Um den Betriebserfolg im Einproduktunternehmen zu ermitteln, werden die fixen Kosten einer Periode in einer Summe vom gesamten Deckungsbeitrag subtrahiert.

Tab. 42: Deckungsbeitragsrechnung als Stückrechnung III

Umsatzerlös der Periode	193.966 · 54,24 ~ 10.520.000 €
- variable Kosten	193.966 · 28,87 ~ 5.600.000 €
= Deckungsbeitrag der Periode	**193.966 · 25,37 ~ 4.920.000 €**
- fixe Kosten der Periode	4.100.000 €
= Betriebsgewinn	**820.000 €**

Als Gewinnschwellenmenge wird auch die Produktionsmenge bezeichnet, bei der die Umsatzerlöse der Periode gleich den Kosten dieser Periode sind.

- Gewinnschwellenmenge: Erlöse = Kosten
- Erlöse > Kosten = Gewinn
- Erlöse < Kosten = Verlust

4.2.1.3 Deckungsbeitragsrechnung im Mehrproduktunternehmen

Der Fall eines Mehrproduktunternehmens wurde bereits in Kapitel 4.1 im Rahmen der Produktionsentscheidung vor dem Hintergrund unterschiedlicher Deckungsbeiträge aufgegriffen und dabei verdeutlicht, dass die Eliminierung eines Produktes aufgrund des kurzfristig nicht abbaubaren Fixkostenblocks dazu führen kann, dass sich das Betriebsergebnis nach Eliminierung eines weniger profitablen Produktes sogar

4.2 Systeme der Teilkostenrechnung

noch verschlechtert. Dieser Zusammenhang soll nochmals aufgegriffen werden.

In Tabelle 43 werden Selbstkosten, Umsatzerlös und Betriebsergebnis je Produkteinheit eines beliebigen Unternehmens dargestellt:

Tab. 43: Deckungsbeitragsrechnung im Mehrproduktunternehmen I

	Produkt A	Produkt B	Produkt C
Umsatzerlöse	4.696.820	2.384.460	3.438.720
Selbstkosten	4.082.300	2.495.730	2.881.970
Betriebsergebnis der Produkte	614.520	-111.270	556.750
Gesamtbetriebsergebnis	1.060.000		

Nach dem Prinzip der Vollkostenkalkulation würde Produkt B vom Markt genommen, da es zu einem negativen Betriebsergebnis führt.

Diese Maßnahme wäre aber nur dann richtig, wenn alle Kosten variabel sind. Die Einstellung der Produktion verringert dann tatsächlich die Selbstkosten um 2.495.730 €, das Gesamtbetriebsergebnis wäre um 111.270 € höher.

Gehen wir nun davon aus, dass die Selbstkosten zu 60 % beschäftigungsabhängig (variabel) und zu 40 % beschäftigungsunabhängig (fix) sind. Die zugehörige Deckungsbeitragsrechnung in Tabelle 44 zeigt dann die Kosten- und Ergebnisbeiträge der einzelnen Produkte.

Tab. 44: Deckungsbeitragsrechnung im Mehrproduktunternehmen II

	Produkt A	Produkt B	Produkt C
Umsatzerlöse	4.696.820	2.384.460	3.438.720
- variable Kosten	2.449.380	1.497.438	1.729.182
Deckungsbeitrag	2.247.440	887.022	1.709.538
Fixkosten	1.632.920	998.292	1.152.788
Betriebsergebnis der Produkte	614.520	-111.270	556.750
Gesamtbetriebsergebnis	1.060.000		

Würde man nun Produkt B vom Markt nehmen, wären die produktspezifischen Fixkosten in Höhe von 998.292 € trotzdem zu tragen, so dass sich das Ergebnis wie folgt darstellen würde:

4 Kostenträgerrechnung auf Teilkostenbasis

Tab. 45: Deckungsbeitragsrechnung im Mehrproduktunternehmen III

	Produkt A	Produkt B	Produkt C
Umsatzerlöse	4.696.820		3.438.720
- variable Kosten	2.449.380		1.729.182
Deckungsbeitrag	2.247.440		1.709.538
Fixkosten	1.632.920	998.292	1.152.788
Betriebsergebnis der Produkte	614.520	-998.292	556.750
Gesamtbetriebsergebnis		172.978	

Die Eliminierung von Produkt B hätte zur Folge, dass das Gesamtergebnis um 887.022 (= Deckungsbeitrag des Produktes B) auf jetzt 172.978 € geringer ausfällt. Somit sollte kurzfristig Produkt B nicht vom Markt genommen werden.

Es gilt: Solange ein Produkt einen positiven Deckungsbeitrag erwirtschaftet, ist die kurzfristige Herausnahme aus der Produktpalette nicht sinnvoll (▶ Aufgabe 21, 22 und 23).

4.2.2 Stufenweise Fixkostendeckungsrechnung

Beim Direct Costing wurden die fixen Kosten keiner näheren Betrachtung unterzogen, sondern als Block von der Summe der Deckungsbeiträge subtrahiert.

In der Praxis wird jedoch ein Teil der fixen Kosten den einzelnen Kostenträgern direkt zurechenbar sein; es handelt sich hierbei um die **erzeugnisfixen Kosten** (z. B. Kosten der Produktionsanlage, die nur für bestimmte Erzeugnisse genutzt werden, Patente, Forschungs- und Entwicklungskosten).

Sofern fixe Kosten nicht einem bestimmten Kostenträger, sondern nur mehreren Kostenträgern gemeinsam zugerechnet werden können (z. B. Erzeugnisgruppe), spricht man von **erzeugnisgruppenfixen Kosten.**

Unternehmensfixe Kosten bilden den restlichen Fixkostenblock, der für das Unternehmen insgesamt angefallen ist und nicht mehr verursachungsgerecht einem Kostenträger oder einer Kostenträgergruppe zugerechnet werden kann (z. B. Kosten der kaufmännischen und betrieblichen Verwaltung und der Unternehmensleitung).

Durch diese Fixkostenaufspaltung wird es möglich, verschiedene Unterstufen der Deckungsbeiträge zu ermitteln – das Ergebnis zeigt Tabelle 46.

Tab. 46: Stufenweise Fixkostendeckungsrechnung

Ergebnisrechnung	Produkt A	Produkt B	Produkt C	Kostenträger insgesamt
Umsatzerlöse	4.696.820	2.384.460	3.438.720	10.520.000
- variable Kosten	2.356.180	1.440.460	1.663.360	5.460.000
= Deckungsbeitrag I	2.340.640	944.000	1.775.360	5.060.000
- Erzeugnisfixe Kosten	756.790	637.590	796.790	2.191.170
= Deckungsbeitrag II	1.583.850	306.410	978.570	2.868.830
- Erzeugnisgruppenfixe Kosten		598.850		598.850
= Deckungsbeitrag III				2.269.980
- Unternehmensfixe Kosten				1.209.980
= Betriebsergebnis				1.060.000

In obigem Beispiel stellt sich die Frage, ob das Produkt 2 zugunsten einer höheren Produktion von Produkt 1 aus der Produktion ausscheiden sollte. Dafür spricht der geringe Deckungsbeitrag II. Zudem wären erzeugnisfixe Kosten von 637.590 € abbaufähig. Der geringe Deckungsbeitrag II sagt aber nichts darüber aus, wie viel Deckungsbeitrag das einzelne Produkt erbringt.

Festzuhalten ist, dass

- Kostenträger solange im Produktionsprogramm bleiben müssen, wie sie einen positiven Deckungsbeitrag erwirtschaften.
- die Unterteilung der Deckungsbeiträge wichtige Einblicke in die Struktur der abbaufähigen fixen Kosten und damit eine wirtschaftliche Grundlage für diesbezügliche Rationalisierungsentscheidungen liefert (▶ Aufgabe 24).

4.3 Bestimmung der Preisuntergrenze

Die Preisuntergrenze gibt den Verkaufspreis an, den Unternehmen mindestens fordern müssen, um mit ihren Erzeugnissen kurz- oder langfristig am Markt zu bestehen.

In wirtschaftlich schlechten Zeiten, die durch Absatzeinbußen gekennzeichnet sind, wird die Unternehmensleitung gezwungen sein, die Verkaufspreise zu senken, um den Absatzrückgang aufzuhalten. Man muss

4 Kostenträgerrechnung auf Teilkostenbasis

dann aber wissen, in welchem Ausmaß die Preissenkung vorgenommen werden kann, ohne Verluste zu erleiden.

In folgendem Beispiel sei angenommen, dass der Absatz des Produktes B, von dem in der abgelaufenen Periode 62.000 Stück abgesetzt wurden, rückläufig ist. Bei Produkt A und C sind keine Absatzbußen zu verzeichnen. Um den Absatz bei Produkt B auf dem bisherigen Stand zu halten, soll der Preis so weit gesenkt werden, dass der Deckungsbeitrag II dieses Produktes auf 0 € fällt. Die Umsatzerlöse sollen also die variablen Kosten und die erzeugnisfixen Kosten gerade noch decken.

Dazu folgende Vorüberlegungen: Der Deckungsbeitrag II betrug vor den Absatzproblemen 306.410 €, somit kann der Umsatzerlös genau um diesen Betrag sinken, damit der DB II gerade 0 € beträgt.

Tab. 47: Bestimmung der Preisuntergrenze I

Früherer Verkaufspreis von Produkt B	2.384.460 € / 62.000 Stück =	38,46 €
– Preissenkung bei Produkt B	306.410 € / 62.000 Stück =	4,94 €
= **neuer Verkaufspreis von Produkt B**		**33,52 €**

Der neue Verkaufspreis von 33,52 € führt zu einem Umsatzerlös von (ca.) 2.078.050 € und damit zu einem DB II in Höhe von 0 €.

Tab. 48: Bestimmung der Preisuntergrenze II

Ergebnisrechnung	Produkt A	Produkt B	Produkt C	Kostenträger insgesamt
Umsatzerlöse	4.696.820	2.078.050	3.438.720	10.213.590
- variable Kosten	2.356.180	1.440.460	1.663.360	5.460.000
= Deckungsbeitrag I	2.340.640	637.590	1.775.360	4.753.590
- Erzeugnisfixe Kosten	756.790	637.590	796.790	2.191.170
= Deckungsbeitrag II	1.583.850	0	978.570	2.562.420
- Erzeugnisgruppenfixe Kosten	598.850			598.850
= Deckungsbeitrag III	985.000		978.570	1.963.570
- Unternehmensfixe Kosten				1.209.980
= Betriebsergebnis				753.590

4.3 Bestimmung der Preisuntergrenze

Im Beispiel wurde der Preis für Produkt B auf die **langfristige Preisuntergrenze** festgesetzt. Über die Umsatzerlöse fließen dem Unternehmen genauso viele Finanzmittel zu, dass die **variablen Kosten und die direkt zurechenbaren fixen Kosten** gedeckt werden.

Der Kostenträger (Produkt B) ist nicht mehr an der Deckung der erzeugnisgruppenfixen Kosten und der unternehmensfixen Kosten beteiligt. Die Deckung dieser Kosten wird von den übrigen Kostenträgern voll übernommen.

Die **kurzfristige (absolute) Preisuntergrenze** legt den Preis fest, der genau die **variablen Kosten** des Kostenträgers deckt. Der Verkaufspreis ist in diesem Fall gleich den variablen Stückkosten. In Höhe der gesamten fixen Kosten ergibt sich dann ein Betriebsverlust. Die kurzfristige Preisuntergrenze ergibt sich also aus:

> Variable Kosten/Absatzmenge = **kurzfristige Preisuntergrenze**

Im Beispiel des Produktes B erhalten wir also eine kurzfristige Preisuntergrenze von 1.440.460 € / 62.000 Stück = 23,23 €.

Wir halten also zur Preisuntergrenze fest:

- Reichen die Umsatzerlöse aus, um alle anfallenden Kosten zu decken, so hat der Verkaufspreis die **langfristige Preisuntergrenze** erreicht.
- Die **kurzfristige** oder absolute **Preisuntergrenze** ist erreicht, wenn der Nettoverkaufserlös gerade die variablen Stückkosten des Erzeugnisses deckt. Auf den Ersatz der ohnehin anfallenden fixen Kosten wird vorübergehend verzichtet (▶ Aufgabe 25).

5 Ein vollständiges Praxisbeispiel zur Kostenrechnung eines kleinen Unternehmens

5.1 Vorstellung der Beispiels-GmbH

Um den komplexen Ablauf der Kostenrechnung zu verstehen, betrachten wir eine GmbH, die mit insgesamt 15 Mitarbeitern Stanzformen herstellt. (Dieses Beispiel war Grundlage eines Seminars des Buchautors ab dem Jahr 2005.) Die wichtigsten (personellen) Eckdaten der Unternehmung sind:

- 1 Inhaber/Geschäftsführer
- 1 Sekretariat/Telefon/Fakturierung
- 1 Vertrieb/AV/Kundenbetreuung
- 2 CAD Techniker
- 1 Maschinenbediener (Laser/Plotter-Fräsmaschine)
- 6 Montage/Ausbrechwerkzeuge
- 1 Hilfsarbeiter/Versand/Fahrer
- 1,5 Personen für Gummierung

Für das abgelaufene Geschäftsjahr der GmbH ergab sich die in Tabelle 49 abgebildete Gewinn- und Verlustrechnung:

5.1 Vorstellung der Beispiels-GmbH

Tab. 49: Gewinn- und Verlustrechnung mit bilanziellem Verlust der Beispiels-GmbH

Soll	Gewinn- und Verlustkonto		Haben
Aufwand für Rohstoffe	370.000	Umsatzerlöse	1.280.000
Aufwand für Hilfs- und Betriebsstoffe	30.000	Erlöse aus dem Verkauf von Anlagen	
Löhne	439.236		3.200
Gehälter	190.000	**Bilanzieller Verlust**	
Abschreibung	74.308		63.184
Miete	32.940		
Reparaturen	12.000		
Strom	10.000		
Wasser	2.800		
Büromaterial	12.000		
Kfz-Aufwand	20.800		
Versicherungen	14.000		
Sonstige Aufwendungen	4.900		
Wasserschaden	90.000		
Betriebliche Steuern	37.400		
Verluste Wertpapierverkauf	6.000		
Saldo	1.346.384	Saldo	1.346.384

Was sagt diese Gewinn- und Verlustrechnung aus und wie sind die Informationen für die Kosten- und Leistungsrechnung zu werten?

Zunächst einmal muss festgehalten werden, dass das abgelaufene Jahr mit einem Jahresverlust abgeschlossen wurde, dass also die Gesamtaufwendungen die Gesamterlöse bzw. Gesamterträge übertrafen.

Betrachtet man das Ergebnis einmal genauer, so stellt man fest, dass es offensichtlich einmalige Effekte gab (z. B. Wasserschaden), die für den Verlust mitverantwortlich waren. Zieht man einmal die Aufwendungen für den Wasserschaden aus der Berechnung heraus, so hätte die GmbH mit einem Jahresgewinn in Höhe von 26.816 € abgeschlossen. Etwas exakter formuliert, sollte man aber auch den wohl einmaligen Effekt berücksichtigen, der durch den Erlös aus dem Verkauf von Anlagen entstanden ist. Dann hätte der rein operative Jahresgewinn 23.616 € betragen.

Für die Belange der Kostenrechnung geht es deshalb nun im nächsten Schritt darum, diejenigen Erlöse und Aufwendungen aus der Gewinn- und Verlustrechnung herauszufiltern, die das eigentliche operative Geschäft der Unternehmung betreffen und die frei von besonderen außerplanmäßigen Faktoren sind.

5.2 Welche Kosten sind bei der Beispiels-GmbH entstanden?

Im Kapitel 2.3.3 wurde bereits gezeigt, dass die Kostenrechnung die Daten zunächst aus der Finanzbuchhaltung entnimmt. Da dort sowohl betriebliche als auch nicht-betriebliche Aufwendungen und Erträge erfasst werden, sind diejenigen Beträge, die keine Kosten und Leistungen darstellen, im Zuge der Abgrenzungsrechnung zu eliminieren. Die Abgrenzungsrechnung wird außerhalb der Finanzbuchhaltung tabellarisch in zwei Bereichen durchgeführt (▶ Tab. 14):

- In einem ersten Bereich, der **unternehmensbezogenen Abgrenzung**, werden aus den gesamten Aufwendungen und Erträgen der Finanzbuchhaltung die so genannten neutralen Aufwendungen herausgefiltert.
- In einem zweiten Bereich, den **kostenrechnerischen Korrekturen**, werden die korrekturbedürftigen betrieblichen Aufwendungen der Finanzbuchhaltung von der Kostenrechnung ferngehalten und durch kalkulatorische Kosten ersetzt.
- Beide Teilergebnisse der Abgrenzungsrechnung werden zum »**neutralen Ergebnis**« zusammengefasst. Was hier an Kostenpositionen übrig bleibt, ist für die Kostenrechnung relevant.

In obiger Gewinn- und Verlustrechnung gibt es 4 Positionen, die als neutrale Erträge oder Aufwendungen nicht in die Kosten- und Leistungsrechnung übernommen werden und in der unternehmensbezogenen Abgrenzung gesondert erfasst werden müssen:

- **Erlöse aus dem Verkauf von Anlagevermögen** (3.200 €) gelten als einmalig bzw. außerordentlich, da sie nicht ständig wiederkehren und deshalb nichts in der Kosten- und Leistungsrechnung zu suchen haben.
- Gleiches gilt für den **Wasserschaden** (90.000 €). Dieser Aufwand war offensichtlich nicht durch eine Versicherung abgedeckt und wird (hoffentlich) ein einmaliges Ereignis bleiben.
- Im Rahmen der **betrieblichen Steuern** (z. B. Gewerbesteuer, Grundsteuer) sind mit 33.000 € periodenfremde Aufwendungen entstanden. Hierbei

5.2 Welche Kosten sind bei der Beispiels-GmbH entstanden?

handelt es sich um Steuernachzahlungen für das vorletzte Jahr. Diese werden ebenfalls nicht in die Kostenrechnung übertragen.[13]
- **Verluste aus Wertpapierverkäufen** (6.000 €) schließlich werden herausgefiltert, da sie als betriebsfremde Aufwendungen zu betrachten sind.

Ansonsten enthält die Gewinn- und Verlustrechnung im Wesentlichen die **Grundkosten** (Löhne, Gehälter, Rohstoffe etc.) des laufenden Produktionsbetriebs der GmbH.

Als so genannte **Anderskosten** würden möglicherweise die Abschreibungen in Frage kommen. Dies wäre dann der Fall, wenn die in der Gewinn- und Verlustrechnung angesetzten Abschreibungen aus handels- und/oder steuerlichen Gründen in einer Höhe angesetzt wären, die nicht dem eigentlichen Werteverzehr der Abrechnungsperiode (des Anlagevermögens) entsprechen würde. Im Zuge der in der Kostenrechnung anzusetzenden Abschreibung ist deshalb immer zu hinterfragen, inwieweit die handels- und steuerliche Abschreibung aus kostenrechnerischen Ansätzen heraus »sinnvoll« ist. Aus kostenrechnerischer Perspektive sollen die Abschreibungen immer in Höhe der »langfristig ausgerichteten Anlagewiederbeschaffungswerte« angesetzt werden und sollen, um die kalkulatorische Vergleichbarkeit der einzelnen Jahre zu gewährleisten, zwischen den Jahren in gleicher Höhe angesetzt werden. Im Beispiel wurde davon ausgegangen, dass die handelsrechtliche Abschreibung identisch mit einer Abschreibung zu Wiederbeschaffungspreisen ist. Deshalb wurde der Betrag hier unverändert übernommen.

Zusatzkosten wurden in obigem Beispiel im Rahmen der kalkulatorischen Zinsen angesetzt. Den kalkulatorischen Zinsen liegt die Annahme zugrunde, dass das langfristig gebundene Kapital (hier das Anlagevermögen) finanziert werden muss. Man nimmt deshalb häufig das durchschnittlich gebundene Anlagevermögen (= die Hälfte des investierten Kapitals) und verzinst es mit einem landesüblichen langfristigen Zinssatz für Fremdkapital. Für die hier zugrundeliegenden Wiederbeschaffungswerte des Anlagevermögens wurden die kalkulatorischen Zinsen wie in Tabelle 50 dargestellt ermittelt:

---

13 Die hier dargestellten 33.000 € können nicht unmittelbar aus der Gewinn- und Verlustrechnung herausgelesen werden. Es handelt sich hier um einen fiktiven Wert, um die Problematik im Rahmen der Kostenrechnung zu verdeutlichen und ein Beispiel für periodenfremde Aufwendungen zeigen zu können.

Tab. 50: Kalkulatorische Zinsen der Beispiels-GmbH

Investition	Betrag in €
CAD-Anlage	35.000
Plotter/Fräsmaschine	75.000
Laserschneideanlage	200.000
Linienbearbeitung	80.000
Einrichtung Bemessern/Montage	40.000
Einrichtung Gummierung/Versand	8.000
Büroeinrichtung	20.000
Geschäftswagen	35.000
Kombi	20.000
Summe:	513.000
Halber Wiederbeschaffungswert (durchschnittlich gebundenes Kapital)	256.500
Zinssatz für langfristiges Fremdkapital	10%
Kalkulatorische Zinsen	25.650

Für die GmbH ergibt sich aus der Gewinn- und Verlustrechnung sowie den erforderlichen wertmäßigen Korrekturen bei Anders- und Zusatzkosten die in Tabelle 51 dargestellte Abgrenzungsrechnung.

5.2 Welche Kosten sind bei der Beispiels-GmbH entstanden?

Tab. 51: Abgrenzungsrechnung der Beispiels-GmbH

Ergebnistabelle							
Finanzbuchhaltung RK I				Kosten- und Leistungsrechnung RK II			
Gesamtergebnisrechnung der FiBu				Abgrenzungsrechnung		Betriebsergebnisrechnung	
Konto	Aufwand	Ertrag		Unternehmensbezogene Abgrenzung	Kostenrechnerische Korrekturen	Kosten	Leistungen
Umsatzerlös		1.280.000					1.280.000
Erlöse aus Anlageverkauf		3.200		3.200			
Materialaufwand	370.000					370.000	
Betriebsstoffe	30.000					30.000	
Löhne	439.236					439.236	
Gehälter	190.000					190.000	
Abschreibungen	74.308					74.308	
Miete	32.940					32.940	
Reparaturen	12.000					12.000	
Strom	10.000					10.000	
Wasser	2.800					2.800	
Büromaterial	12.000					12.000	
Kfz-Aufwand	20.800					20.800	
Versicherungen	14.000					14.000	
Sonstiger Aufwand	4.900					4.900	
Wasserschaden	90.000			-90.000			
Betriebl. Steuern	37.400			-33.000		4.400	
Verluste aus Wertpapierverkauf	6.000			-6.000			
Kalk. Zinsen					-25.650	25.650	
Summe	1.346.384	1.283.200		-125.800	-25.650	1.243.034	1.280.000
Ergebnis		-63.184		-125.800	-25.650		36.966
		Gesamtergebnis		Neutrales Ergebnis	Kostenrechn. Korrektur		Betriebsergebnis

Was besagen die Ergebnisse?

- Trotz eines negativen Gesamtergebnisses ist das Betriebsergebnis (= Ergebnis der Kostenrechnung) mit 36.966 € positiv.
- Das negative Gesamtergebnis ergibt sich insbesondere durch das negative neutrale Ergebnis.

5.3 Wo bzw. wofür sind die Kosten der Beispiels-GmbH eigentlich angefallen?

Die Anwendung der Kostenstellenrechnung wurde bereits in Kapitel 2.6 erläutert und wird im Folgenden nun auf die Beispiels-GmbH bezogen. Im Zentrum dieses kostenrechnerischen Arbeitsschrittes steht der unternehmerische Betriebsabrechnungsbogen (BAB).

Der BAB ist eine tabellarische Kostenstellenrechnung und in der einfachsten Version nach den Kostenbereichen Material, Fertigung, Verwaltung und Vertrieb gegliedert. Er hat die Aufgabe,

- die Gemeinkosten aus der Betriebsergebnisrechnung der Ergebnistabelle zu übernehmen und diese nach vordefinierten Schlüsseln auf die Kostenstellen zu verteilen.
- die (Ist-)Zuschlagssätze für Kostenträgerstück- und -zeitrechnungen zu ermitteln und die Gemeinkosten an der Stelle ihrer Entstehung zu überwachen.
- die Gemeinkosten auf die Kostenstellen zu verteilen und dabei die jeweiligen Zuschlagssätze zu ermitteln, die anschließend zur Kalkulation der Selbstkosten in der Kostenträgerrechnung benutzt werden können.

Für die Beispiels-GmbH, die Stanzwerkzeuge herstellt, wurden die Kostenstellen CAD-Anlage (CA), Laseranlage (LA), Linienbearbeitung (LI), Bemessern/Montage (BM), Gummierung/Versand (GV) sowie Verwaltung (VW) und Vertrieb (VT) eingerichtet. Anschließend geht man an die Verteilung der ermittelten (Gemein-)Kosten. Dabei ist bedeutsam, dass es sich für die 5 Kostenstellen der Fertigung anbietet, auf Maschinenstundensatzbasis zu arbeiten, um anschließend für die Hauptkostentreiber, nämlich CAD-Anlage, Laseranlage, Linienbearbeitung, Bemessern/Montage sowie Gummierung/Versand exakt angeben zu können, was eine »Maschinenstunde« kostet. (Aus Platzgründen werden die Werte ganzzahlig angegeben.)

5.3 Wo bzw. wofür sind die Kosten der Beispiels-GmbH eigentlich angefallen?

Tab. 52: Betriebsabrechnungsbogen der Beispiels-GmbH

Betriebsabrechnungsbogen								
		Kostenstellen						
		Fertigung					Administration	
Gemeinkostenart	Betrag	CA	LA	LI	BM	GV	VW	VT
Betriebsstoffe	30.000	3.000	1.000	2.000	11.000	13.000	0	0
Löhne	439.236	88.200	38.808	38.808	194.040	79.380	0	0
Gehälter	190.000	0	0	0	0	0	148.000	42.000
Abschreibungen	74.308	16.375	25.000	13.333	5.000	1.600	9.000	4.000
Miete	32.940	2.700	2.160	1.620	14.580	5.400	4.320	2.160
Reparaturen	12.000	2.000	5.000	1.000	2.000	500	1.000	500
Strom	10.000	1.000	5.000	800	1.200	500	1.000	500
Wasser	2.800	280	1.400	250	300	150	220	200
Büromaterial	12.000	0	0	0	0	0	8.000	4.000
Kfz-Aufwand	20.800	0	0	0	0	0	13.520	7.280
Versicherungen	14.000	2.000	2.000	2.000	2.000	2.000	2.000	2.000
Sonstiger Aufwand	4.900	700	700	700	700	700	700	700
Betriebl. Steuern	4.400	628	628	628	628	628	628	628
Kalk. Zinsen	25.650	5.500	10.000	4.000	2.000	400	2.750	1.000
Summe	**873.034**	**122.383**	**91.696**	**65.139**	**233.448**	**104.258**	**191.138**	**64.968**

Zum besseren Verständnis der Kostenverteilung werden im Folgenden die komplexeren Verteilungsgrundlagen erläutert.

Aus der Ergebnistabelle 51 werden hier also auf der Grundlage von Verteilungsschlüsseln alle betrieblichen Gemeinkosten auf die insgesamt 7 betrieblichen Kostenstellen verteilt. Die Kostenaufteilung ergibt sich hier nach indirekten Schlüsseln wie Rechnungen, Materialentnahmescheinen, Strom- oder Wasserverbrauchsmessungen etc.

Nicht einbezogen werden die Materialkosten, da diese als Einzelkosten ja direkt auf die Kostenträger (Produkte, Produktgruppen etc.) zugerechnet werden können. Dasselbe gilt für die Personalkosten (▶ Tab. 53), die sich eindeutig auf die Kostenträger verteilen lassen.

5 Ein vollständiges Praxisbeispiel zur Kostenrechnung eines kleinen

Tab. 53: Personalkosten der Beispiels-GmbH

Personalkosten	Anzahl	Arbeitsko./Std.	Brutto-Arb. Zeit/Jahr	Kosten	Kostenstelle
Geschäftsführer	1			120.000	VW
Sekretariat	1			28.000	VW
Vertrieb	1			42.000	VT
CAD-Techniker	2	21,88	4.032	88.200	CA
Laseranlage	1	19,25	2.016	38.808	LA
Montage/Linie	1	19,25	2.016	38.808	LI
Montage/Bemessern	5	19,25	12.096	232.848	BM
Hilfsarbeiter	1	15,75	2.016	31.752	GV
Gummierung	1,5	15,75	3.024	47.628	GV
Summe der Personalkosten				629.236	

Die Kostenstellen der Verwaltung (VW) und des Vertriebs (VT) beinhalten insgesamt die Gehälter in Höhe von 190.000 € (120.000 + 28.000 + 42.000). Hingegen enthalten alle übrigen Kostenstellen CA bis GV die Löhne in Höhe von 439.236 €.

Die Abschreibungen (▶Tab. 54), Mieten (▶Tab. 55) und kalkulatorische Zinsen (▶Tab. 56) werden nach folgenden Verteilungsschlüsseln auf die Kostenstellen verteilt:

5.3 Wo bzw. wofür sind die Kosten der Beispiels-GmbH eigentlich angefallen?

Tab. 54: Abschreibungen der Beispiels-GmbH

Abschreibungen	Investition	Nutzungsdauer/Jahre	Abschreibung	Kostenstelle
CAD-Anlage	35.000	5	7.000	CA
Plotter/Fräsmaschine	75.000	8	9.375	CA
Laser-Schneideanlage	200.000	8	25.000	LA
Linienbearbeitung	80.000	6	13.333	LI
Einrichtung Bemessern/Montage	40.000	8	5.000	BM
Einrichtung Gummierung/Versand	8.000	5	1.600	GV
Büroeinrichtung	20.000	10	2.000	VW
Geschäftswagen	35.000	5	7.000	VW
Kombi	20.000	5	4.000	VT
Summe der Abschreibung			74.308	

Tab. 55: Mietkosten der Beispiels-GmbH

Miete	Raumbedarf/m²	Kosten/m² und Monat	Miete	Kostenstelle
CAD-Anlage	50	4,50	2.700	CA
Laseranlage	40	4,50	2.160	LA
Linienbearbeitung	30	4,50	1.620	LI
Bemessern/Montage	270	4,50	14.580	BM
Gummierung/Versand	100	4,50	5.400	GV
Verwaltung	80	4,50	4.320	VW
Vertrieb	40	4,50	2.160	VT
	= 610 m²			
Summe der Mietkosten			32.940	

Die Berechnung der kalkulatorischen Zinsen wurde bereits im Rahmen der Abgrenzungsrechnung vorgenommen (▶ Tab. 50), der Gesamtbetrag muss nun noch verursachungsgerecht auf die jeweiligen Kostenstellen verteilt werden.

Tab. 56: Kalkulatorische Zinsen der Beispiels-GmbH

Kalkulatorische Zinsen	Investition	Anteil an Gesamtinvestition	Zinsen	Kostenstelle
CAD-Anlage	35.000	6.82%	1.750	CA
Plotter/Fräsmaschine	75.000	14,62%	3.750	CA
Laser-Schneideanlage	200.000	38.99%	10.000	LA
Linienbearbeitung	80.000	15,59%	4.000	LI
Einrichtung Bemessern/Montage	40.000	7,80%	2.000	BM
Einrichtung Gummierung/Versand	8.000	1,56%	400	GV
Büroeinrichtung	20.000	3,90%	1.000	VW
Geschäftswagen	35.000	6,82%	1.750	VW
Kombi	20.000	3,90%	1.000	VT
	513.000	100,00%		
Summe der kalkulatorischen Zinsen			25.650	

5.4 Betriebsergebnis und Produktkalkulation der Beispiels-GmbH

Ist die Gemeinkostenzurechnung im BAB vollständig erfolgt, kann nicht nur das Betriebsergebnis detailliert aufgeschlüsselt werden, sondern auch die Produktkalkulationen vorgenommen werden.

5.4.1 Das Betriebsergebnis

Das Betriebsergebnis, das bereits im Rahmen der Abgrenzungsrechnung abgeleitet wurde, kann jetzt anhand einer detaillierteren Darstellung aus betrieblicher Perspektive noch genauer analysiert werden (▶ Tab. 57).

5.4 Betriebsergebnis und Produktkalkulation der Beispiels-GmbH

Tab. 57: Betriebsgewinn der Beispiels-GmbH

	Betrag	in %
Umsatzerlös	1.280.000,00	100,00
Materialkosten	370.000,00	28,91
Gemeinkosten CAD	122.383,57	9,56
Gemeinkosten Laseranlage	91.696,57	7,16
Gemeinkosten Linienbearbeitung	65.139,90	5,09
Gemeinkosten Bemessern/Montage	233.448,57	18,24
Gemeinkosten Gummierung/Versand	104.258,57	8,15
Gemeinkosten Verwaltung	191.138,57	14,93
Gemeinkosten Vertrieb	64.968,57	5,08
Betriebsgewinn	36.965,67	2,89

Bei einem Jahresumsatzerlös in Höhe von 1,28 Mio. € wird folglich eine Umsatzrendite von 2,89 % erwirtschaftet, d. h., dass die übrigen 97,11 % durch die Kosten aufgezehrt werden. Dabei sind die Materialeinzelkosten mit 28,91 % am bedeutsamsten, gefolgt von den Kosten für Bemessern/Montage (18,24 %) und für Verwaltung (14,93 %), während die übrigen (Gemein-) Kostenstellen von untergeordneter Bedeutung sind.

Welche Überlegungen können aus Tabelle 57 folgen? Um die Umsatzrendite zu verbessern, sollte man sich auf die Hauptkostentreiber konzentrieren und/oder versuchen (sofern dies möglich ist), eine aktive Preispolitik zu betreiben. Also könnten Hauptansatzpunkte für die Steigerung der Rendite und Senkung der Kosten sein:

- Preiserhöhungen zur Steigerung des Umsatzerlöses.
- Preisverhandlungen mit den bestehenden Lieferanten und/oder Suche nach neuen kostengünstigeren Lieferanten, um die Materialkosten zu senken.
- Gemeinkostenreduktion in der Kostenstelle Bemessern/Montage: Hier wäre die Frage erlaubt, ob wirklich 5 Mitarbeiter für diesen Produktionsschritt erforderlich sind oder ob man nicht auch mit weniger Mitarbeitern arbeiten könnte.

- Gemeinkostenreduktion in der Kostenstelle Verwaltung: Hier schlägt hauptsächlich das Gehalt des Geschäftsführers mit 120.000 € zu Buche. Es ist fraglich, ob dieser Kostenblock aus Sicht des geschäftsführenden Gesellschafters zu reduzieren ist.

5.4.2 Die Produktkalkulation auf Basis der Maschinenstundensatzrechnung

Im Anschluss an die Analyse des Betriebsergebnisses liefert die Kostenstellenrechnung nun eine Basis für Produktkalkulationen. Dazu ist es zunächst einmal erforderlich, die Maschinenstundensätze der Fertigungsgemeinkostenstellen sowie die Gemeinkostenzuschlagssätze der Kostenstellen Verwaltung und Vertrieb zu ermitteln. Im zweiten Schritt werden dann die Materialeinzelkosten und die zeitliche Inanspruchnahme der Produkte pro Fertigungsstelle berechnet, um dann im dritten und letzten Schritt die eigentliche Produktkalkulation durchführen zu können.

Schritt 1a: Ermittlung der Maschinenstundensätze der Fertigungskostenstellen

Aus den Gemeinkosten, die im BAB den Kostenstellen zugewiesen werden, sowie den zugrunde gelegten »produktiven« Stunden der Mitarbeiter leiten sich die für die Kalkulation maßgeblichen Maschinenstundensätze der Fertigungskostenstellen ab (▶ Tab. 58).

Tab. 58: Ermittlung der Maschinenstundensätze der Beispiels-GmbH

Maschinen-Stundensätze	Kosten	Anzahl Mitarbeiter	Produktive Tage/Jahr	Tägliche Arbeitszeit	Stundensatz
CAD-Anlage	122.383	2	200	8	38,24
Laser-Schneideanlage	91.696	1	200	8	57,31
Linienbearbeitung	65.139	1	200	8	40,71
Bemessern/Montage	233.448	5	200	8	29,18
Gummierung/Versand	104.258	2,5	200	8	26,06

Schritt 1b: Ermittlung der Gemeinkostenzuschlagssätze für Verwaltung und Vertrieb

Anders als bei den Fertigungsgemeinkostenstellen, bei denen Stundensätze als Kalkulationsgrundlage verwendet werden, ermittelt man bei den Kostenstellen in Verwaltung und Vertrieb so genannte Gemeinkostenzuschlagssätze auf die Herstellkosten der Fertigung nach dem folgenden Schema:

5.4 Betriebsergebnis und Produktkalkulation der Beispiels-GmbH

Tab. 59: Ermittlung der Gemeinkostenzuschlagssätze der Beispiels-GmbH

	Betrag	in %
Materialkosten	370.000,00	
Gemeinkosten CAD	122.383,57	
Gemeinkosten Laseranlage	91.696,57	
Gemeinkosten Linienbearbeitung	65.139,90	
Gemeinkosten Bemessern/Montage	233.448,57	
Gemeinkosten Gummierung/Versand	104.258,57	
Herstellkosten der Fertigung	986.927,19	100,00
Gemeinkosten Verwaltung	191.138,57	19,37
Gemeinkosten Vertrieb	64.968,57	6,58
Selbstkosten	1.243.034,33	

Wir kalkulieren nun also bei den zukünftigen Produktkalkulationen auf die Herstellkosten der Fertigung die beiden Zuschlagssätze 19,37 % (für Verwaltung) und 6,58 % (für Vertrieb).

Schritt 2: Ermittlung der Materialeinzelkosten und der Produktionszeit

Wir gehen im Folgenden davon aus, dass wir zwei Werkzeuge produzieren und kalkulieren möchten, für die die nachstehenden Kosten und Zeitangaben pro Fertigungsstelle ermittelt wurden. Dabei bestehen die Materialeinzelkosten der Werkzeuge immer aus in Quadratmeter gemessenen Holzstücken sowie aus in einem Punktesystem gegliederte Schneid- und Rilllinien sowie aus Gummimischungen.

Für **Werkzeug 1** wurden folgende Materialeinzelkosten sowie deren Zeitbedarf berechnet (▶ Tab. 60).

Tab. 60: Ermittlung der Materialeinzelkosten und des Zeitbedarfs der Beispiels-GmbH I

Materialeinzelkosten		
	m²/Stück	Kosten/m²
Holz	0,88	24,20

	Lfd. M./Stück	Kosten/lfd. M.
Schneidlinien 2 Pkt.	7,00	0,95
Rilllinien 2 Pkt.	6,00	0,70
Gummimischung 2 Pkt.	14,00	0,85

Verpackung mittel/Stück		3,90

Zeitbedarf in min	
CAD-Anlage	50
Laseranlage	28
Linienbearbeitung	45
Bemessern/Montage	105
Gummierung/Versand	95

Die Materialeinzelkosten und der zeitliche Bedarf von **Werkzeug 2** sieht ähnlich aus (▶ Tab. 61).

5.4 Betriebsergebnis und Produktkalkulation der Beispiels-GmbH

Tab. 61: Ermittlung der Materialeinzelkosten und des Zeitbedarfs der Beispiels-GmbH II

Materialeinzelkosten		
	m^2/Stück	Kosten/m^2
Holz	1,65	24,20
	Lfd. M./Stück	Kosten/lfd. M.
Schneidlinien 3 Pkt.	9,00	1,55
Rilllinien 3 Pkt.	6,00	1,10
Gummimischung 3 Pkt.	18,00	0,95
Verpackung groß/Stück		5,25

Zeitbedarf in min	
CAD-Anlage	50
Laseranlage	38
Linienbearbeitung	45
Bemessern/Montage	75
Gummierung/Versand	82

Es bleibt an dieser Stelle anzumerken, dass die saubere Ermittlung von Material- und Zeitbedarf zwar aufwendig, aber für eine volltändige und korrekte Kalkulation auch in kleinen und mittleren Unternehmen unerlässlich ist.

Schritt 3: Produktkalkulation

Ausgehend von den ermittelten Material- und Zeitbedarfsplänen der Werkzeuge und den ermittelten Gemeinkostenzuschlags- und Stundensätzen der Kostenstellen können nun die Werkzeuge kalkuliert werden. Dabei gehen wir davon aus, dass die erzielbaren Preise für beide Werkzeuge vom Markt vorgegeben sind und nicht von der Beispiels-GmbH beliebig festgesetzt werden können. Die Frage ist also nicht, welchen Angebotspreis die Produktkalkulation errechnet, wie theoretisch in der Kostenrechnung häufig unterstellt, sondern lediglich, ob die GmbH kostendeckend produziert oder nicht. Die Marktpreise der Werkzeuge lauten:

5 Ein vollständiges Praxisbeispiel zur Kostenrechnung eines kleinen

Werkzeug 1: 298,- €
Werkzeug 2: 316,- €
und werden im Rahmen des Kalkulationsschemas in Tabelle 62 und 63 berechnet:

Tab. 62: Produktkalkulation der Beispiels-GmbH I

	Kalkulation (Werkzeug 1)		
	m²/Stück	Kosten/m²	Kosten/Stück
Holz	0,88	24,20	21,30
	lfd. m/Stück	Kosten/lfd. m	lfd. m/Stück
Schneidlinien 2 Pkt	7,00	0,95	6,65
Schneidlinien 3 Pkt			
Rillinien 2 Pkt	6,00	0,70	4,20
Rillinien 3 Pkt			
Gummi Mischung 2 Pkt	14,00	0,85	11,90
Gummi Mischung 3 Pkt			
tVerpackung mittel			3,90
Einzelkosten gesamt			**47,95**
	Zeitbedarf/min	Kosten/Stunde	
CAD-Anlage	50	38,24	31,87
Laseranlage	28	57,31	26,74
Linienbearbeitung	45	40,71	30,53
Bemessern/Montage	105	29,18	51,07
Gummierung/Versand	95	26,06	41,27
Fertigungsgemeinkosten gesamt			**181,49**
Herstellkosten der Fertigung			**229,43**
Verwaltungsgemeinkosten (19,37%)			44,43
Vertriebsgemeinkosten (6,58%)			15,10
Selbstkosten			**288,97**
Marktpreis			298,00
Gewinn			**9,03 (=3,03)**

5.4 Betriebsergebnis und Produktkalkulation der Beispiels-GmbH

Tab. 63: Produktkalkulation der Beispiels-GmbH II

	Kalkulation (Werkzeug 2)		
	m^2/Stück	Kosten/m^2	Kosten/Stück
Holz	1,65	24,20	39,93
	Lfd. m./Stück	Kosten/lfd. m.	
Schneidlinien 3 Pkt.	9,00	1,55	13,95
Rilllinien 3 Pkt.	6,00	1,10	6,60
Gummimischung 3 Pkt.	18,00	0,95	17,10
Verpackung			5,25
Materialeinzelkosten gesamt			**82,83**
	Zeitbedarf/min	Kosten/Stunde	
CAD-Anlage	50	38,24	31,87
Laseranlage	38	57,31	36,30
Linienbearbeitung	45	40,71	30,53
Bemessern/Montage	75	29,18	36,48
Gummierung/Versand	82	26,06	35,62
Fertigungsgemeinkosten gesamt			**170,80**
Herstellkosten der Fertigung			**253,63**
Verwaltungsgemeinkosten (19,37%)			49,12
Vertriebsgemeinkosten (6,58%)			16,70
Selbstkosten			**319,45**
Marktpreis			316,00
Verlust			-3,45 (= 1,09%)

5 Ein vollständiges Praxisbeispiel zur Kostenrechnung eines kleinen

Die beiden Produktkalkulationsbeispiele zeigen die Auswirkungen der einzelnen Kostenfaktoren auf das Gesamtergebnis.

Im Rahmen einer kleinen **Plankosten- oder Sensitivitätsrechnung** können diese (»erfolgskritischen«) Zusammenhänge nochmals aufgezeigt werden. In diesem Kontext tauchen in kleinen und mittleren Unternehmen immer wieder dieselben Grundsatzfragen auf:

- **Warum** soll man mit hohem Zeit- und Personalaufwand eine differenzierte Ermittlung von Erlös- und Kostenstrukturen im Unternehmen überhaupt vornehmen? (Faustregeln, Erfahrungs- und Schätzwerte reichen doch aus.)
- **Warum** soll man sich als kleines mittelständisches Unternehmen überhaupt mit der Kostenrechnung beschäftigen, wenn man sich doch ohnehin an die Marktpreise bzw. das Preisdiktat von großen Unternehmen anpassen muss.
- **Wieso** sollte eine zeitintensive Maschinenstundensatzrechnung durchgeführt werden, wo doch die einfachere Kostenstellenrechnung auch ausreicht?

Aus diesem Grund soll im Kapitel 5.4.3 einmal gezeigt werden, wie Veränderungen von verschiedenen Variablen auf die Kalkulation und das Ergebnis einwirken. Dies soll exemplarisch an folgenden Kostenpositionen erläutert werden:

- eine Reduktion der Mitarbeiterzahl von 5 auf 4 Mitarbeiter in der Kostenstelle Bemessern/Montage,
- eine Verringerung der »Leerkosten« (das sind Kosten, die durch Unproduktivität entstehen), indem durch verschiedene Rationalisierungsmaßnahmen von einer Erhöhung der produktiven Stunden von 5 % ausgegangen wird sowie
- einem 5 % gesunkenen Materialeinsatz durch verbrauchseffiziente Abläufe und Verfahren.

Diese drei Bereiche fließen nun in eine Plankosten- oder Sensitivitätsrechnung ein, mit deren Hilfe sich ermitteln lässt, wie sich die Veränderung dieser Kostentreiber wertmäßig auf das Gesamtbetriebsergebnis auswirkt.

5.4.3 Plankostenrechnung – Sensitivitätsanalyse
5.4.3.1 Veränderung der Mitarbeiterzahl

Gehen wir von einer Reduktion der Mitarbeiterzahl von 5 auf 4 Personen in der Kostenstelle Bemessern/Montage aus, so reduziert sich dort der Gemeinkostenblock gemäß den unterstellten Personalkosten/Mitarbeiter um 38.808,- € mit einer entsprechenden Ergebnisverbesserung von ursprünglich 36.965 € auf nun 75.773 €. In Tabelle 64 sind diese Zusammenhänge zusammengefasst.

Tab. 64: Planungsrechnung der Beispiels-GmbH I

	Betrag	
	vorher	nachher
Materialkosten	370.000,00	370.000,00
Gemeinkosten CAD	122.383,57	122.383,57
Gemeinkosten Laseranlage	91.696,57	91.696,57
Gemeinkosten Linienbearbeitung	65.139,90	65.139,90
Gemeinkosten Bemessern/Montage	233.448,57	194.640,57
Gemeinkosten Gummierung/Versand	104.258,57	104.258,57
Herstellkosten der Fertigung	986.927,19	948.119,19
Gemeinkosten Verwaltung	191.138,57	191.138,57
Gemeinkosten Vertrieb	64.968,57	64.968,57
Selbstkosten	1.243.034,33	1.204.226,33
Umsatzerlös	1.280.000,00	1.280.000,00
Betriebsgewinn	**36.965,67**	**75.773,67**

Durch eine Mitarbeiterreduktion hat sich die Umsatzrendite von 2,89 % auf 5,92 % erhöht – dies verdeutlicht das hohe Gewicht der Personalkosten für die Entwicklung der Rendite bzw. des Betriebsgewinnes!

5.4.3.2 Veränderung der Leerkosten

Im zweiten Szenario unterstellen wir, dass sich die produktiven Stunden (ausgehend von den unterstellten 1.600 Stunden/Mitarbeiter und Jahr) um 5 % erhöhen (Abbau von Leerkosten). Dies hat unmittelbare Auswirkungen auf die Stundensätze und damit die Kalkulation der Produkte (▶ Tab. 65).

Tab. 65: Planungsrechnung der Beispiels-GmbH II

Stundensätze	Kosten	Stunden alt	Stundensatz alt	Stunden neu	Stundensatz neu
CAD-Anlage	122.383	3.200	38,24	3.360	36,42
Laser-Schneideanlage	91.696	1.600	57,31	1.680	54,58
Linienbearbeitung	65.139	1.600	40,71	1.680	38,77
Bemessern/Montage	233.448	8.000	29,18	8.400	27,79
Gummierung/Versand	104.258	4.000	26,06	4.200	24,82

Für die Produktkalkulation der beiden produzierten Werkzeuge ergeben sich folgende Auswirkungen, die in Tabelle 66 für Werkzeug 1 und Tabelle 67 für Werkzeug 2 dargestellt werden.

5.4 Betriebsergebnis und Produktkalkulation der Beispiels-GmbH

Tab. 66: Planungsrechnung der Beispiels-GmbH III

Werkzeug 1		
	alt	neu
Holz	21,30	21,30
Schneidlinien 2 Pkt	6,65	6,65
Rillinien 2 Pkt	4,20	4,20
Gummi Mischung 2Pkt	11,90	11,90
Verpackung mittel	3,90	3,90
Einzelkosten (gesamt)	**47,95**	**47,95**
Kosten CAD	31,87	30,35
Kosten Laseranlage	26,74	25,47
Kosten Linienbearbeitung	30,53	29,08
Kosten Bemessern und Montage	51,07	48,64
Kosten Gummierung und Versand	41,27	39,30
Fertigungsgemeinkosten	**181,49**	**172,84**
Herstellkosten der Fertigung	229,43	220,79
Verwaltungsgemeinkosten	44,43	42,76
Vertriebsgemeinkosten	15,10	14,53
Selbstkosten	288,97	278,08
Marktpreis	298,00	298,00
Gewinn/Verlust	**9,03**	**19,92**

Tab. 67: Planungsrechnung der Beispiels-GmbH IV

Kalkulation Werkzeug 2		
	alt	neu
Holz	39,93	39,93
Schneidlinien 3 Pkt.	13,95	13,95
Rillinien 3 Pkt.	6,60	6,60
Gummi Mischung 3 Pkt.	17,10	17,10
Verpackung Mittel	5,25	5,25
Einzelkosten (gesamt)	**82,83**	**82,83**
Kosten CAD	31,87	30,35
Kosten Laseranlage	36,30	34,57
Kosten Linienbearbeitung	30,53	29,08
Kosten Bemessern/Montage	36,48	34,74
Kosten Gummierung/Versand	35,62	33,93
Fertigungsgemeinkosten	**170,80**	**162,67**
Herstellkosten der Fertigung	**253,63**	**245,50**
Verwaltungsgemeinkosten	49,12	47,55
Vertriebsgemeinkosten	16,70	16,16
Selbstkosten	**319,45**	**309,20**
Marktpreis	316,00	316,00
Gewinn/Verlust	-3,45	6,80

Infolge von deutlichen Gemeinkostensenkungen verbessert sich die Gewinnsituation bei Werkzeug 1 bzw. Werkzeug 2 deutlich. Bei Werkzeug 2 verbessert sich die Ergebnissituation umfassend, die Selbstkosten sinken nun unter die Umsatzeröse und es entsteht folglich ein Gewinn.

5.4.3.3 Veränderung des Materialeinsatzes

Unterstellen wir einen um 5 % sinkenden Materialeinsatz (bspw. infolge von Preisverhandlungen mit den Hauptlieferanten), so wirkt sich dies ebenfalls auf das Gesamtbetriebsergebnis aus – die Ergebniswirkung wird in Tabelle 68 dargestellt:

Tab. 68: Planungsrechnung der Beispiels-GmbH V

	Betrag	
	vorher	nachher
Materialkosten	370.000,00	351.500,00
Gemeinkosten CAD	122.383,57	122.383,57
Gemeinkosten Laseranlage	91.696,57	91.696,57
Gemeinkosten Linienbearbeitung	65.139,90	65.139,90
Gemeinkosten Bemessern/Montage	233.448,57	233.448,57
Gemeinkosten Gummierung/Versand	104.258,57	104.258,57
Herstellkosten der Fertigung	986.927,19	968.427,19
Gemeinkosten Verwaltung	191.138,57	191.138,57
Gemeinkosten Vertrieb	64.968,57	64.968,57
Selbstkosten	1.243.034,33	1.224.534,33
Umsatzerlös	1.280.000,00	1.280.000,00
Betriebsgewinn	36.965,67	55.465,67

Die Reduktion der Materialkosten führt zu einer Verbesserung der Umsatzrendite von 2,89 % auf 4,33 % (▶ Aufgabe 26).

6 Spezielle Instrumente der Kostenrechnung

6.1 Lineare Funktionen der Kostenrechnung

Erlös- und Kostenfunktionen lassen sich, wie bereits in Kapitel 2.1 und 2.2 dargestellt, auch als mathematische Funktionen abbilden und im Rahmen einer mathematischen Kurvendiskussion näher analysieren.

6.1.1 Grundlagen

Lineare Funktionen finden auch in der Kostenrechnung entsprechende Anwendung. In der einfachsten Form ist die erklärende (auch als unabhängige oder exogene bezeichnete) x-Variable die zu erklärenden (auch als abhängige oder endogene bezeichnete) y-Variable identisch. Es gilt zunächst die originäre Funktion, die durch den Koordinatenursprung verläuft, und in der Form $y = x$ beschrieben wird (▸ Abb. 51).

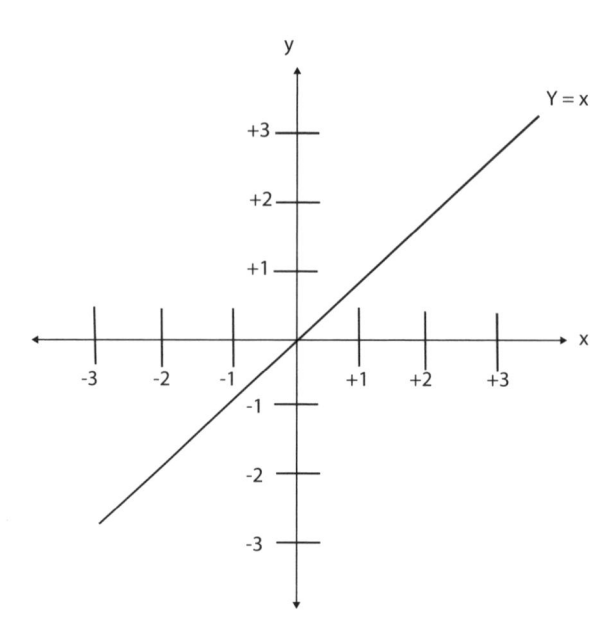

Abb. 51: Typische lineare Funktionen

6.1 Lineare Funktionen der Kostenrechnung

Die allgemeine Funktion wird in der üblichen Notation beschrieben als
$y = a \cdot x + b$
Der Parameter a beschreibt dabei das Steigungsmaß, während der Parameter b die Konstante angibt. Die Konstante b entspricht dem Schnittpunkt mit der Ordinate, also der vertikalen y-Achse. Im Falle von $a < 0$ ist die Steigung negativ, die Funktion hat einen sinkenden Verlauf (▸ Abb. 52 rechts). Umgekehrt verhält es sich im Falle $a > 0$, bei der die Steigung positiv verläuft. Beide mögliche Varianten zeigen diese Abbildungen (▸ Abb. 52 links).[14]

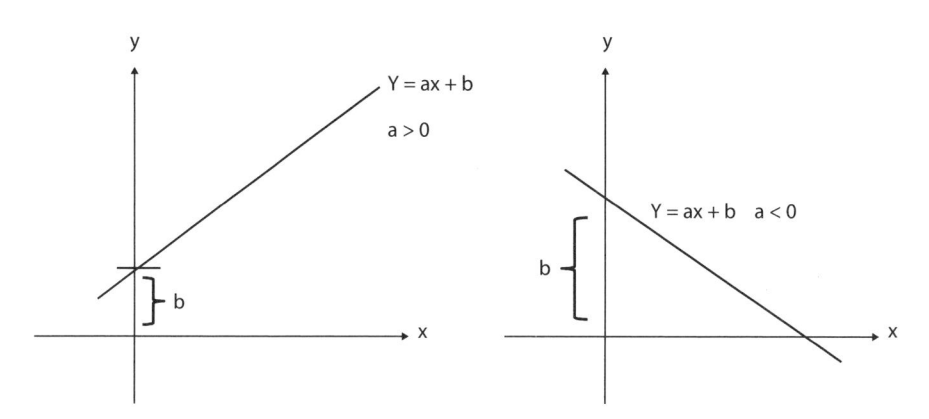

Abb. 52: Steigungsverhalten von Funktionen

Wenn die Steigung den Wert + 6 und der Schnittpunkt mit der Ordinate + 25 beträgt, dann lautet die Funktionsgleichung
$y = 6x + 25$ bzw. $y = 25 + 6x$
Ist z. B. eine lineare Gleichung noch nicht definiert, kann sie mit Hilfe der **Punkt-Steigungsform** oder einer **Zwei-Punkte-Form** ermittelt werden. Nun wird anhand des ersten Beispiels die Ermittlung der Funktionsgleichung anhand der Punkt-Steigungsform und im zweiten Beispiel anhand der Zwei-Punkte-Form aufgezeigt – im nächsten Kapital werden beide Verfahren anhand eines Kostenrechnungsbeispiels eingehend erklärt.

Beispiel 1: Der Koordinatenpunkt $x_1 = 4$ und $y_1 = 40$ enthält die Steigung $a = 6$. Die **Punkt-Steigungsform** liefert die lineare Funktion über die Formel
$y = a \cdot (x - x_1) + y_1$

---

14 Vgl. hierzu auch J. Stiefl, Wirtschaftsmathematik – Verstehen und anwenden, Weinheim, 2016, S. 49 ff.

Eingesetzt ergibt sich:
$$y = 6 \cdot (x - 4) + 40 \quad \Rightarrow \quad y = 6x + 16$$

Beispiel 2: Zwei Punkte sind gegeben. Der erste bildet den Koordinatenpunkt $x_1 = 3$ und $y_1 = 34$, der zweite den Punkt $x_2 = 4$ und $y_2 = 40$. Die **Zwei-Punkte-Form** liefert die lineare Funktion über die Formel

$$y = \frac{(y_2 - y_1)}{(x_2 - x_1)} \cdot (x - x_1) + y_1$$

Eingesetzt erhält man:

$$y = \frac{(40 - 34)}{(4 - 3)} \cdot (x - 3) + 34 \quad \Rightarrow \quad y = 6x + 16$$

6.1.2 Beispiele zur Ermittlung einer linearen Kostenfunktion

Eine Bäckerei produziert an einem Montag 200 kg einer Backware, die Gesamtkosten von 420,- € betragen. Die gleiche Backware wird am Dienstag und Mittwoch produziert. Dienstags werden 300 kg hergestellt, die 620,- € kosten, während am Mittwoch durch die kleinere Nachfrage lediglich 160 kg zu Kosten von 340,- € hergestellt werden. Der Bäckermeister möchte herausfinden,

a) ob er durch »logisches Nachdenken« die Gesamtkosten von 400 kg ermitteln kann.
b) wie hoch die Kosten für 275 kg Backwaren sein werden.
c) ob er fixe und variable Kosten bestimmen kann. Auf diese beiden Kostenarten wurde er nämlich schon häufiger angesprochen.
d) wie hoch die Kosten sind, wenn er an einem Tag keine Backwaren produziert?

Lösung zu Teilaufgabe a)
Vielleicht werden sich die Gesamtkosten von 400 kg gegenüber 200 kg verdoppeln, da sich ja auch die produzierten Mengen verdoppelt haben. Der Bäckermeister rechnet also mit Gesamtkosten von 840,- €. Ob diese Überlegung stimmt, erfährt er vielleicht durch die Lösung der Aufgabe b.

Lösung zu Teilaufgabe b)
Durch die Mengen- und Preisangaben für drei Wochentage sind eigentlich drei Punkte bereits gegeben, bei denen zunächst einmal natürlich nicht zwingend von einer linearen Funktion ausgegangen werden kann.
Der erste Koordinatenpunkt (Montag) entspricht $x_1 = 200$ (kg) und $y_1 = 420$,- €, der zweite Koordinatenpunkt (Dienstag) beschreibt den Punkt

$x_2 = 300$ und $y_2 = 620$ und der dritte Koordinatenpunkt (Mittwoch) ergibt $x_3 = 160$ und $y_3 = 340$.

Die **Zwei-Punkte-Form** lieferte ja bekanntlich die lineare Funktion über die Formel

$$y = \frac{(y_2 - y_1)}{(x_2 - x_1)} \cdot (x - x_1) + y_1.$$

Nun soll durch Ausprobieren herausgefunden werden, ob die drei Tage Montag bis Mittwoch die gleiche Funktion ergeben.

Die Tage Montag und Dienstag ergeben $x_1 = 200$, $y_1 = 420$, $x_2 = 300$ und $y_2 = 620$. Daraus ergibt sich die Funktion:

$$y = \frac{(y_2 - y_1)}{(x_2 - x_1)} \cdot (x - x_1) + y_1 = \frac{(620 - 420)}{(300 - 200)} \cdot (x - 200) + 420 = 2x + 20$$

Die Tage Montag und Mittwoch ergeben $x_1 = 200$, $y_1 = 420$, $x_2 = 160$ und $y_2 = 340$. Daraus ergibt sich die Funktion:

$$y = \frac{(y_2 - y_1)}{(x_2 - x_1)} \cdot (x - x_1) + y_1 = \frac{(340 - 420)}{(160 - 200)} \cdot (x - 200) + 420 = 2x + 20$$

Dies entspricht der gleichen Funktion wie an den Tagen zuvor. Auch wenn man die Tage Dienstag bis Mittwoch berücksichtigt, entstehen die gleichen Werte:

Der Dienstag entspricht $x_1 = 300$, $y_1 = 620$, der Mittwoch wie bereits angeführt $x_2 = 160$ und $y_2 = 340$. Daraus ergibt sich die Funktion:

$$y = \frac{(y_2 - y_1)}{(x_2 - x_1)} \cdot (x - x_1) + y_1 = \frac{(340 - 620)}{(160 - 300)} \cdot (x - 300) + 620 = 2x + 20$$

Eindeutig können hier also durch diese lineare Funktion die Gesamtkosten der Erzeugung von Backwaren für 275 kg ermittelt werden:

$$y = 2x + 20 = 2 \cdot 275 + 20 = 570{,}- €$$

Lösung zu Teilaufgabe c)

Die lineare Funktion ergibt eindeutig die fixen und variablen Kosten. Die Fixkosten entsprechen der Konstante, also 20,- €, während die variablen Kosten 2,- € betragen. Also ist die Lösung der Aufgabe a nicht korrekt, denn hier wurden lediglich die variablen Kosten einbezogen, es fehlten die Fixkosten. Folglich betragen die Gesamtkosten bei 400 kg nicht die avisierten 840,- €, sondern 820,- €.

Lösung zu Teilaufgabe d)

Auch ohne Produktion fallen trotzdem die Fixkosten in Höhe von 20,- € an (▶ Aufgabe 27 und 28).

6.2 Kurvendiskussion als Basis für höhere Funktionen der Kostenrechnung

6.2.1 Grundlagen

Bevor im Anschluss auf die Anwendung höherer Funktionen im Bereich der Kostenrechnung eingegangen wird, sollen hier zunächst die mathematischen Grundlagen für die Analyse solcher Erlös- und Kostenfunktionen dargestellt werden. Eine Kurvendiskussion umfasst die Untersuchung einer Funktion f(x) bzw. ihres Funktionsgraphen hinsichtlich folgender geometrischer Eigenschaften:

- Unstetigkeitsstellen von f(x),
- Verhalten von f(x) für x → ∞ und x → -∞,
- Nullstellen von f(x), f′(x) und f″(x),
- Bereiche, in denen f(x) wächst bzw. fällt,
- Extremwerte, größte und kleinste Werte (Maximum- bzw. Minimumwerte),
- Wendepunkte,
- Graph der Funktion.

Wir beginnen im Folgenden mit dem Graph der Funktion, also dem sich aus Wertepaaren im Koordinatensystem ergebenden Kurvenverlauf der Funktion f(x).

Für die Darstellung der weiteren Analyseschritte nehmen wir im Folgenden an, dass sich bspw. die Kostenfunktion eines Unternehmens durch die Funktion

$$f(x) = x + x^2 - \frac{x^3}{3}$$

beschreiben lässt.

6.2.2 Graph von Funktionen

Die Abbildung 53 zeigt einen s-förmig verlaufenden Funktionsgraph, der offensichtlich ein relatives Maximum bei ca. $x_1 = 2{,}4$ und ein relatives Minimum bei ungefähr $x_2 = -0{,}4$ hat. Diese Funktion verlässt dann bei ca. $x_3 = 3{,}8$ den positiven Bereich der abhängigen y-Variablen. Diese Eigenschaften könnten eine Stückkosten- oder auch eine Gewinnfunktion charakterisieren.

Die 1. Ableitung lautet $f'(x) = 1 + 2x - x^2$ und bildet eine negativ verlaufende Parabel. Die 2. Ableitung bildet eine negativ verlaufende lineare Funktion und lautet $f''(x) = 2 - 2x$.

6.2 Kurvendiskussion als Basis für höhere Funktionen der Kostenrechnung

Offensichtlich hat die 1. Ableitung bei den Nullstellen der x-Variable etwas mit dem relativen Minimum und Maximum der originären Funktion zu tun, während die 2. Ableitung eine Nullstelle bei x = 1 besitzt und dort den Wendepunkt der originären Funktion beschreibt (▶ Abb 53).

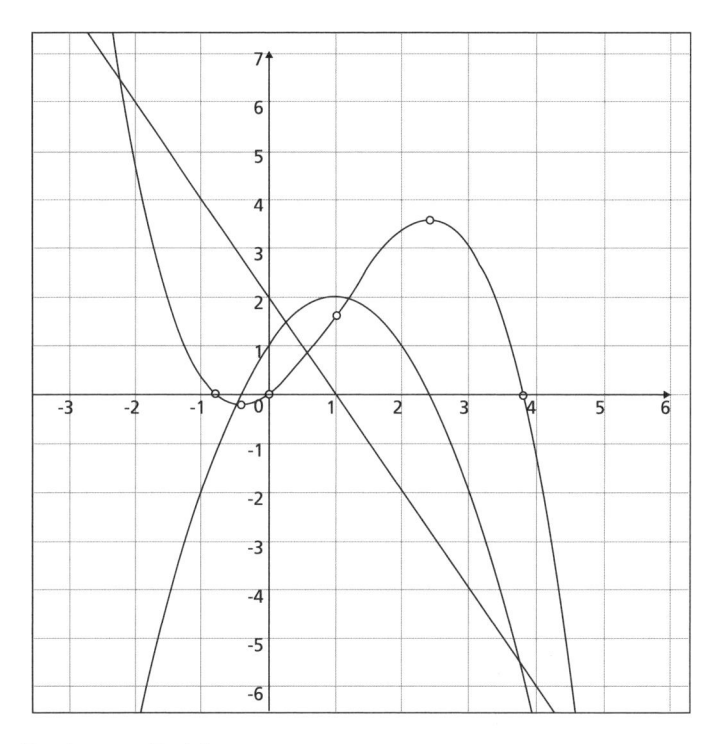

Abb. 53: Graphen von Funktionen

6.2.3 Unstetigkeitsstellen von Funktionen

Eine Funktion ist dann stetig, wenn Sie in ihrem gesamten Definitionsbereich/Intervall definiert ist. Graphisch kann man Stetigkeit daran erkennen, dass sich der Funktionsgraph ohne Unterbrechung »durchzeichnen« lässt.

Von den elementaren Funktionen sind ganze rationale Funktionen sowie die Funktionen sin x, cos x, und e^x stetig im gesamten Definitionsbereich. Irrationale Funktionen (Wurzeln) mit ganzzahligen Wurzelexponenten mit einem Polynom als Radiant oder die Funktion log x hingegen sind lediglich in einem bestimmten Definitionsbereich stetig, während diese Stetigkeit am Rand des Definitionsbereichs abbricht.

6 Spezielle Instrumente der Kostenrechnung

Für unser Beispiel ist die Funktion $f(x) = x + x^2 - \frac{x^3}{3}$ im gesamten Definitionsbereich stetig.

6.2.4 Verhalten von Funktionen

Hier geht es darum, festzustellen, ob f(x) gegen einen endlichen Grenzwert konvergiert, wenn x über alle Grenzen wächst ($x \to +\infty$) oder unter alle Grenzen fällt ($x \to -\infty$).
Für die Beispielfunktion $f(x) = x + x^2 - \frac{x^3}{3}$ gilt:

$$x \to +\infty \Rightarrow f(x) \to -\infty$$
$$x \to -\infty \Rightarrow f(x) \to +\infty$$

6.2.5 Nullstellen von Funktionen

Um besondere (signifikante) Werte der Funktion f(x) zu erhalten, werden im Rahmen der Kurvendiskussion die Nullstellen ermittelt. Es handelt sich hierbei um Werte der unabhängigen Variablen x_o, die, eingesetzt in die Funktionsgleichung, dort den Wert o ergeben. Die Anzahl der maximal möglichen Nullstellen wird durch den Polynomgrad bestimmt (z. B. liefert $y = x^2$ maximal 2 Null(stellen)werte). Diese Nullstellen sind insbesondere auch bei der Kostenrechnung von großer Bedeutung.

Für die Funktion $f(x) = x + x^2 - \frac{x^3}{3}$ liegt eine erste Nullstelle am Ursprung bei $x_1 = 0$.

Die zweite und dritte Nullstelle wird nun durch **Polynomdivision** (Teilung der Originalfunktion durch die erste Nullstelle) mit anschließender Auflösung der quadratischen Gleichung ermittelt.[15]

$(x + x^2 - x^3/3)/(x - 0) = 1 + x - x^2/3$
$1 + x - x^2/3 = 0$ wird umgeformt zu
$3 + 3x - x^2 = 0 \Rightarrow x^2 - 3x - 3 = 0$

Dies ist die so genannte normierte Form der quadratischen Gleichung mit der allgemeinen Form (▶ Kap. 6.3):

$x^2 + px + q = 0$
und den Nullstellen bei:

$$x_2 = -\frac{p}{2} + \sqrt{\left(\frac{p}{2}\right)^2 - q} \qquad x_3 = -\frac{p}{2} - \sqrt{\left(\frac{p}{2}\right)^2 - q}$$

---

[15] Zur Nullstellenbestimmung bietet sich auch besonders das Horner-Schema an, vgl. z. B. Stiefl J., Wirtschaftsmathematik – Verstehen und anwenden, 2016, S. 71 f.

für $x^2 - 3x - 3 = 0$ ergibt sich dann:
$$x_2 = \frac{3}{2} + \sqrt{\left(\frac{3}{2}\right)^2 + 3} = 3{,}7913 \qquad x_3 = \frac{3}{2} - \sqrt{\left(\frac{3}{2}\right)^2 + 3} = -0{,}7913$$
Insgesamt ergeben sich für die Funktion somit die Nullstellen:
$x_1 = 0$; $x_2 = 3{,}7913$ und $x_3 = -0{,}7913$

6.2.6 Bereiche fallender und steigender Funktionswerte

Das Steigungsverhalten einer Funktion f(x) ermittelt man mit Hilfe der 1. Ableitung. Dabei sind folgende Zusammenhänge auch für die Kostenrechnung relevant:

- f(x) ist steigend in x_0, wenn $f'(x) > 0$
- f(x) ist fallend in x_0, wenn $f'(x) < 0$
- f(x) ist stationär in x_0, wenn $f'(x) = 0$

Für unsere Beispielfunktion $f(x) = x + x^2 - \frac{x^3}{3}$ ergibt sich die 1. Ableitung als $f'(x) = 1 + 2x - x^2$

Die stationären Punkte können wie folgt ermittelt werden:
$f'(x) = 1 + 2x - x^2 = 0 \qquad \text{bzw.} \qquad f'(x) = x^2 - 2x - 1 = 0$
$$x_4 = \frac{2}{2} + \sqrt{\left(\frac{2}{2}\right)^2 + 1} = 2{,}4142 \qquad x_5 = \frac{2}{2} - \sqrt{\left(\frac{2}{2}\right)^2 + 1} = -0{,}4142$$
Somit lauten die Intervalle:
$-\infty \leq x_0 \leq -0{,}4142 \quad \Rightarrow \quad f'(x) < 0 \quad \Rightarrow \quad$ f(x) ist fallend
$x_0 = -0{,}4142 \quad \Rightarrow \quad f'(x) = 0 \quad \Rightarrow \quad$ f(x) ist stationär
$-0{,}4142 \leq x_0 \leq -2{,}4142 \quad \Rightarrow \quad f'(x) > 0 \quad \Rightarrow \quad$ f(x) ist steigend
$x_0 = -2{,}4142 \quad \Rightarrow \quad f'(x) = 0 \quad \Rightarrow \quad$ f(x) ist stationär
$-2{,}4142 \leq x_0 \leq +\infty \quad \Rightarrow \quad f'(x) < 0 \quad \Rightarrow \quad$ f(x) ist fallend

Diese zugehörigen Intervalle können zum besseren Verständnis auch in Abbildung 53 graphisch nachvollzogen werden.

6.2.7 Extremwerte (Maximum und Minimum) von Funktionen

Der Extremwert einer Funktion f(x) kann ein relatives Maximum oder ein relatives Minimum sein. Ein Extremwert muss also nicht zwangsläufig der größte und kleinste Funktionswert sein. Die notwendige Bedingung für einen Extremwert einer Funktion f(x) an der Stelle x_0 ist
$f'(x) = 0$.
x_0 eingesetzt in die 2. Ableitung der Funktion f(x) gibt Aufschluss darüber, ob ein (relatives) Maximum oder Minimum vorliegt:

ist $f''(x) < 0$ ⇒ (relatives) Maximum
ist $f''(x) > 0$ ⇒ (relatives) Minimum

Für die 1. Ableitung $f'(x) = 1 + 2x - x^2$ unserer Beispielfunktion ergeben sich Nullstellen bei:

$x_4 = 2{,}4142$ und $x_5 = -0{,}4142$

Die 2. Ableitung lautet $f''(x) = 2 - 2x$, werden dort die Werte der Nullstellen der 1. Ableitung eingesetzt, dann ergibt sich:

$x_4 = 2{,}4142$ ⇒ $f''(x) = 2 - 2 \cdot 2{,}4142 = -2{,}82 < 0$ ⇒ MAX
$x_5 = -0{,}4142$ ⇒ $f''(x) = 2 + 2 \cdot 2{,}4142 = +2{,}82 > 0$ ⇒ MIN

Exkurs:
Ein weiteres, jedoch nur auf den Fall $f'(x) = 0$ anwendbares Verfahren zur Feststellung, ob und falls ja, welcher Typ von Extremwert vorliegt, ist die Methode der höheren Ableitungen. Ist die Ableitung, wo nur noch eine Konstante auftritt, ungerade, gibt es keinen Extremwert. Ist diese Ableitung jedoch gerade und negativ, so existiert im Punkt x_0 ein relatives Maximum, ist sie gerade und positiv, existiert ein relatives Minimum. Auch hierzu ein Beispiel:

Gegeben sei die Funktion $f(x) = x^4$ mit den Ableitungen $f'(x) = 4x^3$ ⇒ $f''(x) = 12x^2$ ⇒ $f'''(x) = 24x$ ⇒ $f''''(x) = 24$

Demnach deutet die 4. Ableitung, in der nur noch eine Konstante und ein gerader Wert auftritt, dass ein Extremwert und zwar wegen $f^4(x) > 0$ ein relatives Minimum gegeben ist.

6.2.8 Wendepunkte von Funktionen

Der Graph einer Funktion f(x), also die Darstellung dieser mathematischen Funktion, hat an der Stelle x_0 dann einen Wendepunkt, wenn in der Umgebung links und rechts von dieser Stelle ein entgegengesetztes Krümmungsverhalten herrscht. Die notwendige Bedingung für einen Wendepunkt der Funktion f(x) an der Stelle x_0 ist.

$f''(x) = 0$

x_0 eingesetzt in die 3. Ableitung der Funktion f(x) ergibt mögliche Wendepunkte und zwar dann, wenn der Wert ≠ 0 ist.

Für die Beispielfunktion $f(x) = x + x^2 - \frac{x^3}{3}$ ergibt sich die Nullstelle der 2. Ableitung als $f''(x) = 2 - 2x = 0$ ⇒ $x_6 = 1$. Das Einsetzen dieses Wertes in die 2. Ableitung der Beispielfunktion ergibt:

$f''(x) = -2$

An der Stelle $x_6 = 1$ liegt also ein Wendepunkt vor.

Exkurs:
Ein weiteres, jedoch nur auf den Fall f′(x) = 0 anwendbares Verfahren zur Feststellung, ob ein Wendepunkt vorliegt, ist die Methode der höheren Ableitungen. Ist die Ableitung, bei der nur noch eine Konstante auftritt, gerade, gibt es keinen Wendepunkt.

Beispiel:
Gegeben sei wiederum die Funktion $f(x) = x^4$ mit den Ableitungen
$f'(x) = 4x^3 \Rightarrow f''(x) = 12x^2 \Rightarrow f'''(x) = 24x \Rightarrow f''''(x) = 24$
Die Ableitung, in der nur noch eine Konstante auftritt, ist gerade ($f^4(x)$), es existiert also trotz $f''(x) = 0 \rightarrow x_0 = 0$, in $x_0 = 0$ kein Wendepunkt.

Die an dieser Stelle kurz skizzierte Kurvendiskussion wird in den nun folgenden Gliederungspunkten etwas konkreter auf Beispiele aus dem Bereich der Kostenrechnung bezogen.

6.3 Quadratische Funktionen der Kostenrechnung

6.3.1 Grundlagen

Im folgenden Kapitel soll nun die quadratische Funktion, die etwa im Bereich der Kostenoptimierung oder der Erlösmaximierung ökonomische Relevanz besitzt, als originäre (allgemeine) Funktion vorgestellt werden. Es gilt allgemein:
$y = ax^2 + bx + c$
Der Funktionsgraph hat die Form einer Parabel (▶ Abb. 54), deren Öffnung sich in Abhängigkeit der Paramter a und b folgendermaßen ergibt:

- Ist a < 0 (also negativ), ist die Parabel nach unten geöffnet, sie hat ein Maximum.
- Ist a > 0 (also positiv), ist die Parabel nach oben geöffnet, sie hat ein Minimum.
- Ist $b^2 = 4ac$, dann liegt der Scheitelpunkt der Parabel (Hoch- oder Tiefpunkt) auf der x-Achse.

6 Spezielle Instrumente der Kostenrechnung

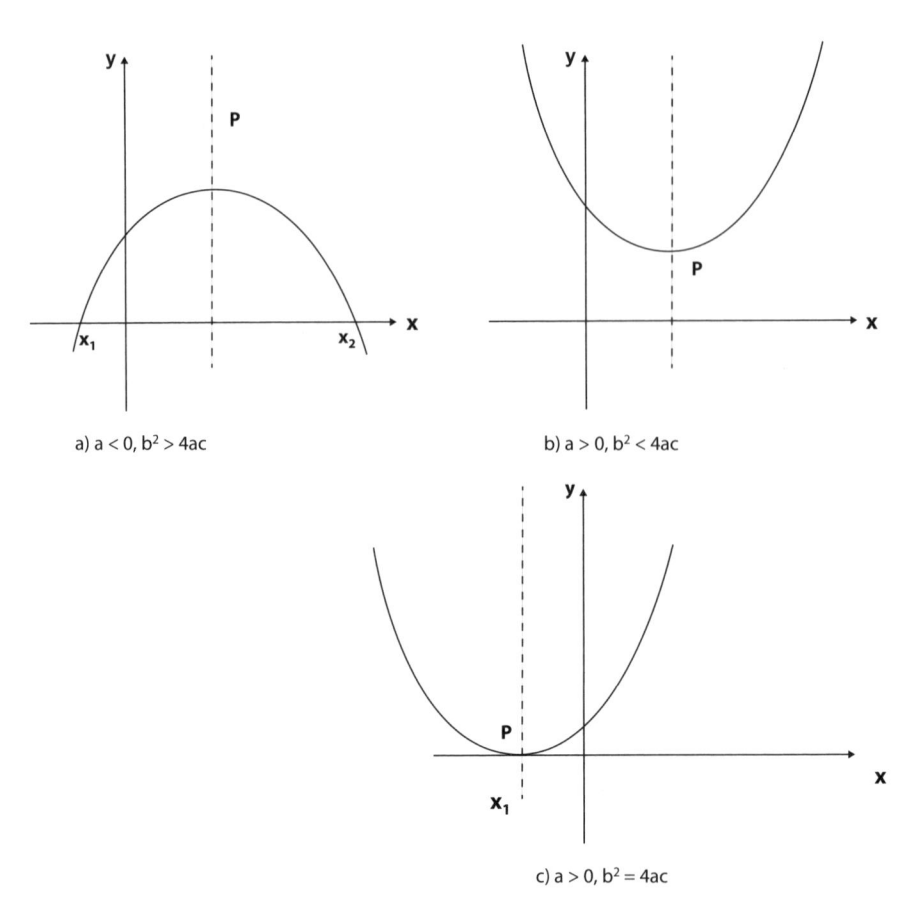

a) $a < 0, b^2 > 4ac$

b) $a > 0, b^2 < 4ac$

c) $a > 0, b^2 = 4ac$

Abb. 54: Quadratische Funktionen I

Setzen wir die Gleichung null, ergibt sich also
$$0 = ax^2 + bx + c$$
dann lautet die Lösungsformel
$$x_{1,2} = \frac{-b \pm \sqrt{b^2 - 4ac}}{2a}$$
Eine quadratische Lösung hat

- zwei Lösungen, wenn $b^2 - 4ac > 0$
- eine Lösung, wenn $b^2 - 4ac = 0$
- keine Lösung, wenn $b^2 - 4ac < 0$.

6.3 Quadratische Funktionen der Kostenrechnung

Beispiel 1: Wie lauten die Nullstellen bzw. Lösungen bei der Gleichung $x^2 - 8x + 7$?

$$x_{1,2} = \frac{-b \pm \sqrt{b^2 - 4ac}}{2a} = \frac{8 \pm \sqrt{64 - 4 \cdot 1 \cdot 7}}{2 \cdot 1}$$

Lösungen:

$$x_1 = \frac{8 + \sqrt{36}}{2 \cdot 1} = 7 \quad x_2 = \frac{8 - \sqrt{36}}{2 \cdot 1} = 1$$

Es handelt sich also um zwei Lösungen, da $b^2 - 4ac > 0$.

Beispiel 2: Wie lauten die Lösungen bei der Gleichung $3x^2 - 6x + 3 = 0$?

$$x_{1,2} = \frac{-b \pm \sqrt{b^2 - 4ac}}{2a} = \frac{6 \pm \sqrt{36 - 4 \cdot 3 \cdot 3}}{2 \cdot 3}$$

Lösungen:

$$x_1 = \frac{6 + \sqrt{0}}{2 \cdot 3} = 1 \quad x_2 = \frac{6 - \sqrt{0}}{2 \cdot 3} = 1$$

Es handelt sich also um eine Lösung, da $b^2 - 4ac = 0$.

Beispiel 3: Wie lauten die Lösungen bei der Gleichung $2x^2 - 4x + 8 = 0$?

$$x_{1,2} = \frac{-b \pm \sqrt{b^2 - 4ac}}{2a} = \frac{4 \pm \sqrt{16 - 4 \cdot 2 \cdot 8}}{2 \cdot 2} = \frac{4 \pm \sqrt{-48}}{4} = \text{n.d.}$$

Lösungen:
Da die Wurzel negativ und damit nicht definiert ist, gibt es keine Lösungen. Abbildung 53 zeigt konkreter, wie man sich quadratische Funktionen im Bereich der Betriebswirtschaftslehre vorstellen kann. Im Kapitel 6.3.2 wird sicher noch deutlicher, ob eher nach oben oder unten geöffnete Parabeln in der Kostenrechnung vorkommen.

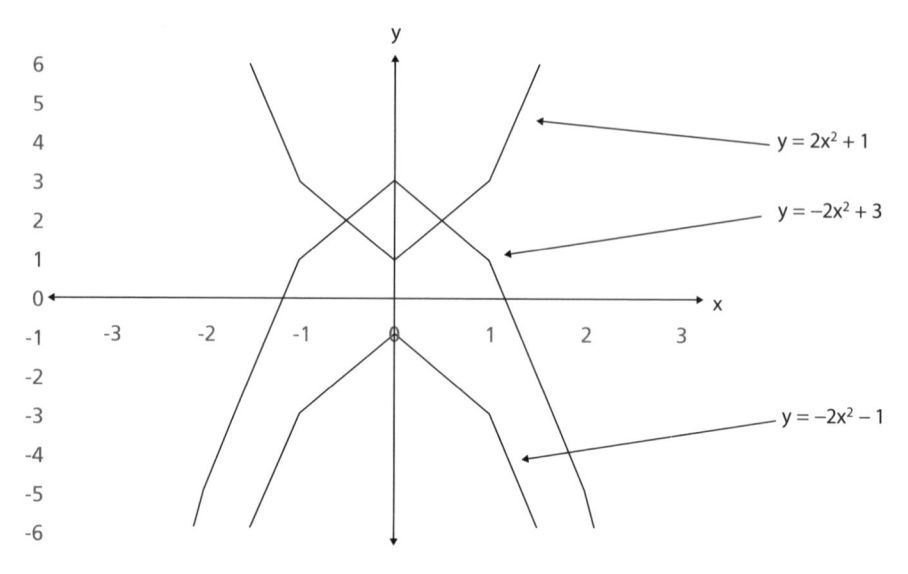

Abb. 55: Quadratische Funktionen II

6.3.2 Beispiele der Kostenrechnung

Ein kleines mittelständisches Unternehmen hat aufgrund von besonderen Spezialmaschinen ein Alleinstellungsmerkmal am Markt und kann als Monopolist agieren. Die Preisabsatzfunktion des Unternehmens beschreibt eine linear fallende Funktion p(x) = 10 − 0,01x. Der Preis p ist also von der Menge x abhängig. Auch die Kosten sind dem Monopolisten bekannt. Die variablen Kosten pro Stück betragen 0,5 €, die Fixkosten ergeben 1.750,- €.[16] Der Monopolist weiß aus Erfahrungen, dass die Erlöse aus der Preisabsatzfunktion durch deren Multiplikation mit der Absatzmenge (x) entnommen werden.

a) Gesucht wird die Erlös- und Kostenfunktion des Unternehmens.
b) Wie hoch ist der maximale Erlös?
c) Existiert eine Gewinnschwelle, Gewinnzone und Gewinngrenze?
d) Die Ergebnisse der Teilaufgabe c) sind auch graphisch darzustellen.

Lösung zu Teilaufgabe a)
Durch Multiplikation der Preisabsatzfunktion p(x) mit der Menge (x) ergibt sich zunächst die Erlösfunktion.

$$E(x) = (10 - 0,01x) \cdot x = -0,01x^2 + 10x$$

---

16 Vgl. Lagemann W./Rambatz W., Wirtschaftsmathematik und Statistik, 2001, S. 258 ff.

6.3 Quadratische Funktionen der Kostenrechnung

Die Kostenfunktion unter Berücksichtigung der angegebenen Fix- und variablen Kosten beträgt
$K(x) = 1.750 + 0{,}5x$

Lösung zu Teilaufgabe b)
Der maximale Erlös kann durch Einsetzen von verschiedenen Absatzmengen in die Erlösfunktion bestimmt werden – es ergibt sich die Wertetabelle 69.

Tab. 69: Ermittlung des Gewinnmaximums

x	0	100	200	300	400	500	600	700	800	900	1000
E(x)	0	900	1600	2100	2400	2500	2400	2100	1600	900	0

Wie in der Kurvendiskussion gezeigt, ergibt sich ein Maximum oder Minimum durch Nullsetzung der so genannten Grenzfunktion (1. Ableitung).
$E(x) = -0{,}01x^2 + 10x \;\Rightarrow\; E'(x) = -0{,}02x + 10 \;\Rightarrow\; 0 = -0{,}02x + 10$
$\Rightarrow\; 0{,}02x = 10 \;\Rightarrow\; x = 500$

Zwar zeigt sich das »richtige« Maximum x = 500 auch in Tabelle 69, es ergibt sich aber auch durch die zweite Ableitung. Ist dieser Wert kleiner/größer null, dann handelt es sich um ein relatives Maximum/Minimum.
$E''(x) = -0{,}02$
Die zweite Ableitung ist < 0, so dass das Maximum damit auch rechnerisch (mathematisch) bestimmt wurde.

Lösung zu Teilaufgabe c)
Die Gewinnschwelle (Break-Even-Point) ergibt sich durch Gleichsetzung der Kosten- und Erlösfunktion:
$K(x) = 1.750 + 0{,}5x \qquad E(x) = -0{,}01x^2 + 10x$
$1750 + 0{,}5x = -0{,}01x^2 + 10x$

Aus $0 = ax^2 + bx + c$ ergibt sich dann
$0 = 0{,}01x^2 - 9{,}5x + 1750$
Aus der Lösungsformel
$x_{1,2} = \dfrac{-b \pm \sqrt{b^2 - 4ac}}{2a}$ entsteht $x_{1,2} = \dfrac{+9{,}5 \pm \sqrt{9{,}5^2 - 4 \cdot 0{,}01 \cdot 1750}}{2 \cdot 0{,}01}$

$x_1 = \dfrac{+9{,}5 - \sqrt{9{,}5^2 - 4 \cdot 0{,}01 \cdot 1750}}{2 \cdot 0{,}01} = 250$

$x_2 = \dfrac{+9{,}5 + \sqrt{9{,}5^2 - 4 \cdot 0{,}01 \cdot 1750}}{2 \cdot 0{,}01} = 700$

Die beiden Werte x_1 und x_2 zeigen Start- und Endpunkt der Gewinnzone: Am Beginn liegt die Gewinnschwelle bei $x_1 = 250$ Einheiten, die Gewinngrenze am Ende der Gewinnzone befindet sich bei $x_2 = 700$ Einheiten, danach beginnt wieder die Verlustzone.

Lösung zu Teilaufgabe d)
Die graphische Lösung beschreibt sehr genau die unter Punkt c beschriebenen Werte.

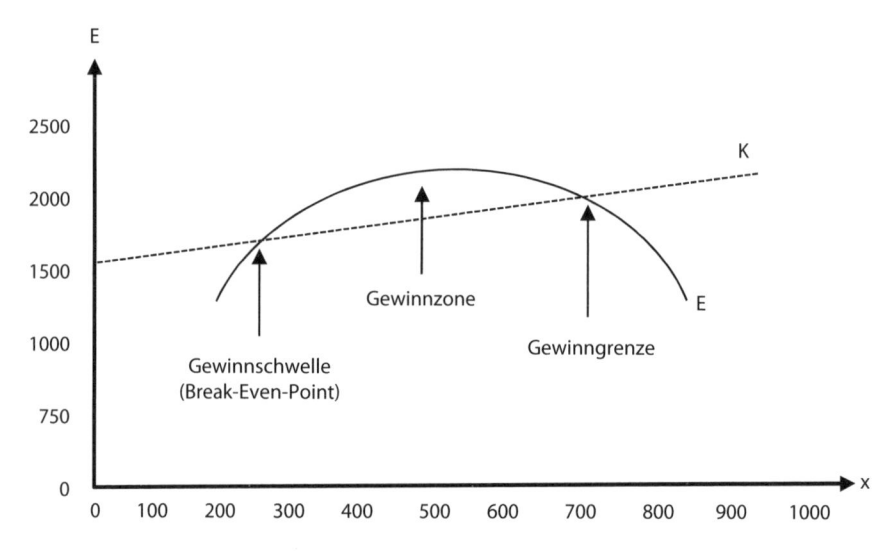

Abb. 56: Gewinnzone der Kostenrechnung

Entsprechend der Abbildung 56 kann man nun die Gewinne für die Mengen $x_1 = 250$, $x_2 = 700$ und $x_3 = 500$ rechnerisch ermitteln:
$E_1 = -0,01 \cdot 250^2 + 10 \cdot 250 = 1875$ $\quad K_1 = 1.750 + 0,5 \cdot 250 = 1875$
$E_2 = -0,01 \cdot 700^2 + 10 \cdot 700 = 2100$ $\quad K_2 = 1.750 + 0,5 \cdot 700 = 2100$
$E_3 = -0,01 \cdot 500^2 + 10 \cdot 500 = 2500$ $\quad K_3 = 1.750 + 0,5 \cdot 500 = 2000$
Dabei wissen wir bereits, dass es bei x_1 und x_2 keine Gewinne gibt, da die Erlöse gleich den Kosten sind, während bei x_3 der maximale Gewinn entsteht. Es bedeutet, dass bei den Ausbringungsmengen $x_1 = 250$, $x_2 = 700$ die Erlöse gerade den Kosten entsprechen und damit kein Gewinn entsteht, während bei $x_3 = 500$ Stück das Gewinnmaximum in Höhe von $2500 - 2000 = 500,-$ € entsteht (► Aufgabe 29).

Exkurs: Der Cournotsche Punkt im Monopol
Der Cournotsche Punkt bestimmt für den Monopolisten die gewinnmaximale Absatzmenge und den zugehörigen Marktpreis – benannt wurde er

6.3 Quadratische Funktionen der Kostenrechnung

nach dem französischen Wirtschaftswissenschaftler Antoine Augustin Cournot (1801–1877). Es ist derjenige Punkt auf der Preisabsatzfunktion eines (Monopol-)Unternehmens, an dem sich das Unternehmen folglich im Gewinnmaximum befindet. Graphisch werden hier die Koordinaten in einem Preis-Mengen-Diagramm abgebildet. Im Unterschied zur Nachfragekurve, bei der die Nachfragemenge (x) in Abhängigkeit vom Preis (p) dargestellt wird, beschreibt die Preisabsatzfunktion den umgekehrten Zusammenhang: Im Monopolfall ist der Preis folglich von der absetzbaren Menge abhängig. Kurz dargestellt ergibt sich dann

$x = f(p)$ Nachfragefunktion $p = f(x)$ Preisabsatzfunktion

Wie die Abbildungen 57 entnommen werden kann, wird der Cournotsche Punkt graphisch durch die Erlös- und Kostenfunktion bestimmt. Genauer formuliert, sind in diesem Punkt die Steigungen der Erlös- und Kostenfunktion identisch, es handelt sich also um den Schnittpunkt der Grenzerlös- und Grenzkostenfunktion – hier gilt also: $E'(x) = K'(x)$ (▶ Aufgabe 30).

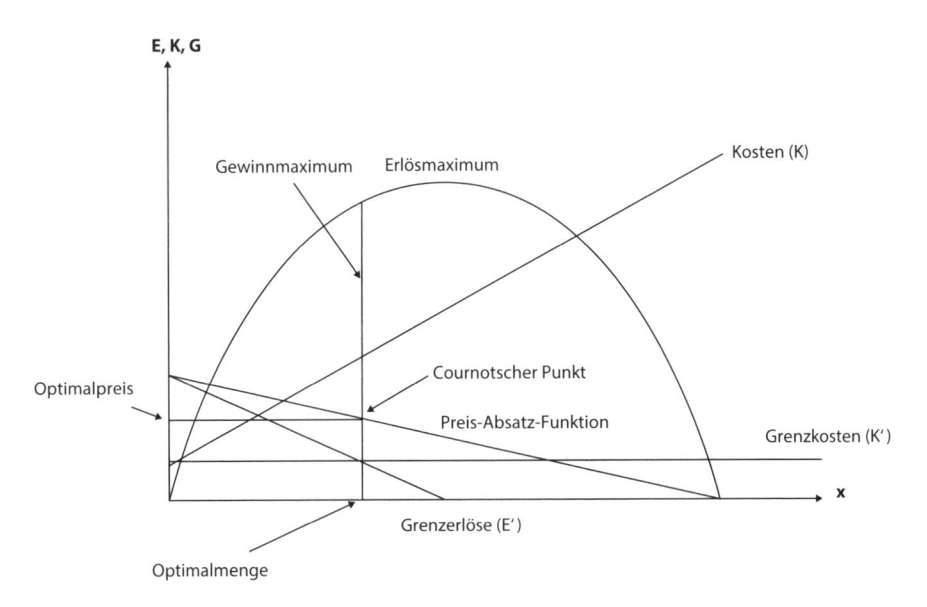

Abb. 57: Der Cournotsche Punkt I

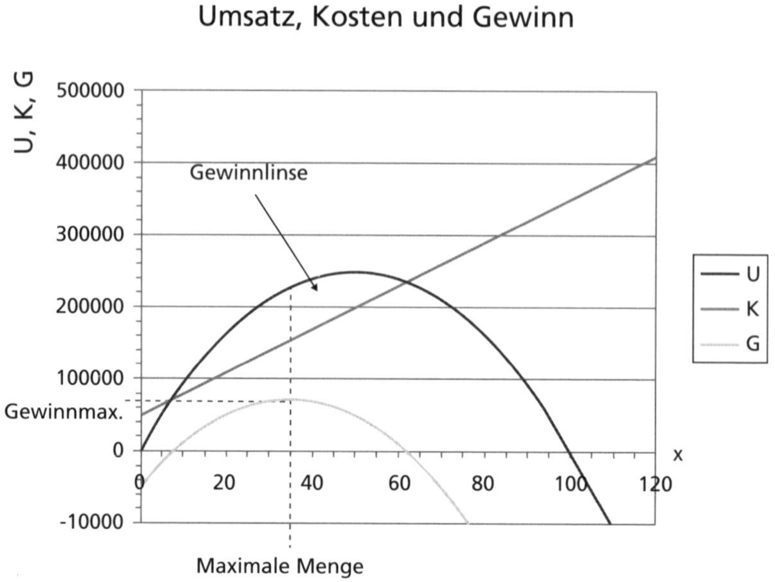

Umsatz, Kosten und Gewinn

Abb. 58: Der Cournotsche Punkt II

6.4 Kubische Funktionen der Kostenrechnung

6.4.1 Grundlagen

Mathematisch wird eine kubische Funktion als eine Funktion 3. Grades beschrieben, die auch gelegentlich in der Kostenrechnung Anwendung findet. Es gilt die allgemeine Funktion:

$y = ax^3 + bx^2 + cx + d$

Die Kostenrechnung setzt kubische Funktionen immer bei sehr komplexen Kostenverläufen ein. Bei den bereits gezeigten linearen und quadratischen Funktionen wurde immer davon ausgegangen, dass variable Kosten proportional mit der Menge variieren, was in der Praxis der Kostenrechnung nicht immer der Fall ist. Häufig wachsen variable Kosten zunächst unterproportional zur Ausbringungsmenge, weil sich z. B. Mengenrabatte beim Rohstoffkauf positiv auswirken. Nähern sich aber später die Produktionsmengen der Kapazitätsgrenze, können sich die variablen Kosten überproportional zur Ausbringungsmenge ändern, da z. B. höhere Reparaturkosten von Maschinen oder kostenintensivere Sonderschichten von Mitarbeitern berücksichtigt werden müssen.

6.4 Kubische Funktionen der Kostenrechnung

Die graphische Darstellung der Kostenfunktion $K = x^3 - 15x^2 + 96x + 756$ sowie der zugehörigen variablen und fixen Kosten hätte das in Abbildung 59 gezeigte Aussehen.[17]

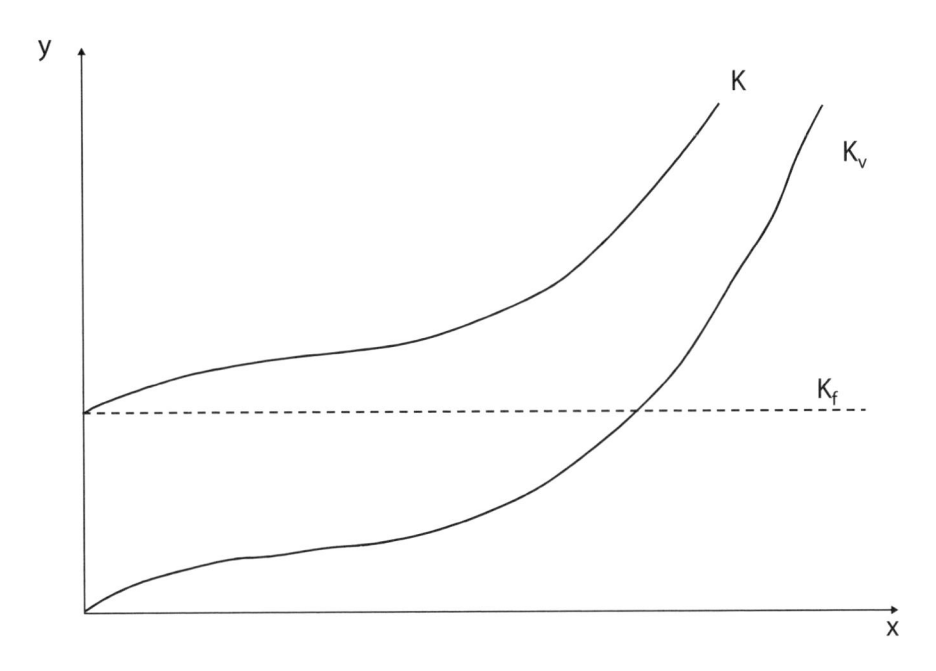

Abb. 59: Kubische Funktion der Kostenrechnung I

Leitet man zur bereits gezeigten Kostenfunktion die Stückkosten- (k) und variable Stückkostenfunktion (k_v) ab, so ergeben sich

$$k = \frac{x^3 - 15x^2 + 96x + 756}{x} = x^2 - 15x + 96 + \frac{756}{x} \text{ und}$$

$$k_v = \frac{x^3 - 15x^2 + 96x}{x} = x^2 - 15x + 96$$

Graphisch zeigen diese beiden Stückkostenverläufe dann auch so genannte Preisuntergrenzen, die später noch näher zu erläutern sind.

---

17 Vgl. Lagemann W./Rambatz W., a.a.O., S. 270 ff.

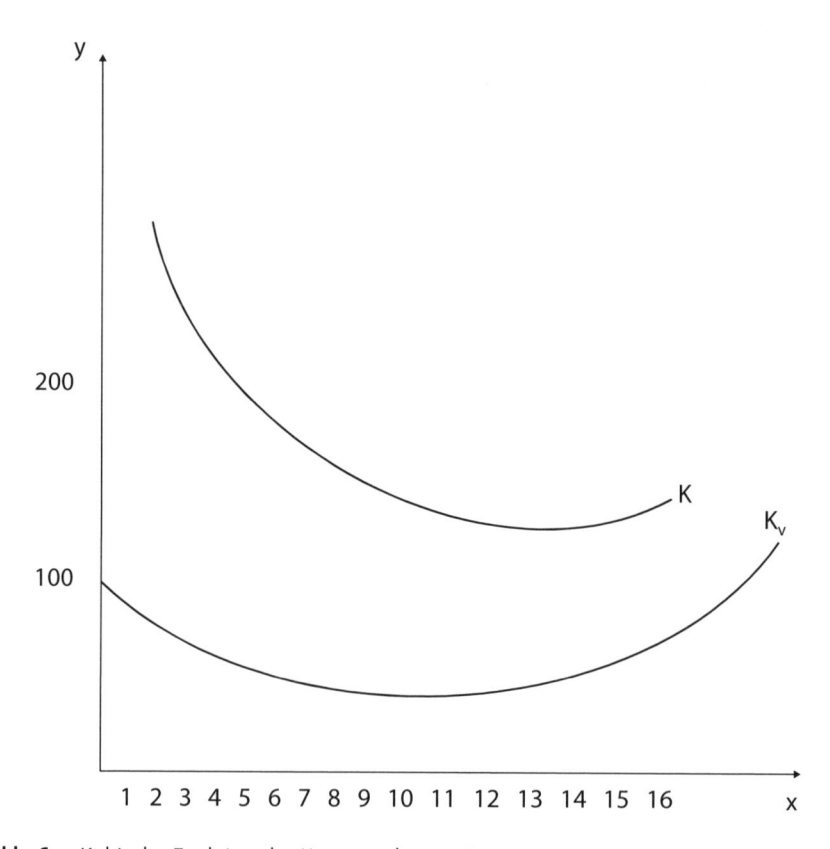

Abb. 60: Kubische Funktion der Kostenrechnung II

6.4.2 Beispiele der Kostenrechnung

Ähnlich zur quadratischen Kostenfunktion betrachten wir nun einen Monopolisten, der den Preis (p) in Abhängigkeit von der Nachfrage (x) betrachtet.

$p(x) = 357 - 14x$

Die variablen Kosten der gleichen Zeit betragen

$K_v = x^3 - 15x^2 + 96x$

Zusätzlich entstehen Fixkosten von 756,- €.

a) Gesucht werden die aus der Preisabsatzfunktion abgeleitete Erlösfunktion sowie die Gesamtkostenfunktion.
b) Gesucht werden auch die Gewinngrenzen und das Gewinnmaximum.

Lösung zu Teilaufgabe a)
Durch Multiplikation der Preisabsatzfunktion mit der Menge entsteht die Erlösfunktion:

$p(x) \cdot x = E(x) = (357 - 14x) \cdot x = 357x - 14x^2$

Die Gesamtkostenfunktion berücksichtigt die variable Kostenfunktion und addiert dazu die Fixkosten.

$K(x) = K_v + K_f = x^3 - 15x^2 + 96x + 765$

Lösung zu Teilaufgabe b)
Zur Ermittlung der Gewinngrenzen und des Gewinnmaximums wird zunächst die Gewinnfunktion (G) ermittelt. Diese entsteht durch Subtraktion der Kosten- von der Erlösfunktion:

$E(x) = 357x - 14x^2$ und $K(x) = x^3 - 15x^2 + 96x + 765$

$G(x) = E(x) - K(x) = 357x - 14x^2 - x^3 + 15x^2 - 96x - 765$

Aufgelöst ergibt sich:

$G(x) = -x^3 + x^2 + 261x - 765$

Um die Gewinngrenze und damit auch das Maximum zu berechnen, berechnen wir die Nullstellen der Gewinnfunktion G(x):

$G(x) = 0 = -x^3 + x^2 + 261x - 765$

Durch Ausprobieren erhält man zunächst $x_1 = 3$.

Die Polynomdivision mit dem Term x-3 ergibt dann die quadratische Gleichung:

$$(-x^3 + x^2 + 261x - 765) : (x - 3) = -x^2 - 2x + 255$$
$$\underline{-(-x^3 + 3x^2)}$$
$$(-2x^2 + 261x)$$
$$\underline{-(-2x^2 + 6x)}$$
$$(255x - 765)$$
$$\underline{-(255x - 765)}$$
$$0$$

Die quadratische Gleichung ergibt dann die beiden verbleibenden Nullstellen.

Aus $0 = ax^2 + bx + c = -x^2 - 2x + 255$ entsteht zunächst durch Multiplikation mit -1

$0 = x^2 + 2x - 255$ und im Anschluss

$x_{2,3} = \dfrac{-b \pm \sqrt{b^2 - 4ac}}{2a} = \dfrac{-2 \pm \sqrt{-2^2 + 4 \cdot 1 \cdot 255}}{2 \cdot 1}$

$x_2 = \dfrac{-2 + \sqrt{-2^2 + 4 \cdot 1 \cdot 255}}{2 \cdot 1} = 15 \quad x_3 = \dfrac{-2 - \sqrt{-2^2 + 4 \cdot 1 \cdot 255}}{2 \cdot 1} = -17$

Da keine negativen Mengen Berücksichtigung finden, entstehen die beiden Nullstellen bei $x_1 = 3$ und $x_2 = 15$, $x_3 = -17$ scheidet also bei dieser Nullstellenbestimmung aus. Anhand der schematischen Darstellung in Abbildung 61 lässt sich zeigen, dass damit zugleich die Gewinnschwelle und die Gewinngrenze bestimmt werden können.

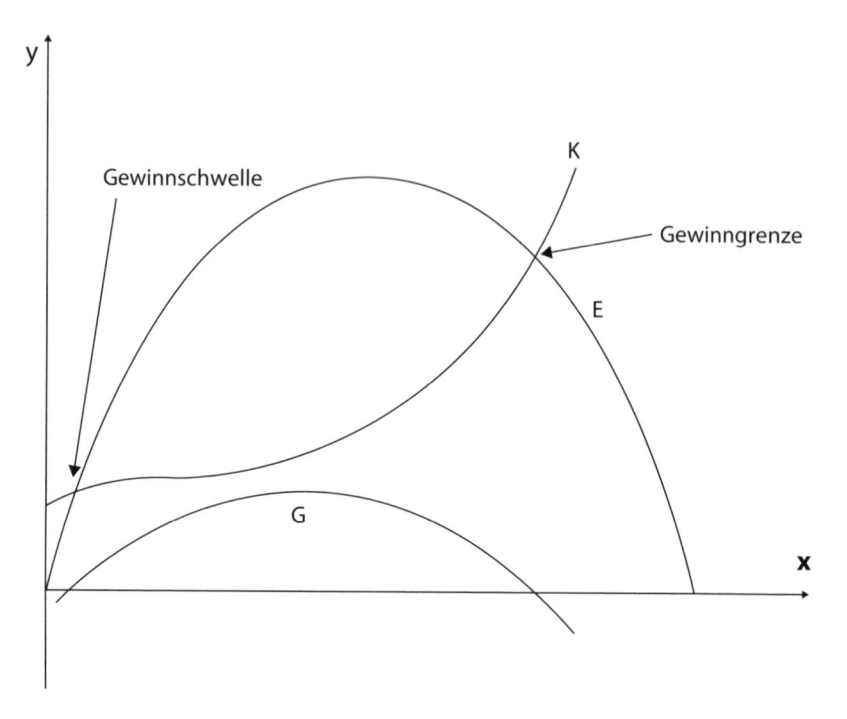

Abb. 61: Kubische Funktion der Kostenrechnung III

Die Gewinngrenzen(-schwellen) zeigen also die beiden Nullstellen. Das Gewinnmaximum liegt bei ungefähr $x = 10$, was auch anhand der Gewinngrenzfunktion errechnet werden kann.

Aus $G(x) = -x^3 + x^2 + 261x - 765$ wird
$G'(x) = -3x^2 + 2x + 261$
Die Division durch -3 erzeugt die normierte quadratische Gleichung
$$0 = x^2 - \frac{2}{3}x - 87$$
Daraus entstehen

$$x_4 = \frac{\frac{2}{3} + \sqrt{\left(\frac{2}{3}\right)^2 + 4 \cdot 1 \cdot 87}}{2 \cdot 1} \approx 9{,}67 \quad x_5 = \frac{\frac{2}{3} - \sqrt{\left(\frac{2}{3}\right)^2 + 4 \cdot 1 \cdot 87}}{2 \cdot 1} = -9$$

Negative Stückzahlen (hier $x_5 = -9$) entstehen natürlich nicht, sind also wirtschaftlich hier nicht relevant. Ob $x_4 = 9{,}67$ Stück (die Menge ist also nicht nur ganzzahlig möglich) auch wirklich mit einem relativen Maximum zusammenfällt, ergibt sich dann aus der 2. Ableitung.

Aus $G'(x) = -3x^2 + 2x + 261$ entsteht $G''(x) = -6x + 2$

Den Wert $x_4 = 9{,}67$ dort eingesetzt ergibt also $-6 \cdot 9{,}67 + 2 = -56{,}02 < 0$

Es liegt deshalb hier ein relatives Maximum vor. Der Gewinn bei dieser Ausbringungsmenge ergibt sich dann in Höhe von (▶ Aufgabe 31 und 32).

$G(x) = -9{,}67^3 + 9{,}67^2 + 261 \cdot 9{,}67 - 765 = 948{,}15$ €

6.5 Verschiebung und Drehung von Funktionen der Kostenrechnung

6.5.1 Grundlagen

In ökonomischen Zusammenhängen kommt es immer wieder vor, dass sich mathematisch funktional bestimmte Beziehungen ändern, dass also etwa fixe oder variable Kosten höher oder geringer ausfallen.

Nehmen wir folgende Kostenfunktion an:

$K = 20 + 4x$

Die variablen Kosten betragen bei diesem Funktionszusammenhang 4 € und die fixen Kosten 20 €.

Die (parallele) Verschiebung dieser Funktion bedeutet eine Erhöhung/Reduktion der Fixkosten.

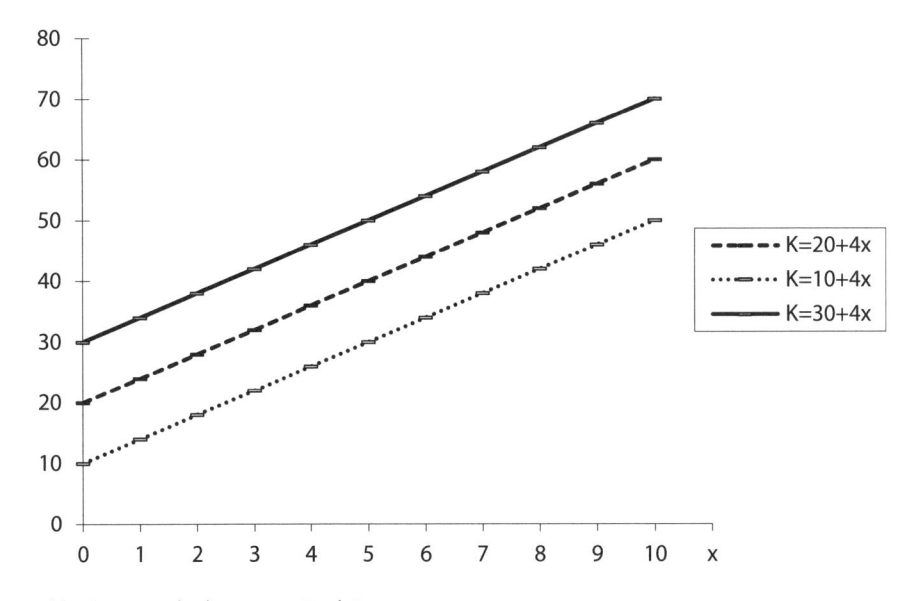

Abb. 62: Verschiebung von Funktionen

6 Spezielle Instrumente der Kostenrechnung

Wie Abbildung 62 zeigt, bewirkt die Erhöhung der Fixkosten von 20 auf 30 Einheiten eine Parallelverschiebung nach oben, während eine Fixkostenreduktion von 20 auf 10 Einheiten eine Parallelverschiebung nach unten bedeutet.

Neben einer Verschiebung kann natürlich auch eine Drehung der Funktion erfolgen. Dies geschieht dann, wenn sich die variablen Kosten verändern. Wie im weiteren Verlauf im Bereich der Differentialrechnung noch zu zeigen sein wird, bedeutet diese Drehung eine Veränderung der Steigung einer (linearen) Funktion.

In Abbildung 63 bewirkt ein Anstieg der variablen Kosten von 4 auf 6 € einen Anstieg des Steigungsmaßes und somit eine Drehung nach links oben, während eine Verringerung der variablen Kosten von 4 auf 2 € die lineare Funktion flacher verlaufen lässt, was eine Drehung nach rechts unten bedeutet.

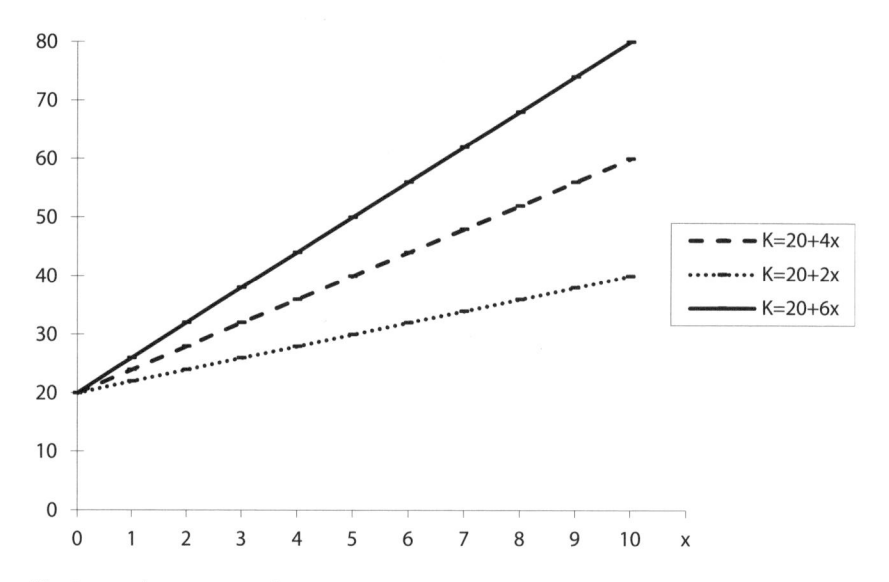

Abb. 63: Drehung von Funktionen

Viele ökonomische Fragestellungen beziehen sich auch auf Funktionsverschiebungen, die durch Mengen- und/oder Preisänderungen entstehen. Abbildung 64 zeigt die Linksverschiebung einer Güterangebotskurve (A), was eine Mengenverknappung und gleichzeitige Preiserhöhung zur Folge hat. Natürlich nur dann, wenn die Güternachfragekurve (N) konstant bleibt.

6.5 Verschiebung und Drehung von Funktionen der Kostenrechnung

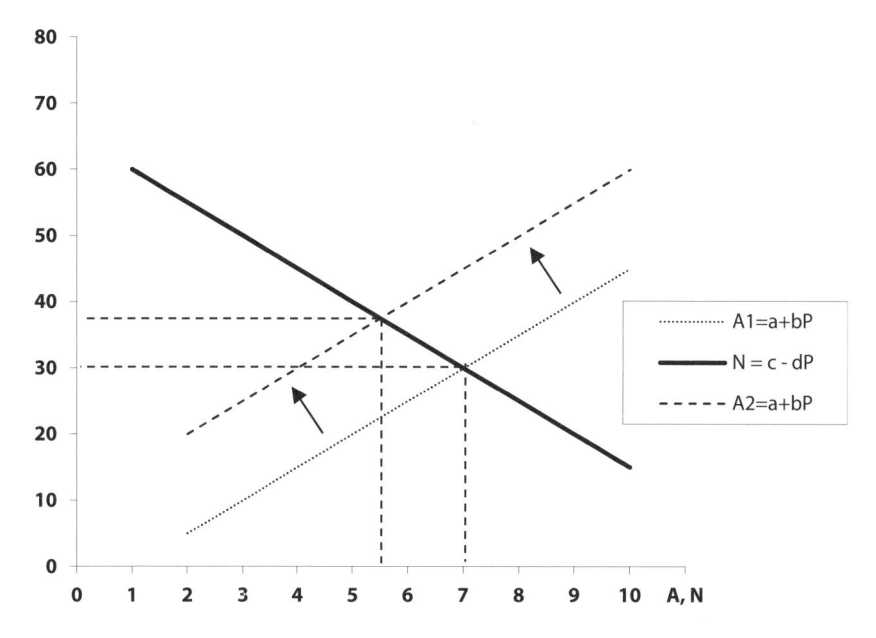

Abb. 64: Angebots- und Nachfragefunktionen

Natürlich werden auch nichtlineare Funktionen durch Parallelverschiebungen bzw. Drehungen betroffen, dies ist beispielhaft für Wurzelfunktionen in Abbildung 65 dargestellt.[18]

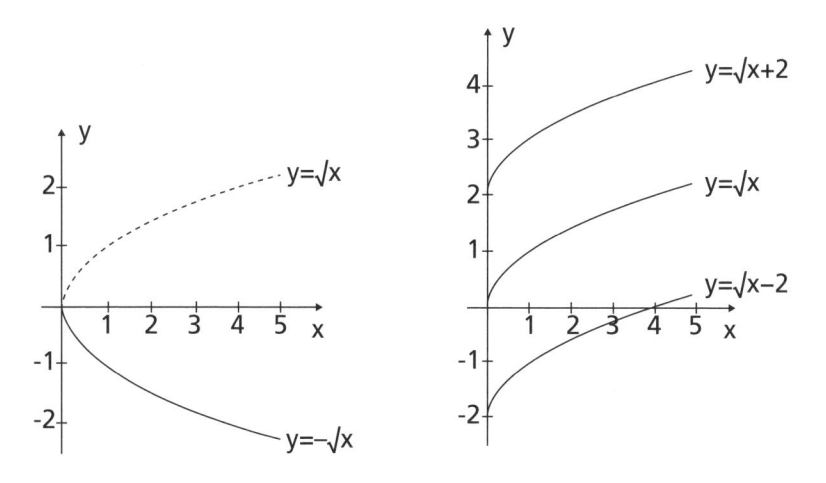

Abb. 65: Verschiebung und Drehung von nichtlinearen Funktionen

---

18 Vgl. hierzu auch Sydsaeter K./Hammond P./Strom A., 2013, S. 165 ff.

6.5.2 Beispiele der Kostenrechnung

Mit dem ersten Beispiel sollen die Beziehungen zwischen der (betriebswirtschaftlichen) Kostenrechnung und Mikroökonomie aufgezeigt werden.[19] Dieses Beispiel wurde bewusst so gewählt, da es auch die Gemeinsamkeiten zwischen Großunternehmen und KMU verdeutlichen kann. Beschrieben wird dabei der optimale Produktionsplan eines Anbieters, der seinen Preis so festsetzen kann, dass der Gewinn maximiert wird.[20] Dies führt graphisch zur **Drehung** einer Funktion, hier der Preisabsatzfunktion des Anbieters. Diese hat folgenden Aufbau, aus der sich zunächst die Erlös- und anschließend die Grenzerlösfunktion ableiten lassen.

$p(x) = 10 - 0{,}5x \qquad E(x) = 10x - 0{,}5x^2 \qquad E'(x) = 10 - x$

Diese lineare Preisabsatzfunktion mit den entsprechenden Konstanten, hier 10 und 0,5, wird in der VWL auch Amoroso-Robinson-Relation (▶ Abb. 66) genannt. Sie zeigt üblicherweise eine negativ verlaufende Preisabsatzfunktion. Der Abszissenabschnitt gibt auch die Sättigungsmenge – im Beispiel x = 20 – an, weil selbst bei einem Preis von null nicht mehr als diese Menge nachgefragt wird. Aus dieser Preisabsatzfunktion folgt die Grenzerlösfunktion.

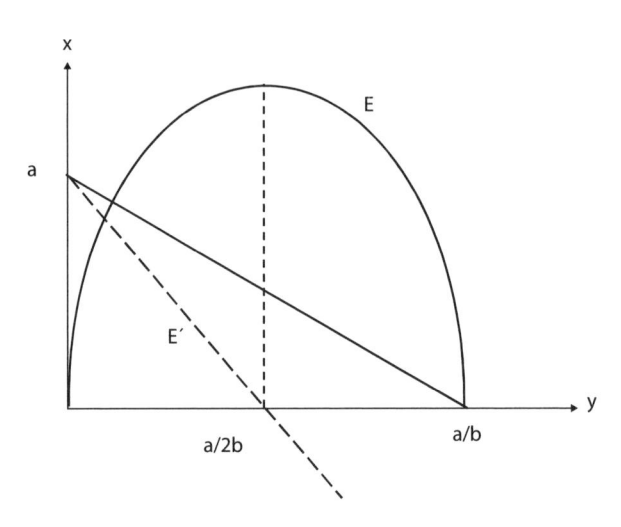

Abb. 66: Amoroso-Robinson-Funktion

---

19 Vgl. hierzu z. B. Schumann J., Grundzüge der mikroökonomischen Theorie, Berlin/Heidelberg/New York/Tokyo, 1984, S. 233 ff.
20 Häufig wird es sehr direkt auch als monopolistische Preisdifferenzierung betrachtet.

6.5 Verschiebung und Drehung von Funktionen der Kostenrechnung

Zur Veranschaulichung einer (einfachen) Verschiebung soll die Produktionsfunktion eines Unternehmens dienen, die die Abhängigkeit der produzierten Menge (Y) vom Kapital (K) und den Löhnen (L) beschreibt.

$$Y(K,L) = 3\sqrt{K} \cdot \sqrt{L}$$

Dem Unternehmen liegen für die ersten 3 Perioden bereits die in Tabelle 70 zusammengefassten Informationen vor.

Tab. 70: Degressiver Verlauf einer Produktionsfunktion

Periode 1	K = 100	L = 1.000	Y = 948,70
Periode 2	K = 100	L = 2.000	Y = 1.341,60
Periode 3	K = 100	L = 3.000	Y = 1.643,20

Bei genauerer Betrachtung erkennt man einen degressiven Verlauf der Produktionsfunktion, da mit stark steigenden Löhnen bei konstantem Kapital (z. B. der maschinellen Ausstattung) die produzierte Menge zwar steigt, aber unterproportional.

Würden sich nun z. B. die Kapitalkosten infolge steigender Zinsen erhöhen, hätte dies keine positive Auswirkung auf die Ausbringungsmenge, sondern lediglich eine Verschiebung der Produktionsfunktion zur Folge. Diese Unterscheidung wird in Abbildung 67 schematisch dargestellt.

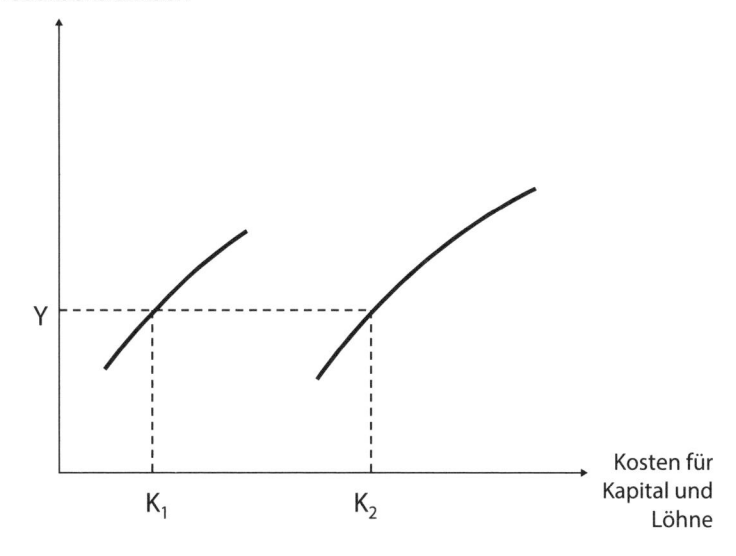

Abb. 67: Verschiebung von nichtlinearen Funktionen

Eine erste Produktionsfunktion bringt folglich Y-Einheiten und kostet das Unternehmen K_1. Steigen die Kosten nun von K_1 auf K_2, führt es zu einer Rechtsverschiebung der Produktionsfunktion. Die Ausbringungsmenge bleibt also bei Y-Einheiten (▶ Aufgabe 33 und 34).

6.6 Integralrechnung von Funktionen der Kostenrechnung

6.6.1 Grundlagen

Im Rahmen der Kurvendiskussion wurde auch die Differentialrechnung und ihre Relevanz für die Kostenrechnung beschrieben. Nun erfolgt mit der Integralrechnung ($\int$) algebraisch die Umkehrung der Differentialrechnung. Auch sie ist ein wichtiger Bestandteil der Kostenrechnung, um z. B. Preis- oder Mengenänderungen besser beschreiben bzw. berechnen zu können. Erfährt man z. B. nicht die originäre Funktion y(x), sondern deren erste Ableitung y´ = 1, so lässt sich daraus die Funktion y(x) herleiten. Diese wäre dann y = x . An dieser Stelle soll zunächst vernachlässigt werden, dass auch eine nicht bekannte Konstante (c) die originäre Funktion beinhalten könnte. Diese Funktion hätte z. B. auch y = x + 5 mit der Konstante 5 lauten können.

In den vorangegangenen Kapiteln wurden ebenso lineare, quadratische oder kubische Funktionen angesprochen und deren Funktionsgraphen gezeigt. Dies ist natürlich auch für die Integralrechnung möglich. Immer beschreibt die Integralrechnung die Fläche unterhalb einer Funktion, oder genauer, eines Funktionsbereichs. So z. B. die Fläche einer linearen Funktion, die später besonders bei den so genannten Konsumenten- und Produzentenrechnungen graphisch und mathematisch ermittelt werden.

6.6 Integralrechnung von Funktionen der Kostenrechnung

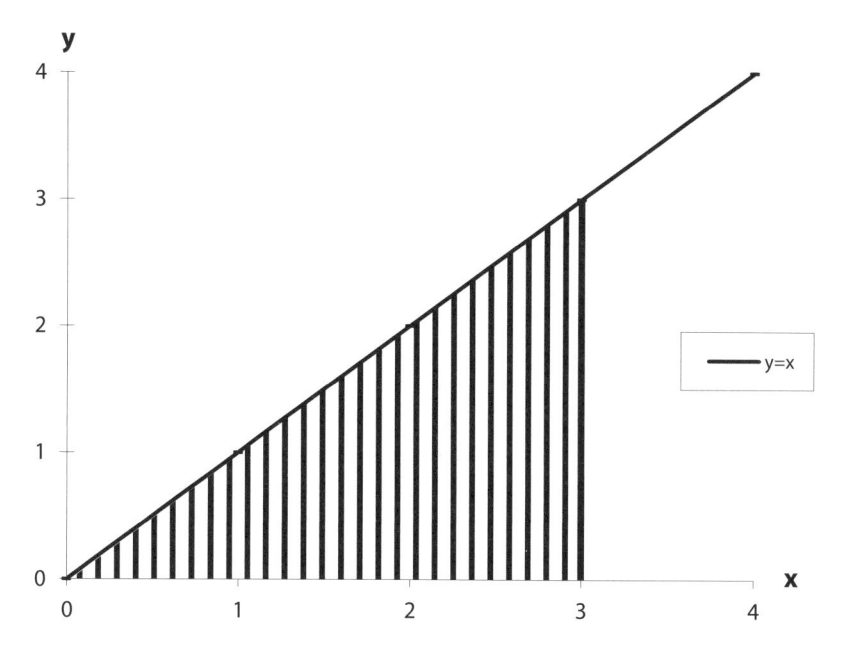

Abb. 68: Das Integral einer Fläche

Die in Abbildung 68 dargestellte Funktion y = x hätte dann das Integral

$$y = \int_0^3 \frac{1}{2} x^2$$

und umfasst den schraffierten Bereich von der Ausbringungsmenge x = 0 bis x = 3. Wären z. B. die Variablen x und y die Meter eines Büros, so würden sich bei jeweils 3 Meter insgesamt 3 × 3 = 9 Quadratmeter ergeben, was dem oben nicht eingezeichneten Rechteck entsprechen würde. Wie im Rahmen einer bestimmten Integralrechnung zu zeigen sein wird, wäre die schraffierte Fläche somit die Hälfte dieses Rechtecks und würde 4,5 Quadratmeter beinhalten. In Kapitel 6.6.2 werden solche Integrale dann genau berechnet.

Später werden Beispiele der Kostenrechnung gezeigt. So können z. B. Gewinne eines Unternehmers berechnet werden, indem von der Erlösfläche die Kostenfläche abgezogen wird. Auch die Produzenten- bzw. Konsumentenrenten können in diese Überlegungen einbezogen werden.

6.6.2 Bestimmte und unbestimmte Integrale

Nach der allgemeinen mathematischen und graphischen Einführung im Vorkapitel werden wir uns im Folgenden genauer mit der Integralberechnung beschäftigen.

6 Spezielle Instrumente der Kostenrechnung

Beim **bestimmten Integral** wird die Fläche unter dem Funktionsgraphen in einem Intervall festgelegt und berechnet. Oben wurde bereits ein Büro mit dem Quadrat 3 × 3 Meter beschrieben, durch dessen Diagonale die Funktion y = x verläuft. Der schraffierte Bereich entsprach damit 4,5 Quadratmeter, was nun mit Hilfe des bestimmten Integrals berechnet werden soll.

Allgemein gilt: F(b) = 3 (Meter) F(a) = 0 (Meter)
Die Gesamtfläche und somit die Stammfunktion lautet somit: F = F(b) − F(a).
Die Fläche unter dem Funktionsgraphen im Intervall (3;0) ist die Differenz der Stammfunktionen:

$$F = F(3) - F(0) = \int_0^3 \frac{1}{2}x^2 = \frac{1}{2}3^2 - \frac{1}{2}0^2 = \frac{1}{2} \cdot 9 - 0 = 4,5$$

Der Integralrechnung kommt in der Ökonomie ein hoher Stellenwert zu, bevor in Kapitel 6.6.3 ein Beispiel aus der Kostenrechnung präsentiert wird, soll an einem allgemeinen Beispiel nochmals die konkrete rechnerische Anwendung verdeutlicht werden: Ein neugegründetes mittelständisches Unternehmen würde für seinen Firmensitz ein Gelände mit einem Bachlauf erwerben.

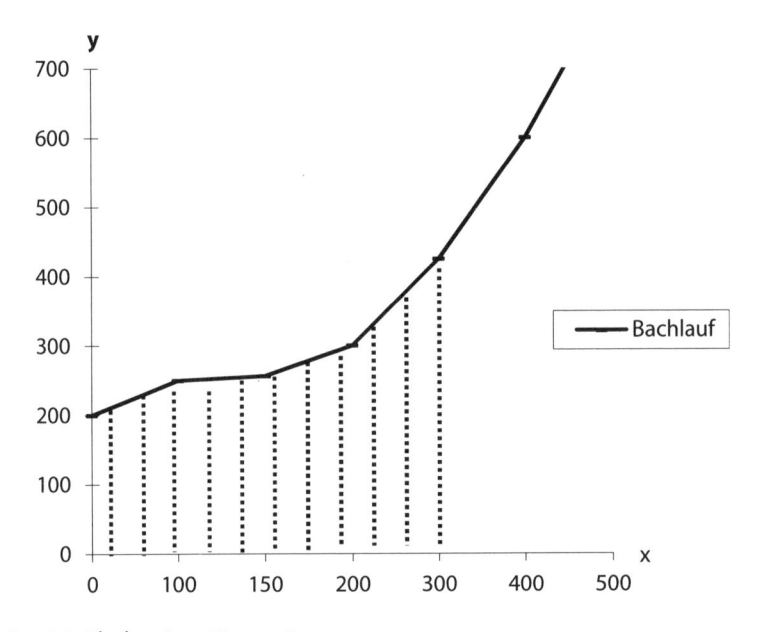

Abb. 69: Die Fläche eines Firmensitzes

In Abbildung 69 werden die Flächenmaße des Grundstücks in Abhängigkeit von Bachverlauf graphisch dargestellt. Die schraffierte Fläche unterhalb dieses Baches möchte das Unternehmen für den Bau seiner Immobilie

6.6 Integralrechnung von Funktionen der Kostenrechnung

kaufen und bittet einen Landvermessungstechniker um die Abschätzung der Quadratmeter.

Dieser ermittelt eine Funktion, die den Bachlauf unter Berücksichtigung der beiden Feldwege (x und y) zumindest ungefähr abbildet.

$$f(x) = \frac{1}{200}x^2 + 100$$

Daraus leitet sich die Stammfunktion ab

$$F(x) = \frac{1}{600}x^3 + 100x$$

Die obere Grenze ist b = 300, die untere a = 0. Da nun F = F(b) – F(a) zu berechnen ist, ergibt sich schließlich:

$$F(x) = \int_0^{300} \left(\frac{1}{200}x^2 + 100\right) dx = \frac{1}{600}x^3 + 100x \Big|_0^{300}$$

Daraus ergeben sich

$$F(x) = \frac{1}{600} \cdot 300^3 + 100 \cdot 300 - \left[\frac{1}{600} \cdot 0 + 100 \cdot 0\right] = 75.000$$

also 75.000 Quadratmeter.

Das **unbestimmte Integral** stellt die Umkehrung der Differentialrechnung dar, wird aber sehr allgemein gehalten. Daher auch der Name »unbestimmt«.

Aus der 1. Ableitung einer sehr einfachen Funktion ergibt sich dann die so genannte Stammfunktion und somit das unbestimmte Integral:

Funktion f(x): y = x

Menge der Stammfunktionen F(x): $y = \frac{1}{2}x^2 + c$

Die Konstante c kann also verschiedene Werte enthalten. Deshalb ist dieses Integral noch unbestimmt und bezeichnet lediglich allgemein die Konstante. Nun folgen konkretere Beispiele der Kostenrechnung.

6.6.3 Beispiele der Kostenrechnung

In einem ersten Beispiel hat ein mittelständisches Unternehmen das Änderungsverhalten der Produktionskosten für ein neu zu erstellendes Produkt analysiert und verschiedene Funktionen bereits vorliegen.

Grenzerlösfunktion: $E'(x) = -18x + 132$

Grenzkostenfunktion: $K'(x) = 3x^2 - 24x + 60$

Bekannt ist auch, dass die Gesamtkosten K(x) bei x = 10 produzierter Menge 500,- € betragen. Nun möchte das Unternehmen den Gewinn oder Verlust bei einer Produktionsmenge von x = 10 berechnen.

Es handelt sich also um ein unbestimmtes Integral, da für die Kostenfunktion zunächst die Integrationskonstante c berechnet werden muss.

$$K(x) = \int (3x^2 - 24x + 60) dx = x^3 - 12x^2 + 60x + c$$

Nun berechnet das Unternehmen aufgrund der Gesamtkosten von 500,- € bei x = 10 Einheiten die Integrationskonstante c und somit die Fixkosten!

6 Spezielle Instrumente der Kostenrechnung

$K(x) = x^3 - 12x^2 + 60x + c \Rightarrow K(x) = 10^3 - 12 \cdot 10^2 + 60 \cdot 10 + c = 500 \Rightarrow c = 100$

Die Erlösfunktion hat bekanntlich keine Konstante, da ohne Verkauf auch kein Erlös (Umsatz) erzielt wird. Deshalb ist der Erlös etwas einfacher zu bestimmen.

$E(x) = \int(-18x + 132)dx = -9x^2 + 132x$

Bei x = 10 erzielt das Unternehmen Umsatzerlöse von 420,- €.

$E(x) = -9x^2 + 132x = -9 \cdot 10^2 + 132 \cdot 10 = 420$

Bei x = 10 erleidet das Unternehmen folglich einen Verlust in Höhe von 80,- €, denn

$G(x) = E(x) - K(x) = 420 - 500 = -80$ (▶ Aufgabe 35)

Im zweiten Beispiel der Kostenrechnung werden nun Konsumenten- und Produzentenrente beschrieben. Bekanntlich werden Preise eines Gutes auch durch Angebot und Nachfrage bestimmt. Für ein Unternehmen gelten eine Angebots- und Nachfragefunktionen, die in Abbildung 70 dargestellt sind:[21]

$p = -x + 50$ (= Nachfragefunktion) $p = x$ (= Angebotsfunktion)

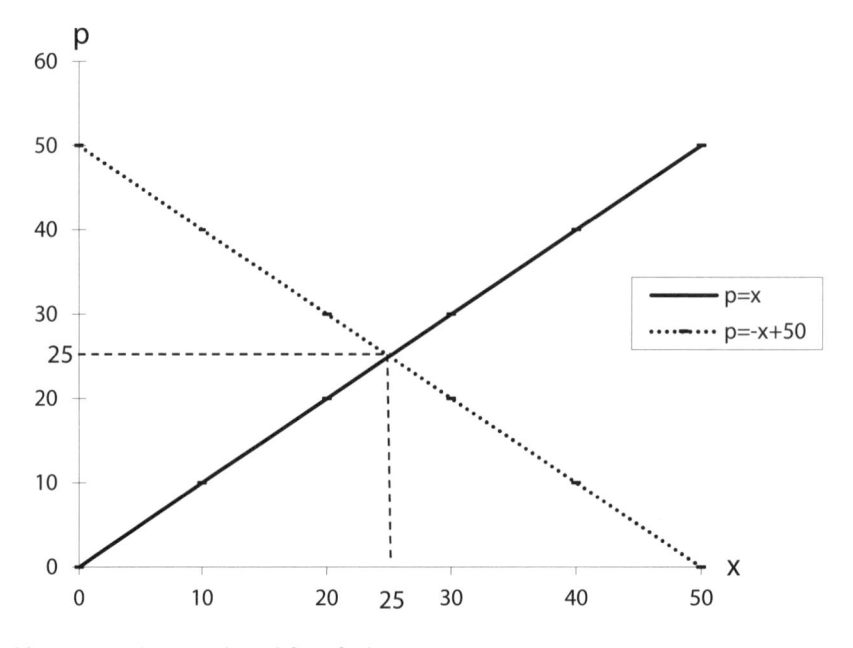

Abb. 70: Angebots- und Nachfragefunktion

---

21 Vgl. hier auch Stiefl J., Wirtschaftsmathematik – Verstehen und anwenden, Weinheim 2016, S. 205 ff.

6.6 Integralrechnung von Funktionen der Kostenrechnung

Beide Funktionen schneiden sich bei einer Menge x = 25 und einem Stückpreis p = 25 €. Verschiedene Nachfrager wären sogar bereit, mehr als 25 € zu zahlen. Würde ein Nachfrager bspw. 40,- € zahlen – er befindet sich also oberhalb des Gleichgewichtspreises – so hätte er eine **Konsumentenrente** in Höhe der Differenz, also 15,- € abgeschöpft. Umgekehrt verhält es sich bei diversen Anbietern. Wäre also ein Anbieter bereit, sogar zum Preis von 8,- € sein Produkt zu verkaufen, hätte er eine **Produzentenrente** von 17,- € erzielt.

Diese Rentenkonzepte aus der Wohlfahrtsökonomik können auch in der Kosten- und Leistungsrechnung angewandt werden und lassen sich mit Hilfe der Integralrechnung exakt berechnen. In Abbildung 71 wird die Konsumentenrente graphisch dargestellt.

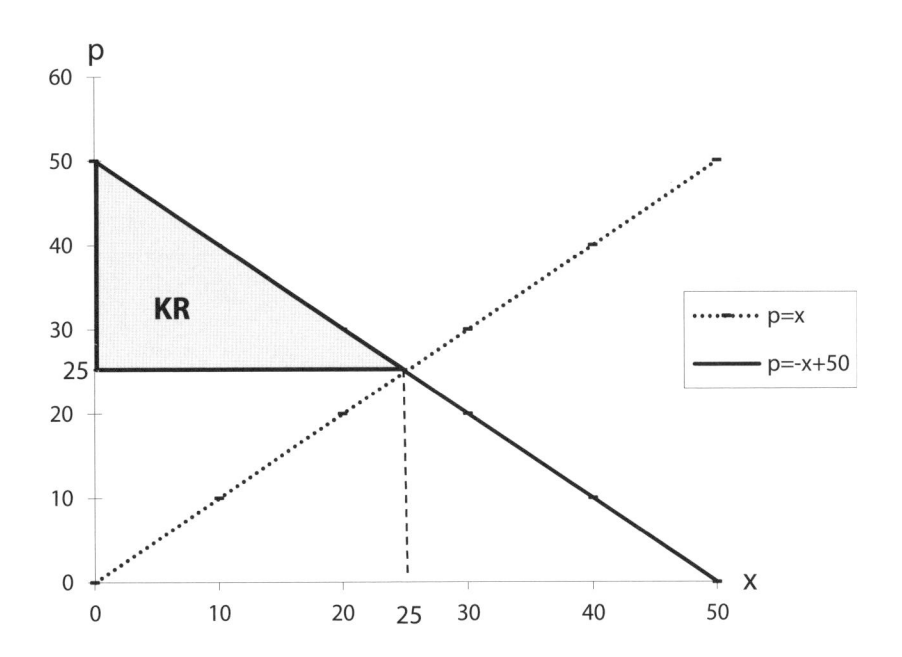

Abb. 71: Die Konsumentenrente

Die Konsumentenrente (KR) beschreibt graphisch die Fläche der Nachfragefunktion bis zur Gleichgewichtsmenge x = 25 abzüglich der Gesamtausgaben, die sich aus dem Rechteck bestehend aus Preis x Menge zusammensetzt. Mathematisch ausgedrückt:

$KR = \int (-x + 100) dx - p \cdot x$

Dies ergibt:

$$KR = \int_0^{25}\left(-\frac{1}{2}x^2 + 100x\right) - p \cdot x = -\frac{1}{2} \cdot 25^2 + 100 \cdot 25 - 25 \cdot 25 \Big|_0^{25}$$

$KR = 2.187{,}5 - 625 = 1.562{,}50$ €

6 Spezielle Instrumente der Kostenrechnung

Die Konsumentenrente beläuft sich also auf insgesamt 1.562,50 €.

Die Ermittlung der Produzentenrente verläuft nach einem ähnlichen Schema. Von den Erlösen werden die Kosten abgezogen.

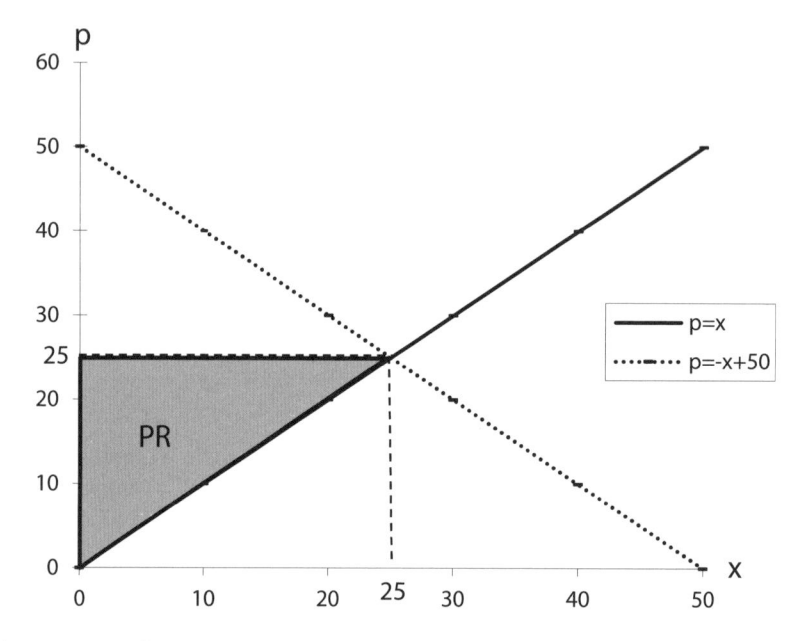

Abb. 72: Die Produzentenrente

$PR = p \cdot x - x \cdot dx$
Dies ergibt

$$PR = p \cdot x - \int_0^{25} \frac{1}{2}x^2 = 25 \cdot 25 - \frac{1}{2} \cdot 25^2 \Big|_0^{25}$$

$PR = 625 - 312{,}50 = 312{,}50$ €

Die Produzentenrente beläuft sich also auf insgesamt 312,50 €.

Daneben kann die Integralrechnung auch für die Break-Even-Analyse eingesetzt werden. Schließlich können anhand der Integralrechnung die Flächen, und damit die Erlöse und Kosten der Erlös- und Kostenfunktion und damit des Gewinnes/des Verlustes berechnet werden (▶ Aufgabe 36).

6.7 Elastizitäten von Funktionen der Kostenrechnung

6.7.1 Grundlagen

Auf der Grundlage von Differenzen- und Differentialquotienten lassen sich viele wichtige ökonomische Kennzahlen ermitteln, dazu zählen auch die

6.7 Elastizitäten von Funktionen der Kostenrechnung

Elastizitäten. Diese Größen sind für den Bereich der Kostenrechnung besonders relevant. Eine Elastizität beschreibt zunächst ganz allgemein die ökonomische Beziehung zweier Größen und gibt die relative Veränderung der abhängigen Größe (y) an, die durch eine relative Veränderung der unabhängigen Größe (x) hervorgerufen wird. Im Zähler der Elastizitätsformel steht immer die relative Änderung der abhängigen Variable, im Nenner dienenige der unabhängigen Variable, also gilt für die Elastizität η [22]:

$$\eta = \frac{\text{relative Änderung der abhängigen Variable}}{\text{relative Änderung der unabhängigen Variable}}$$

Mathematisch beschreibt die Elastizität somit Differentialquotienten:

$$\eta = \frac{\frac{\Delta y}{y}}{\frac{\Delta x}{x}} = \frac{\Delta y}{y} : \frac{\Delta x}{x} = \frac{\Delta y}{y} \cdot \frac{x}{\Delta x} = \frac{\Delta y}{\Delta x} \cdot \frac{x}{y}$$

Die Elastizität misst damit das Ausmaß der Reagibilität einer Funktion bezüglich einer Änderung des x- oder Abszissenwerts. In Tabelle 71 sind die unterschiedlichen wertmäßigen Ausprägungen der Elastizitätsgröße zusammengefasst, wobei die ersten beiden Fälle für diesen Koeffizienten am häufigsten vorkommen.

Tab. 71: Ökonomische Elastizitäten

$\eta < 1$	y ist unelastisch bezüglich x (die relative Veränderung der abhängigen Variablen y ist kleiner als die relative Veränderung der unabhängigen Variablen x)
$\eta > 1$	y ist elastisch bezüglich x (die relative Veränderung der abhängigen Variablen y ist größer als die relative Veränderung der unabhängigen Variablen x)
$\eta = 1$	y und x verändern sich proportional zueinander
$\eta = 0$	y ist bezüglich x vollkommen unelastisch (bei Veränderung von x reagiert y überhaupt nicht)
$\eta = \infty$	y ist bezüglich x vollkommen elastisch (bei Veränderung von x reagiert y über alle Grenzen)

In Abbildung 73 sind zugehörigen Kurvenverläufe nochmals systematisch dargestellt.

---

[22] Das griechische Eta (η) als Bezeichnung für Elastizitäten ist nicht einheitlich, in manchen Lehrbüchern werden andere griechische Buchstaben verwendet, gelegentlich wird zwischen angebots- oder nachfrageorientierten Elastizitäten differenziert.

6 Spezielle Instrumente der Kostenrechnung

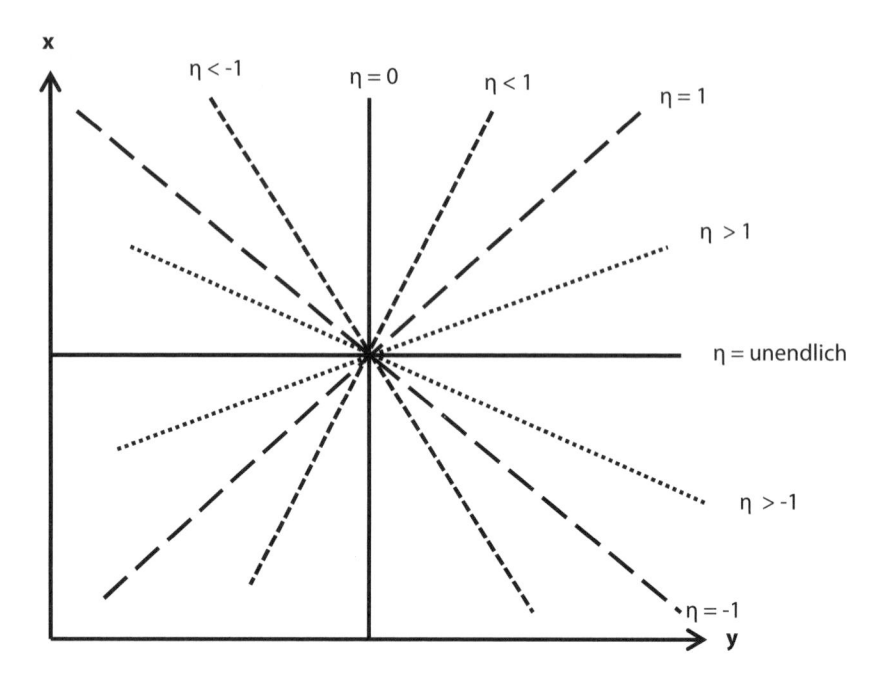

Abb. 73: Mögliche Elastizitäten

Im Bereich der Ökonomie bzw. der Kostenrechnung wird hauptsächlich mit den folgenden Elastizitätsgrößen gearbeitet:

- **Preiselastizität des Angebots**: Wie verändert sich das (Produkt-)Angebotsverhalten, wenn sich der Preis um eine sehr kleine (infinitesimale) Einheit verändert?
- **Preiselastizität der Nachfrage**: Wie verändert sich das Nachfrageverhalten, wenn sich der Preis um eine sehr kleine (infinitesimale) Einheit verändert?
- **Einkommenselastizität des Konsums (ε)**: Wie verändert sich der Konsum, wenn sich das Einkommen verändert?

Auch hier soll ein Beispiel die Anwendung verdeutlichen: Der Geschäftsführer des Unternehmens »Egal« interessiert sich für die Auswirkung einer marginalen Veränderung des Einkommens (Y) auf die Konsumgewohnheiten (C) der Konsumenten. Der Konsum sei abhängig von dem verfügbaren Einkommen in der Funktion:

$$C = 200 + 0{,}8Y$$

Wie lautet die Einkommenselastizität des Konsums, also die Elastizität von C bezüglich Y:

a) In allgemeiner Form?
b) Konkret für $Y = 1.000$ €?
c) Welche Wirkung hat eine Einkommenserhöhung von 1% auf die Konsumgewohnheiten der Konsumenten, wenn diese zunächst über ein Einkommen von $Y = 1.000$ € verfügen?

Lösung zu Teilaufgabe a)

$$\text{Einkommenselastizität:} \; \varepsilon = \frac{\frac{\Delta C}{C}}{\frac{\Delta Y}{Y}} = \frac{\Delta C}{c} : \frac{\Delta Y}{Y} = \frac{\Delta C}{C} \cdot \frac{Y}{\Delta Y} = \frac{\Delta C}{\Delta Y} \cdot \frac{Y}{C} = \frac{dC}{dY} \cdot \frac{Y}{C}$$

$$\varepsilon(C, Y) = \frac{\Delta C}{\Delta Y} \cdot \frac{Y}{C} = 0{,}8 \cdot \frac{Y}{200 + 0{,}8Y}$$

Man erkennt also sehr leicht, dass sich die Funktion sehr unterschiedlich darstellen lässt.

Lösung zu Teilaufgabe b)

$$\varepsilon = \frac{\Delta C}{\Delta Y} \cdot \frac{Y}{C} = 0{,}8 \cdot \frac{1000}{200 + 0{,}8 \cdot 1000} = 0{,}8$$

Lösung zu Teilaufgabe c)
Steigt das Einkommen von 1.000,- € um 1%, also um 10,- €, so erhöht sich der Konsum um 0,8, also um 8,- €. Die Einkommenselastizität des Konsums ist also relativ unelastisch, da $\varepsilon < 1$. Verändert sich das Einkommen um 1%, verändert sich der Konsum zwar in die gleiche Richtung, allerdings um lediglich 0,8% (▸ Aufgabe 37).

6.7.2 Allgemeine Kreuzpreiselastizitäten

Wurden im letzten Kapitel bereits die Schritte zur Berechnung der Elastizitäten beschrieben, sollen nun kurz die Gütermerkmale sowie deren Auswirkungen bei Preisänderungen verbal und graphisch beschrieben werden. Konkrete Beispiele folgen dann im Kapitel 6.7.4.

Zunächst werden die Gütermerkmale beschrieben, bei denen sich die **Komplementär-** und **Substitutionsgüter** elementar voneinander unterscheiden. **Komplementärgüter** verlaufen parallel zueinander, entwickeln sich also in die gleiche Richtung. Dazu zählen z. B. Löhne/Urlaub, PKW/Treibstoff oder Wechselkurse/Auslandsaufenthalte. **Substitutionsgüter** hingegen verlaufen entgegengesetzt, ersetzen d. h. substituieren sich folglich gegenseitig. Dazu zählen z. B. Bananen/Zitrusfrüchte, Margarine/Butter, oder Bahn/Bus. Aus Sicht der Bundesrepublik Deutschland zählen zu den Substitutionsgütern vielleicht aber auch Reisen nach Österreich oder in die Schweiz,

6 Spezielle Instrumente der Kostenrechnung

da der Euro bei einer Kursverschlechterung gegenüber dem Schweizer Franken dazu führt, dass deutsche Urlauber aus Kostengründen nicht in die Schweiz, sondern nach Österreich fahren.

In diesem Zusammenhang sei die sogenannte **Kreuzpreiselastizität** angesprochen, die nun zunächst als Formel und dann graphisch beschrieben wird.[23] Allgemein beschreibt die Kreuzpreiselastizität immer den Quotienten des abhängigen Gutes (x_i) zum unabhängigen Preis des Gutes j (p_j).

$$\text{Kreuzpreiselastizität: } \eta = \frac{\frac{\Delta x_i}{x_i}}{\frac{\Delta p_j}{p_j}} = \frac{x_i \%}{p_j \%}$$

Dieser Sachverhalt kann auch graphisch anhand zweier Güter, z. B. x_1 und x_2 beschrieben werden. Dabei sei $P(x_1)$ der Preis des erklärenden Gutes und x_2 das abhängige, also das zu erklärende Gut.

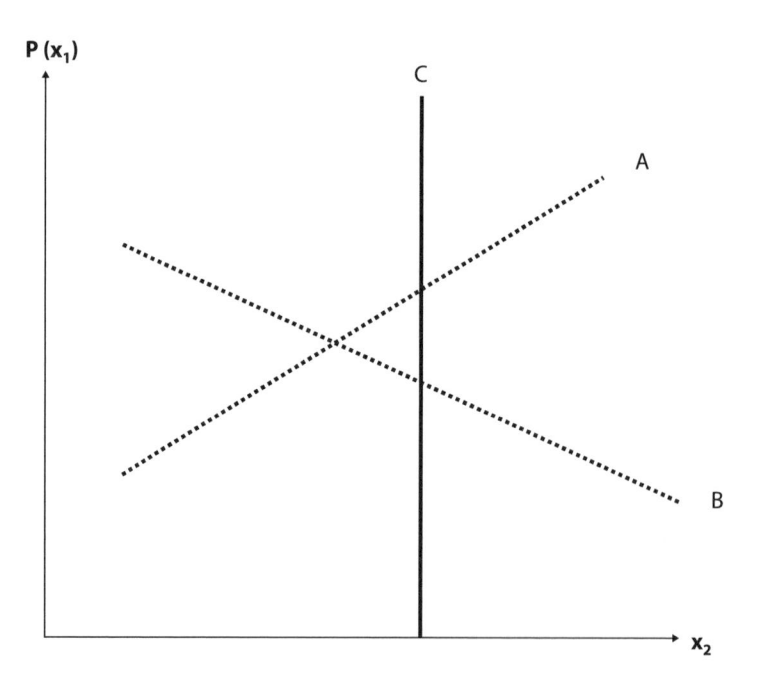

Abb. 74: Nachfragefunktionen von komplementären, substitutiven und unabhängigen Gütern

---

23 Vgl. hierzu auch Schumann J., 1984, S. 37 ff. In diesem Buch wird explizit die Kreuzpreiselastizität im Bereich der Mikro- und Makroökonomie, also der Volkswirtschaftslehre, angesprochen. Dies zeigt, dass (Kreuz-)Preiselastizitäten nicht nur in der Kostenrechnung, also der BWL große Anwendung finden.

In der obigen Abbildung verläuft die **Nachfragefunktion A** positiv. Es handelt sich also um ein **substitutives Gut**. Verringert/erhöht ein Unternehmen den Preis von x_1, verringert/erhöht sich auch die Nachfrage von x_2. Umgekehrt verläuft die **Nachfragefunktion B**, die eine negative Steigung hat. Es handelt sich um ein **komplementäres Gut**, denn Preisanstiege bei x_1 reduzieren auch die Nachfrage von x_2. In der Praxis kommt sehr selten die **Nachfragefunktion C** vor, denn weder Preisanstiege noch Preissenkungen von x_1 haben einen Einfluss auf das Gut x_2.

6.7.3 Spezielle Kreuzpreiselastizitäten

Wurde im letzten Kapitel die allgemeine Kreuzpreiselastizität angesprochen, wird dies nun noch etwas konkreter im Bereich der Marktformen erklärt. Gelegentlich wird dies auch als so genannter Triffinsche Koeffizient oder als Triffinsche Kreuzpreiselastizität beschrieben. Diese spezielle Kreuzpreiselastizität entstand hauptsächlich aus der Gegenüberstellung von Anbietern (Unternehmen) und Nachfragern (Kunden), die vorher nur sehr vage zu berechnen war.

Ausgangspunkt war das Marktformenschema, das ursprünglich folgenden klassischen Aufbau hatte.

Anbieter \ Nachfrager	einer	wenige	viele
einer	zweiseitiges Monopol	beschränktes Angebotsmonopol	Angebotsmonopol
wenige	beschränktes Nachfragemonopol	zweiseitiges Oligopol	Angebotsoligopol
viele	Nachfragemonopol	Nachfrageoligopol	polypolistische Konkurrenz

Abb. 75: Das »klassische« Marktformenschema

Dies wurde sowohl bei der Beschreibung der mikroökonomischen Preistheorie als auch der Kostentheorie und Kostenrechnung zu vage. Stattdessen wurde die spezielle oder Triffinschen Kreuzpreiselastizität herangezogen.

$$\text{Spezielle Kreuzpreiselastizität: } \eta_T = \frac{\frac{\Delta x_B}{x_B}}{\frac{\Delta p_A}{p_A}} = \frac{\Delta x_B}{x_B} : \frac{\Delta p_A}{p_A} = \frac{\Delta x_B \cdot p_A}{x_B \cdot \Delta p_A}$$

Dabei wird nicht zwischen Anbietern und Nachfragern unterschieden, sondern zwischen dem Konkurrenten A und B. Auch geht man hier (eigentlich immer) von substitutiven Gütern aus, also von Produkten, die durch Konkurrenzprodukte ersetzt werden können. Ausgangssituation ist immer eine Preisveränderung des Konkurrenten A (Δp_A), der zu unterschiedlichen Mengenänderungen des Konkurrenten B (Δx_B) führen kann.

Allgemein gilt:

p_A = aktueller Preis des Konkurrenten A
Δp_A = Preisänderung des Konkurrenten A
x_B = aktuelle Absatzmenge des Konkurrenten B
Δx_B = Mengenänderung des B

Da es sich um Substitutionsgüter handelt, bewirkt ein Preisanstieg des A eine Mengenerhöhung des B. Umgekehrt führt eine Preisreduktion des A zu einer Mengenreduktion des B. Zwei negative Vorzeichen gleichen sich also aus, so dass sich in den Beispielen immer eine positive Kreuzpreiselastizität einstellt.

Abgeleitet aus dem oben gezeigten »klassischen« Marktformenschema ergeben sich dann folgende Werte:

$\eta_T = 0$ → Die Änderung des Preises des Konkurrenten (Anbieter) A wirkt sich nicht auf die Absatzmenge des Konkurrenten B aus. Es entspricht einer **Monopolsituation** des A.

$\eta_T \to \infty$ → Je kleiner η_T, desto geringer ist die Konkurrenz. Hebt Anbieter A z. B. den Preis um 100 % an und steigt daraufhin die Absatzmenge von B »nur« um 30 % ($\eta_T = 0{,}3$), entspricht das eher einer **heterogenen Konkurrenz**. Manchmal wird es auch als **Oligopol** bezeichnet.

$0 < \eta_T < \infty$ → Je größer die Änderung des Preises des Konkurrenten (Anbieter) A, desto größer ist die daraus entstehende Absatzmengenänderung des Konkurrenten B. Es entspricht einer **homogenen Konkurrenz**, auch häufig als **Polypol** bezeichnet.

6.7.4 Beispiele der Kostenrechnung

Im ersten Beispiel soll die **Preiselastizität der Nachfrage** im Mittelpunkt stehen: Ein Unternehmen hat einen Maximalpreis seiner Dienstleistung pro Stunde von 40,- € festgelegt. Aufgrund von Erfahrungen kennt man die Nachfragefunktion (N) der Kunden, die vom Preis (p) abhängig ist und folgende Form hat:

$N(p) = 40 - p$

Bei einem Preis oberhalb von 40,- € wäre also die Nachfrage gemäß dieser Formel negativ, was aber ökonomisch keinen Sinn ergibt. Das Unternehmen möchte herausfinden, wie elastisch die Nachfrage auf Preisveränderungen

6.7 Elastizitäten von Funktionen der Kostenrechnung

reagiert und berechnet die Preiselastizität der Nachfrage bei unterschiedlichen Preisen. Diese liegen bei Werten von 10, 20, 30 bzw. 40 €.

Die allgemeine Preiselastizität der Nachfrage lautet formal:

$$\eta = \frac{\frac{\delta N(p)}{N(p)}}{\frac{\delta(p)}{p}} = \frac{\delta N(p)}{\delta(p)} \cdot \frac{p}{N(p)}$$

Daraus ergeben sich:

$\frac{\delta N(p)}{\delta(p)} = -1$, denn es handelt sich um die erste Ableitung der Nachfragefunktion.

$N(p) = 40 - p$

Für einen Preis $p = 10$ ergibt sich also die Elastizität von

$$\eta_{10} = \frac{\delta N(p)}{\delta(p)} \cdot \frac{p}{N(p)} = -1 \cdot \frac{10}{(40-10)} \approx -0{,}33$$

Bei den alternativen Preisen im Bereich von 20 bis 40 € ergeben sich die Elastizitäten:

$\eta_{20} = -1 \quad \eta_{30} = -3 \quad \eta_{40} = 0$

Bei einem Preis von 40 € ist die Nachfrage also kurzfristig vollkommen unelastisch und reagiert überhaupt nicht. Bei Preisen zwischen 20 und 40 € reagiert die Nachfrage sehr elastisch, zwischen 10 und 20 € sehr unelastisch.

Steigt der Preis bspw. von 20 auf 30 €, würde die Nachfrage um das 3fache zurückgehen. Würde aber z. B. der Preis von 20 auf 10 € zurückgehen, würde die Nachfrage unelastisch reagieren, also »nur« um das 0,3fache steigen. Zu erkennen ist also, dass sich Elastizitäten ganz unterschiedlich berechnen lassen. Entscheidend ist die Frage, auf welchem Gebiet sich die unabhängige Variable, hier der Preis, verändert.

Das zweite Beispiel bezieht sich auf die **Kreuzpreiselastizität**. Als Verkäufer einer Winzergenossenschaft haben Sie erfahren, dass eine bestimmte Rotweinsorte, die bislang 18,- € pro Liter kostete, bei den Kunden in Misskredit geraten ist. Die alternative Rotweinsorte ergab zu dieser Zeit eine verkaufte Menge von 200 Litern. Durch Preisreduktion der ersten Rotweinsorte von 18,- € auf 12,- € erhöhte sich der Absatz der Alternative um 60 Liter. Wie hoch ist die Kreuzpreiselastizität und was sagt diese aus?

Das Ergebnis wird durch die Kreuzpreiselastizitätsformel beschrieben. Der Preis der ersten Rotweinsorte p_1 reduziert sich um 6,- €. Die Menge des alternativen Produktes x_2 steigt um 60 Liter an. Somit ergibt sich die folgende Kreuzpreiselastizität.

$$\eta = \frac{\frac{\Delta x_2}{x_2}}{\frac{\Delta p_1}{p_1}} = \frac{\frac{60}{200}}{\frac{-6}{18}} = -0{,}9 < 0$$

Die Kreuzpreiselastizität ist negativ. Es handelt sich folglich um komplementäre Güter. Bei einer einprozentigen Preisreduktion des ersten Gutes steigt die Absatzmenge der Alternative um 0,9 % an (▶ Aufgabe 38 und 39).
Das **dritte** Beispiel beschäftigt sich nun etwas genauer mit der Marktsituation. Hat das nun folgende Unternehmen also eher wenige oder eher viele Konkurrenten. In der VWL, aber auch der Kostenrechnung würde man es dann als Nachfrageoligopol oder als polypolistische Konkurrenz bezeichnen.
Der Geschäftsführer dieses Unternehmens möchte herausfinden, wie die Konkurrenzsituation zu einem Vergleichsunternehmen aussieht. Der aktuelle Preis der Ware beträgt 75,- €/Stück. Der Geschäftsführer möchte in der Folgezeit den Preis auf 150,- €/Stück erhöhen. Aktuell verkauft das Konkurrenzunternehmen 30 Stück. Wie wäre die Marktsituation, wenn der Konkurrent in der Folgezeit 36 Stück verkauft?
Die Lösung zur Triffinischen oder der speziellen Kreuzpreiselastizität ergibt:

$$\eta_T = \frac{\Delta x_B \cdot p_A}{x_B \cdot \Delta p_A} = \frac{6 \cdot 75}{30 \cdot 75} = 0,2$$

Die Preisverdopplung des Geschäftsführers führt (lediglich) zu einem Anstieg des Konkurrenten von 20 % der verkauften Produkte. Es handelt sich also um eine heterogene Konkurrenz, was man als Oligopol bezeichnen kann (▶ Aufgabe 40).[24]

6.8 Die lineare Optimierung als Teilgebiet der Kostenrechnung

6.8.1 Grundlagen

Die lineare Optimierung oder auch lineare Programmierung ist das wichtigste Optimierungsverfahren in der betrieblichen Praxis und in der Kostenrechnung. Sie befasst sich in diesem Bereich entweder mit der Maximierung von Gewinnen oder Deckungsbeiträgen oder aber mit der Minimierung der Kosten. Es geht immer um eine lineare Funktion, Zielfunktion genannt, wobei lineare Nebenbedingungen beachtet werden müssen, die als Restriktionen beschrieben werden. Ferner gelten Nichtnegativitätsbedingungen, da Mengen in diesem ökonomischen Kontext nicht negativ sein können.[25]

---

24 Diese Aufgabe erweitert die eben beschriebene Fragestellung nach der Konkurrenzsituation.
25 Einige der folgenden Beispiele beziehen sich auf Dürr W./Kleibohm K, 1983, S. 20ff und Rinne H./Preis A./Thomas R, 1979, S. 139 ff.

6.8 Die lineare Optimierung als Teilgebiet der Kostenrechnung

Betrachten wir zunächst für zwei Mengen x_1 und x_2 die Maximierung.
Die (zu maximierende) Zielfunktion lautet: $Z = x_1 + x_2 \to$ max., dabei ist die folgende Nebenbedingungen zu beachten:

Kapazitätsrestriktionen: $x_1 + x_2 \leq y_j$ wobei $y_j = \sum_{j=1}^{n} y_j$

Zudem gilt stets die Nichtnegativitätsbedingung: $x_1 \geq 0; x_2 \geq 0$
Die Minimierungsbedingung, also z. B. die Minimierung von Kosten, sieht ähnlich aus. Lediglich die Zielfunktion verändert sich zu
$Z = x_1 + x_2 \to$ min!
Im weiteren Verlauf wird lediglich die Maximierung beschrieben. Auch die Minimierung hat eine ähnliche Vorgehensweise.[26]

6.8.2 Beispiele der Kostenrechnung

6.8.2.1 Die Ausgangssituation

Ein Unternehmen stellt die beiden Produkte P_1 und P_2 her, die auf drei Maschinentypen A, B und C produziert werden. Tabelle 72 enthält die notwendigen Bearbeitungszeiten pro Mengeneinheit (ME), die monatlich zur Verfügung stehenden Maschinenkapazitäten und den Gewinn pro Mengeneinheit für jedes Produkt.

Tab. 72: Beispiel der linearen Optimierung I

Maschine	Produkt P_1	P_2	Monatliche Kapazität in h
A	4	3	600
B	2	2	320
C	3	7	840
Gewinn (€/ME)	2	3	

a) Die Frage ist nun, wie viel der beiden Produkte P_1 und P_2 hergestellt werden sollen, um den Gewinn zu maximieren. Zunächst soll durch Ausprobieren eine »gute« Lösung bestimmt werden.
b) Zur Überprüfung der Ergebnisse soll noch eine graphische Lösung erstellt werden.

---

26 Vgl. hierzu z. B. Rinne H./Preis A./Thomas R, 1979, S. 193 ff.

Lösung zu Teilaufgabe a)
Da P_2 pro Mengeneinheit den größten Gewinn liefert, wird zunächst bestimmt, wieviel man maximal produzieren kann.

Tab. 73: Beispiel der linearen Optimierung II

Maschine	Kapazität	Bearbeitungszeit in h	Stückzahl
A	600 h	3	200
B	320 h	2	160
C	840 h	7	**120 = Engpass**

Es können also maximal 120 Stück von P_2 produziert werden. Der Gewinn wäre dann $G = 3 \cdot 120 = 360{,}-$ €. Kann man diesen Gewinn erhöhen, wenn weniger von P_2 produziert wird, dafür im Gegenzug aber mehr von P_1? (Wenn 120 Stück von P_2 produziert werden, scheidet P_1 bei der Produktion aus.)

Wie verändert sich bspw. der Gewinn, wenn von $P_2 = 100$ Stück produziert und die Restkapazität für P_1 eingesetzt wird?

Tab. 74: Beispiel der linearen Optimierung III

Maschine	Restkapazität
A	600 h – 300 h für P_2 = 300 h Rest
B	320 h – 200 h für P_2 = 120 h Rest
C	840 h – 700 h für P_2 = 140 h Rest

Mit dieser Kapazität kann P1 wie folgt produziert werden:

Tab. 75: Beispiel der linearen Optimierung IV

Maschine	Kapazität	Bearbeitungszeit in h	Stückzahl
A	300 h	4	75
B	120 h	2	60
C	140 h	3	**46 = Engpass**

$G = 46 \cdot 2 + 100 \cdot 3 = 392{,}-$ €, d.h., der Gewinn hat sich gegenüber der Ausgangssituation (360 €) erhöht.

6.8 Die lineare Optimierung als Teilgebiet der Kostenrechnung

Lösung zu Teilaufgabe b)
Graphisch ergibt sich folgende Abbildung.

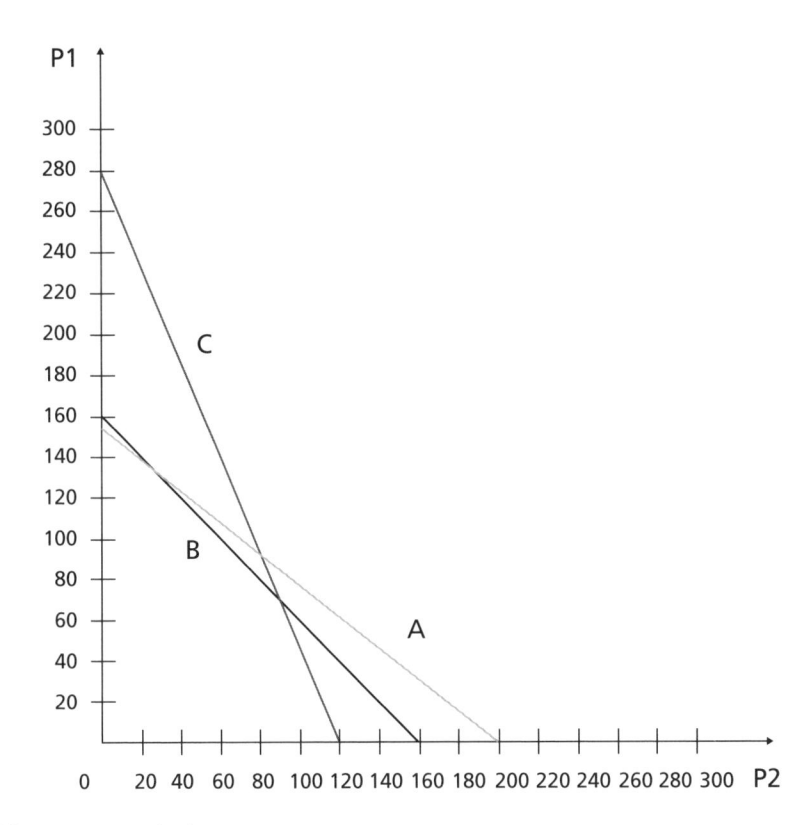

Abb. 76: Lösung der linearen Optimierung

Die Geraden geben die jeweiligen Produktionsmengen von P_1 und P_2 für die einzelnen Maschinen an (»Kapazitätslinien«). Die Schnittpunkte der Geraden bestimmen die möglichen Fertigungsmengen der Produkte P_1 und P_2 und damit den Lösungsraum. Um den maximalen Gewinn bestimmen zu können, müsste noch eine Isogewinnlinie in die Graphik eingezeichnet werden. Die mathematisch exakte Lösung dieses »Optimierungsproblems« ist mittels der Simplexmethode möglich.

6.8.2.2 Die Simplex-Methode als algebraische Lösung

Die Zielfunktion ergibt sich aus der Gewinnfunktion für die Produkte P_1 und P_2:
$$Z = 2P_1 + 3P_2 \rightarrow max!$$

6 Spezielle Instrumente der Kostenrechnung

Die Kapazitätsrestriktionen lauten:
$4P_1 + 3x_2 \leq 600$ (Maschine A)
$2P_1 + 2P_2 \leq 320$ (Maschine B)
$3P_1 + 7P_2 \leq 840$ (Maschine C)
Nichtnegativitätsbedingung: $P_1 \geq 0$; $Px_2 \geq 0$

Die Zielfunktion und die Nebenbedingungen werden zunächst in ein Gleichungssystem transformiert. Gleichzeitig wird die Zielfunktion geformt. Aus dem Ungleichungssystem erhalten wir ein Gleichungssystem durch Einführung der so genannten **Schlupfvariablen** y_j. Die Schlupfvariablen enthalten somit die freien und nichtgenutzten Kapazitäten.

Tab. 76: Die Simplexmethode I

Z	−	$2P_1$	−	$3P_2$	=	0
A	+	$4P_1$	+	$3P_2$	=	600
B	+	$2P_1$	+	$2P_2$	=	320
C	+	$3P_1$	+	$7P_2$	=	840

$P_1, P_2, A, B, C \geq 0$

Das System hat mit den Maschinen A bis C drei Gleichungen.

Obiges System hat die **Nichtbasisvariablen** (NBV): $P_1 = P_2 = 0$; diese kommen nicht in der Anfangslösung vor.

Basisvariablen (BV): A bis C, deren Werte auf der rechten Seite des Starttableaus abzulesen sind: $Z = 0$; $A = 600$; $B = 320$; $C = 840$.

Die **erste Aufgabe** im Rahmen der Simplex-Methode besteht darin, eine zulässige Anfangslösung zu finden. Diese ist dann schwierig, wenn

- negative rechte Seiten vorkommen,
- unter den Strukturvariablen ($x_1, x_2 ...$) Werte vorkommen, für die die Nichtnegativitätsbedingungen nicht gelten und
- in den Restriktionen des Ausgangsproblems auch Gleichungen vorkommen.

Die **zweite Aufgabe** besteht darin, zu prüfen, ob die gefundene Lösung – die Anfangslösung oder jede weitere Lösung – optimal ist.

Die **dritte Aufgabe** lautet, sofern das Optimum noch nicht erreicht ist, eine geeignete Basisvariable (BV) durch eine Nichtbasisvariable (NBV) auszutauschen, bis das Optimum erreicht ist.

Bevor im weiteren Verlauf der Simplex-Algorithmus für das Eingangsbeispiel berechnet wird, soll nun kurz die Notation erläutert werden.

1. **Schritt**: Basisvariable (BV) und Nichtbasisvariable (NBV) werden vertauscht. Die Zeile (z) enthält dann die NBV$_s$ und die Spalte s die BV z.
2. **Schritt**: An die Stelle des Pivotelements a$_{zs}$^{neu} tritt im neuen Simplextableau dessen Kehrwert a$_{zs}$, also des »alte« Element.

$$a_{zs}^{neu} = \frac{1}{a_{zs}}$$

3. **Schritt**: Die übrigen neuen Koeffizienten der Pivotzeile werden gebildet, indem die ursprünglichen Werte durch das Pivotelement dividiert werden.

$$a_{zj}^{neu} = \frac{a_{zj}}{a_{zs}}$$

4. **Schritt**: Die neuen Elemente der Pivotspalte berechnen sich aus den alten Werten, die durch das Pivotelement dividiert werden. Jedoch mit negativem Vorzeichen.

$$a_{is}^{neu} = \frac{-a_{is}}{a_{zs}} \quad i \neq z$$

5. **Schritt**: Die Koeffizienten des Rest-Tableaus ergeben sich durch die so genannte »**Rechteckregel**«.

$$a_{ij}^{neu} = a_{ij} - \frac{a_{is} \cdot a_{zj}}{a_{zs}} \quad i \neq z \text{ und } j \neq s$$

Um diese theoretisch dargestellten Bearbeitungsschritte nun rechnerisch umsetzen zu können, müssen wir zunächst das Simplex-Tableau erstellen:

Tab. 77: Die Simplexmethode II

0	P$_1$	P$_2$	RS
Z$_{(Max)}$	-2	-3	0
A	4	3	600
B	2	2	320
C	3	7	840

Das Tableau enthält:

- in der ersten Kopfzeile eine laufende Nummer, die die Zahl der durchgeführten Simplex-Iterationen angibt (hier 0) und die NBV (hier; x$_1$ und x$_2$). RS steht für rechte Seite,
- in der zweiten Kopfzeile die Zielfunktion,
- in jeder weiteren Zeile eine Restriktion,
- in der Kopfspalte die BV (hier; Z, y$_1$, y$_2$, y$_3$, y$_4$),
- in der mit RS überschriebenen Spalte die Werte der BV.

1. **Schritt**: Auswahl der in die Basis aufzunehmenden NBV
   - Man betrachtet alle negativen Zielfunktionskoeffizienten mit Ausnahme der rechten Seite und entscheidet sich für den größten negativen Wert. Die entsprechende NBV wird BV. Die zugehörige Spalte heißt Pivotspalte. Gibt es mehrere gleichgroße Werte, so nehme man einen beliebigen Wert (duale Entartung).

Tab. 78: Die Simplexmethode III

0	P_1	P_2	RS
$Z_{(Max)}$	-2	-3	0
A	4	3	600
B	2	2	320
C	3	7	840

− 3 ist der größte negative Wert, die zugehörige NBV P_2 wird deshalb BV.

2. **Schritt**: Auswahl der aus der Basis zu entfernenden BV
   - Man betrachte alle positiven Koeffizienten der Pivotspalte mit Ausnahme der Zielfunktion und bilde jeweils den Quotienten aus dem Koeffizienten der rechten Seite und dem korrespondierenden Koeffizienten der Pivotspalte. Pivotzeile wird jene, für die der Quotient am kleinsten ist.

Tab. 79: Die Simplexmethode IV

0	P_1	P_2	RS	Q
$Z_{(Max)}$	-2	-3	0	
A	4	3	600	600/3=200
B	2	2	320	320/2=160
C	3	7	840	840/7=120

Pivotzeile wird die Zeile mit C als BV. Pivotelement wird 7.

3. **Schritt**: Umrechnung des Simplex-Tableaus
   - Vertauschen von BV und NBV
   - Umrechnung des Pivots; an Stelle des Pivots tritt im neuen Simplextableau dessen Kehrwert

6.8 Die lineare Optimierung als Teilgebiet der Kostenrechnung

- Umrechnung übrige Elemente der Pivotzeile; Koeffizient/Pivotelement
- Umrechnung übrige Elemente der Pivotspalte; - Koeffizient/Pivotelement
- Umrechnung übrige Elemente des Tableaus; ergeben sich aus der »Rechteckregel«

Tab. 80: Die Simplexmethode V

1	P_1	C	RS	Q
$Z_{(Max)}$	-5/7	3/7	360	
A	19/7	-3/7	240	
B	8/7	-2/7	80	
P_2	3/7	1/7	120	

Nun soll das vollständige Beispiel gezeigt werden.

Tab. 81: Die Simplexmethode VI

0	P_1	P_2	RS	Q
$Z_{(Max)}$	-2	-3	0	
A	4	3	600	600/3=200
B	2	2	320	320/2=160
C	3	7	840	840/7=120

1	P_1	C	RS	Q
$Z_{(Max)}$	-5/7	3/7	360	
A	19/7	-3/7	240	240/ 19/7=88
B	**8/7**	-2/7	80	80/ 8/7 = 70
P_2	3/7	1/7	120	120/ 3/7 = 280

2	B	C	RS	Q
$Z_{(Max)}$	5/8	1/4	410	
A	-19/7	1/4	50	
P_1	7/8	-1/4	70	
P_2	-3/8	1/4	90	

Interpretation des Endtableaus (2): Es werden $P_1 = 70$ und $P_2 = 90$ ME produziert, der Gewinn beträgt 410 GE, von der Maschine A sind noch 50 Stunden pro Monat als Restkapazität verfügbar (► Aufgabe 41 und 42). Da bei der Maximierungsbedingung die Zielfunktionszeile positive Werte aufweist, ist die Optimierung somit abgeschlossen.

7 Aufgaben

Aufgabe 1: Abgrenzungsrechnung des Rechnungswesens
Ein Unternehmen kauft im Januar Rohstoffe im Wert von 5.000 €. Die Bezahlung erfolgt im Februar und März jeweils zur Hälfte. Im Februar entsteht ein Wasserschaden in Höhe von 4.000 €, der nicht durch eine Versicherung abgedeckt ist. Die Rechnungsbegleichung erfolgt noch im selben Monat. In welchen Monaten sind in welcher Höhe Aufwand, Kosten und Auszahlungen entstanden? Berücksichtigen Sie dabei bitte, dass die Rohstoffe unterschiedlich als Aufwand gebucht werden können.

Das Unternehmen verkauft im Januar Waren im Wert von 2.500 €, deren Bezahlung im März erfolgt. Ebenfalls im Januar wird eine nicht mehr benötigte Maschine veräußert, deren Wert 1.400 € beträgt und sofort vom Käufer in bar beglichen wird. In welchen Monaten sind in welcher Höhe Erträge, Leistungen und Einzahlungen entstanden?

Aufgabe 2: Betriebsoptimum I
Sie haben zwei Autotypen zur Wahl und sollen sich aus der Kostenperspektive für einen Typ entscheiden. Die folgenden Werte, alle bezogen auf ein Jahr, sind Ihnen bekannt:

	Typ 1	Typ 2
Versicherung	1.000 €	1.500 €
Steuern	400 €	900 €
Garage	600 €	600 €
Verbrauch/100 km	15 Liter	10 Liter

Benzinkosten: 1,00 €/Liter
Bis zu welcher Fahrleistung pro Jahr ist Typ 1 günstiger als Typ 2? Das Problem ist mathematisch und graphisch zu lösen.

Aufgabe 3: Betriebsoptimum II
Für die Herstellung eines Produktes werden zwei Maschinen zum Kauf angeboten. Auf beiden Maschinen können maximal 200 Stück gefertigt werden; ihre Kostenverläufe lauten:

$K_1 = 175 + 3{,}5x \qquad K_2 = 400 + 2x$

a) Welche Maschine soll angeschafft werden, wenn man mit einer Kapazitätsauslastung von 80 % rechnet?
b) Bis zum wievielten Stück produziert welche Maschine am kostengünstigsten und warum? Versuchen Sie, die Lösung graphisch und rechnerisch abzuleiten!
c) Spielen die unterschiedlichen Kaufpreise der Maschinen bei der Entscheidung keine Rolle?

Aufgabe 4: Gesamtkostenfunktion I
Berechnen Sie für die (lineare) Gesamtkostenfunktion $K = 30 + 0{,}8x$

a) die gesamten Stückkosten, variablen Stückkosten, fixen Stückkosten, Grenzkosten und Gesamtkosten jeweils für die Ausbringungsmengen von 30 bzw. 60 Stück!
b) Bei welcher Ausbringungsmenge werden bei diesen Kostenverläufen die gesamten Stückkosten erstmals kleiner als die variablen Stückkosten?

Aufgabe 5: Gesamtkostenfunktion II
Ein Schreiner produziert 50 Tische zu gesamten Durchschnittskosten (k) von 60 € pro Tisch. Die Grenzkosten dieser Abteilung betragen 20 € und sind konstant. Wie lautet die Gesamtkostenfunktion dieses Handwerkbetriebs?

Aufgabe 6: Gesamtkostenfunktion III
Ein produzierendes kleines mittelständisches Unternehmen hat die Gesamtkostenfunktion
$K = 100 + 10x - 0{,}5x^2 + 0{,}01x^3$.

a) Berechnen Sie zunächst die Gesamtkosten, variablen und fixen Gesamtkosten bei einer Ausbringungsmenge von 5 Stück.
b) Berechnen Sie dann die gesamten Stückkosten, variablen Stückkosten, fixen Stückkosten und Grenzkosten für die Ausbringungsmenge von 5 Stück bzw. das 5. Stück.
c) Interpretieren Sie auch das Ergebnis insbesondere im Hinblick auf die errechneten Grenzkosten!

Aufgabe 7: Break-Even-Analyse
Ein Unternehmen kann das Produkt x zu 20 € am Markt absetzen. Bei der Produktion von 1.500 Stück entstehen variable Gesamtkosten (K_v) von 15.000 €. Die Fixkosten (K_f) hingegen belaufen sich auf 20.000 €.
Bestimmen Sie mathematisch und graphisch die Gewinnzone des Unternehmens.

7 Aufgaben

Aufgabe 8: Lineare Kostenfunktionen
Das Ein-Produkt-Unternehmen mit linearer Kostenfunktion und einer Kapazitätsgrenze von 16.000 Outputeinheiten weist in drei aufeinander folgenden Perioden die folgenden produzierten Mengen und die dabei entstandenen Kosten auf:

Periode	Output (Stück)	Kosten (€)
1	9.000	14.500
2	15.000	17.500
3	12.000	16.000

In jeder Periode wurden alle hergestellten Produkte zum Preis von 1,50 € auch verkauft.

a) Stellen Sie die Kostenfunktion des Unternehmens algebraisch dar!
b) Ermitteln Sie algebraisch und ggfs. graphisch den Break-Even-Point!
c) In der nächsten Periode (4) könnte das Unternehmen die abgesetzte Menge auf 16.000 Outputeinheiten erhöhen, müsste dafür allerdings Zugeständnisse im Preis machen. Bestimmen Sie die langfristige Preisuntergrenze in Periode 4!
d) In Periode 5 kann das Unternehmen 16.000 Einheiten wieder zum Preis von 1,50 € absetzen. Ein neuer Kunde möchte weitere 2.000 Einheiten des Produktes zum Preis von 1,40 € abnehmen. Um diesen Auftrag annehmen zu können, müsste das Unternehmen seine Kapazität ausdehnen, wobei zusätzliche Fixkosten entstehen würden. Wie hoch dürfen diese Fixkosten (höchstens) sein, damit sich die Annahme des Auftrags lohnen würde?

Aufgabe 9: Abgrenzungsrechnung der Kostenrechnung
Sie sollen die Zahlen Ihres Unternehmens für die Geschäftsleitung interpretieren. Den Zahlen des Jahresabschlusses für das abgelaufene Jahr entnehmen Sie folgende Aufwendungen und Erträge:

7 Aufgaben

Konto	Bezeichnung	Betrag (€)
5000	Umsatzerlöse	4.400.000
5400	Mieterträge	120.000
5460	Erträge aus dem Abgang von Anlagevermögen	826.000
5500	Erträge aus Wertpapierverkäufen	126.000
6000	Aufwendungen für Roh-, Hilfs- und Betriebsstoffe	3.400.000
6160	Instandhaltungsaufwand	32.000
6200	Löhne	940.000
6300	Gehälter	130.000
6400	Soziale Abgaben	240.000
6520	Abschreibungen auf Sachanlagen	275.000
6850	Reisekosten	42.000
7030	Kraftfahrzeugsteuer	65.000
7077	Betriebliche Steuern	135.000

Folgende weitere Informationen stehen Ihnen zur Verfügung:

- Die Mieterträge entstanden aus der Untervermietung von nicht benötigten Gebäuden,
- die Erträge aus dem Abgang von Anlagevermögen hängen mit dem Verkauf einer Maschine über Buchwert zusammen,
- bei den verkauften Wertpapieren handelt es sich um Erträge aus dem Verkauf von im DAX gehandelten Aktien,
- von den Abschreibungen auf Sachanlagen entfallen 13 % auf die untervermieteten Gebäude,
- im Konto Betriebliche Steuern sind 28.000 € Steuernachzahlungen für zurückliegende Perioden enthalten.

Führen Sie eine **Gesamtergebnis-**, **Abgrenzungs-** und **Betriebsergebnisrechnung** durch. Was sagen Sie Ihrer Geschäftsleitung?

Aufgabe 10: Bewertung von Materialverbräuchen
Für den Januar eines Jahres liegen die folgenden Materialzugänge vor:

7 Aufgaben

Datum		Menge (Stück)	Preis €
01.01.	Anfangsbestand	50	10,0
05.01	Zugang	70	13,0
08.01	Zugang	100	12,0
18.01	Zugang	100	13,5

Der Verbrauch in diesem Zeitraum beträgt 220 Stück. Berechnen Sie anhand der Methoden

a) die durchschnittlichen Anschaffungskosten
b) die Lifo-Methode
c) die Fifo-Methode
d) die Hifo und
e) die Lofo-Methode

jeweils die Materialkosten sowie den Lagerbestandswert.

Aufgabe 11: Kalkulatorische Zinsen
Aus den folgenden Daten sind die kalkulatorischen Zinsen zu ermitteln:

- Grundstücke mit Gebäude: 2.700.000 € (davon sind 25 % untervermietet)
- Unbebautes Grundstück: 60.000 € (wird aus spekulativen Gründen gehalten)
- Maschinen: 1.800.000 €
- Betriebs- und Geschäftsausstattungen: 300.000 €
- Finanzanlagen: 120.000 €
- Vorräte: 1.300.000 €
- Forderungen: 2.000.000 €
- Geldmittel: 300.000 €
- Wertpapiere: 100.000 €
- Rückstellungen (kurzfristig): 350.000 €
- Anzahlungen von Kunden: 500.000 €
- Die kalkulatorischen Zinsen werden zu einem Zinssatz von 8 % kalkuliert

Aufgabe 12: Betriebsabrechnungsbogen
Die Betriebsergebnisrechnung eines Pharmabetriebes weist für den Monat April folgende Kosten aus.

Fertigungsmaterial	49.600
Hilfsstoffe	11.500
Betriebsstoffe	2.600
Fertigungslöhne	61.000
Hilfslöhne	18.000
Gehälter	32.800
Soziale Abgaben	19.500
Abschreibungen	8.600
Betriebssteuern	4.400
Sonstige betriebliche Aufwendungen	10.700

Stellen Sie den Betriebsabrechnungsbogen nach folgendem Verteilungsschlüssel auf:

Kostenart	I Material	II Fertigung	III Verwaltung	IV Vertrieb
Hilfsstoffe	200	10.700	0	600
Betriebsstoffe	240	1.820	360	180
Hilfslöhne	1.390	15.730	280	600
Gehälter	1.600	5.400	15.300	10.500
Soziale Abgaben	650	10.550	5.940	2.360
Abschreibungen (nach Anlagewerten)	400.000	600.000	200.000	100.000
Betriebssteuern (nach Schlüssel)	-	3	1	-
Sonstige Aufwendungen	1.260	2.240	5.300	1.900

a) Berechnen Sie die Herstellkosten des Umsatzes.
b) Berechnen Sie mithilfe des BAB die vier Gemeinkostenzuschlagssätze.
c) Ermitteln Sie die Selbstkosten des Umsatzes für den Abrechnungszeitraum.
d) Wie hoch ist das Betriebsergebnis für den Abrechnungszeitraum, wenn die Umsatzerlöse 250.000€ betragen?
e) Ermitteln Sie die Selbstkosten für je einen Kostenträger A und B. Die Einzelkosten betragen für Kostenträger A: Fertigungsmaterial 100 €, Fertigungslöhne 50 €; für Kostenträger B: Fertigungsmaterial 300 €, Fertigungslöhne 120 €.

Aufgabe 13: Mehrstufige Divisionskalkulation I
Ein Unternehmen stellt auf 5 Produktionsstufen Zement her. Für die einzelnen Produktionsstufen liegen die folgenden Daten vor:

7 Aufgaben

Produktionsstufe	Verarbeitete Menge	Angefallene Kosten
Rohmaterialförderung	200.000 t	600.000 €
Rohmaterialaufbereitung	Aus 200.000 t wurden 185.000 t Rohmehl gemahlen (Rest = Abraum)	140.000 €
Brennerei	160.000 t aufbereitetes Rohmaterial wurden zu 125.000 t gebrannt (Rest = Schwund)	800.000 €
Mahlwerk	100.000 t gebranntes Rohmaterial wurden gemahlen	500.000 €
Versand	60.000 t Fertigzement wurden verpackt und verladen	300.000 €

a) Wie hoch sind die Kosten einer Tonne Zement?
b) Bestimmen Sie den Wert der Lagerbestände!

Aufgabe 14: Mehrstufige Divisionskalkulation II
Ein Unternehmen produziert auf 4 Produktionsstufen ausschließlich Zement. Für die einzelnen Produktionsstufen sind folgende Daten bekannt:

Stufe 1	Im Kalksteinbruch wurden 110.000 t Rohkalk gefördert. Die Kosten dieser Produktionsstufe beliefen sich auf 165.000 €. 20.000 t bleiben hier auf Lager.
Stufe 2	Aus 90.000 t Rohkalk wurden 85.000 t Rohmehl erzeugt. Somit entstehen hier 5.000 t Abfall. Hier werden 15.000 t dem Lager zugeordnet. Die Kosten dieser Produktionsstufe beliefen sich auf 205.000 €.
Stufe 3	70.000 t Rohmehl wurden im Zementofen zu 60.000 t Klinker gebrannt. Gesamtkosten dieser Produktionsstufe: 650.000 €
Stufe 4	35.000 t Klinker wurden verpackt, verladen und versandt. Die restlichen 25.000 t blieben unverpackt auf Lager. Gesamtkosten dieser Produktionsstufe: 105.000 €

a) Wie hoch sind die Kosten pro Tonne verladener Klinker?
b) Wie hoch sind die Herstellkosten des Lagerbestandes auf jeder Produktionsstufe und insgesamt?

Aufgabe 15: Äquivalenzziffernverfahren
Ein pharmazeutisches Unternehmen stellt vier Sorten einer Creme her:

Sorte	Äquivalenzziffer	Produktionsmenge	Gesamtkosten
I	0,75	400.000	
II	1,00	800.000	669.600 €
III	1,20	300.000	
IV	1,60	250.000	

a) Berechnen Sie die Stückkosten jeder Sorte.
b) Berechnen Sie die Selbstkosten jeder Sorte.

Aufgabe 16: Vor- und Nachkalkulation
Erstellen Sie die Vor- und Nachkalkulation für folgenden Auftrag:

	Vorkalkulation	Nachkalkulation
Fertigungsmaterial	520 €	535 €
Materialgemeinkostenzuschlag	5%	5,5%
Maschinenkosten:		
• Laufzeit	20 Stunden	19,5 Stunden
• Stundensatz	24,75 €	25,20 €
Fertigungslöhne:		
• Fertigungsstunden	22 Stunden	22 Stunden
• Stundensatz	23,00 €	22,60 €
Verwaltungsgemeinkostenzuschlag	12,5%	12,7%
Vertriebsgemeinkostenzuschlag	8%	7,6%
Gewinnzuschlag	12,0%	
Kundenskonto	3,0%	
Kundenrabatt	6,0%	

a) Errechnen Sie den tatsächlichen Gewinn.
b) Begründen Sie die Abweichung.

Aufgabe 17: Maschinenstundensatzrechnung
Ein Unternehmen führte bislang eine Zuschlagskalkulation durch und möchte diese nun durch eine Maschinenstundensatzrechnung ersetzen. Dazu liegen folgende Angaben vor:

- Beschäftigung: 165 Stunden/Monat
- Anschaffungskosten einer Maschine: 500.000,- €

- Wiederbeschaffungskosten der Maschine: 560.000,- €
- Nutzungsdauer: 5 Jahre
- Kalkulatorische Zinsen: 4,5 %
- Monatliche Platzkosten: 150,- € je Quadratmeter
- Fläche: 22 m²
- Grundgebühr der Energiekosten der Maschine: 60,- €
- Variable Energiekosten der Maschine: 80kW zu je 0,25 €/kWh pro Monat

Die kalkulatorische Abschreibung wird auf die Wiederbeschaffungskosten bezogen. Die kalkulatorischen Zinsen werden auf die durchschnittlichen Anschaffungskosten bezogen. Die sonstigen Kosten sind teilweise variabel und fix.

Berechnen Sie den Maschinenstundensatz. Auf die Unterteilung in beschäftigungsabhängige (variable) und beschäftigungsunabhängige (fixe) Kosten kann verzichtet werden.

Aufgabe 18: Break-Even-Analyse I
Die Rentabilitätsaussichten eines Produktes bei unterschiedlichen Beschäftigungsgraden lassen sich aus den folgenden Angaben ableiten:

Preis pro verkaufter Einheit (p)	5.000,- €
Variable Kosten pro produzierte Einheit	3.000,- €
Fixkosten pro Jahr	15 Mio. €
Menge der verkauften Produkte/Jahr	≤ 10.000 Stück

a) Berechnen Sie zu unterschiedlichen Absatzmengen (jeweils in 2.000 Stück-Schritten) die Betriebsergebnisse.
b) Ermitteln Sie algebraisch den Break-Even-Punkt.
c) Wie verändert sich c.p. der Break-Even-Punkt, wenn die Fixkosten auf 14,5 Mio. sinken bzw. die variablen Stückkosten um 100,- € zurückgehen?

Aufgabe 19: Break-Even-Analyse II
Ein Einproduktunternehmen mit einer Kapazität von 12.000 Outputeinheiten kann die ersten 6.000 Stück des hergestellten Produktes zu einem Preis von 5,00 € absetzen. Für Ausbringungsmengen von 0 bis 7.000 Einheiten gilt folgende Kostenfunktion:
K = 20.000 + 2,5x

Ausbringungsmengen über 6.000 Einheiten lassen sich aber nur zu dem auf 4,50 € reduzierten Preis verkaufen und über 7.000 Einheiten steigen die variablen Stückkosten wegen dann erforderlicher Überstundenzuschläge auf 3,50 €.

a) Stellen Sie zu den beschriebenen Ausbringungsmengen jeweils die Kosten- und Erlösfunktionen dar.
b) Bestimmen Sie anhand der Ausbringungsmengen (jeweils in 2.000 Stückschritten von 2.000 bis 12.000) die Gewinn- bzw. Verlustsituationen.
c) Gibt es aufgrund Aufgabe b den Break-Even-Punkt? Zeigen Sie eventuell graphisch die Kosten- und Erlösfunktionen.

Aufgabe 20: Abgrenzung von Voll- und Teilkostenrechnungssystemen
Aus einem Unternehmen liegt folgendes Kostenträgerzeitblatt für eine Abrechnungsperiode vor:

	Kosten		
	gesamt	**fix**	**proportional**
Fertigungsmaterial	600.000,-	80.000,-	600.000,-
+ Materialgemeinkosten	120.000,-		40.000,-
= Materialkosten	720.000,-		640.000,-
+ Fertigungslöhne	1.000.000,-	80.000,-	1.000.000,-
+ Fertigungsgemeinkosten	3.000.000,-	2.500.000,-	500.000,-
+ Sondereinzelkosten der Fertigung	500.000,-		500.000,-
= Fertigungskosten	4.500.000,-	2.500.000,-	2.000.000,-
Herstellkosten der Produktion	5.220.000,-	2.580.000,-	2.640.000,-
- Bestandserhöhung	130.000,-	60.000,-	70.000,-
+ Bestandsverminderung	160.000,-	75.000,-	85.000,-
= Herstellkosten des Umsatzes	5.250.000,-	2.595.000,-	2.655.000,-
+ Verwaltungs- u. Vertriebskosten	1.050.000,-	900.000,-	150.000,-
= Selbstkosten des Umsatzes	6.300.000,-	3.495.000,-	2.805.000,-
Umsatzerlöse	7.056.000,-		
Gewinn	756.000,-		

a) Ermitteln Sie aus der Vorlage den Deckungsbeitrag sowie das Ergebnis insgesamt und pro Stück (es werden 100 Stück des Produktes abgesetzt)!
b) Berechnen Sie die Nutzenschwelle.

c) Bestimmen Sie das Ergebnis bei einem Beschäftigungsgrad von 80 % nach der Voll- und nach der Teilkostenrechnung! Inwiefern setzt die Vollkostenrechnung falsche Signale für betriebliche Entscheidungen?

Aufgabe 21: Deckungsbeitragsrechnung in Mehrproduktunternehmen I
Ein Unternehmen stellt vier Salben A, B, C und D her. Aufgrund von starker Konkurrenz will die Unternehmung durch eine aktive Preispolitik ihren Marktanteil verteidigen. Die hierzu erforderlichen Daten sollen mithilfe der Deckungsbeitragsrechnung erhoben werden. Für April lagen folgende Angaben vor:

	Salbe A	Salbe B	Salbe C	Salbe D	insgesamt
Verkaufspreis/Stück	2,20 €	2,45 €	3,10 €	3,80 €	
Variable Stückkosten	1,50 €	1,90 €	2,65 €	3,20 €	
Fixe Kosten insgesamt					286.000 €
Absatzmenge in Stück	80.000	110.000	145.000	65.000	

a) Berechnen Sie das Betriebsergebnis des Monats April für die abgesetzten Mengen.
b) Bestimmen Sie die Stückdeckungsbeiträge und geben Sie eine Rangfolge der »erfolgreichen« und der »weniger erfolgreichen« Salben an.
c) Ermitteln Sie die (kurzfristige) Preisuntergrenze für jede Salbe.

Zur Verbesserung der Erfolgssituation und zum Abbau freier Kapazitäten plant die Unternehmensleitung zusätzlich eine Salbe E mit monatlich 40.000 Stück zu produzieren. Diese Salbe würde zusätzlich 26.000 € fixe Kosten und 2,05 € variable Stückkosten verursachen. Sie ließe sich zu einem Preis von 2,65 € je Stück absetzen. Lohnt sich für das Unternehmen die Erweiterung der Produktion?

Aufgabe 22: Deckungsbeitragsrechnung in Mehrproduktunternehmen II
Die Deckungsbeitragsrechnungen eines Handelsbetriebes mit den drei Kostenträgern A, B, und C zeigen folgendes Bild:

	A	B	C
Barumsätze	2.000.000,-	3.000.000,-	1.800.000,-
- variable Kosten	2.100.000,-	2.550.000,-	1.440.000,-
= Deckungsbeitrag	-100.000,-	450.000,-	360.000,-
Gesamtdeckungsbeitrag		710.000,-	
Fixe Kosten		1.080.000,-	
Verlust		-370.000,-	

Der Betrieb ist nur zum Teil ausgelastet, A zu 40 %, B zu 60 % und C zu 90 %. Die volle Auslastung kann erreicht werden.

a) Ein Mitarbeiter schlägt vor, den Artikel zu fördern, dessen Kapazität am geringsten ausgenutzt ist. Stimmen Sie diesem Vorschlag aus wirtschaftlicher Sicht zu?

b) Welches Ergebnis ist zu erwarten, wenn der ungünstigste Artikel ausgeschieden wird, die anderen Gruppen seine fixen Kosten übernehmen können und für diese Gruppen eine volle Auslastung erreicht wird?

Aufgabe 23: Deckungsbeitragsrechnung in Mehrproduktunternehmen III
Ein Großhandelsbetrieb vertreibt drei Warengruppen, die in Profitcentern mit selbständiger Ergebnisermittlung abgerechnet werden. Aus der Betriebsabrechnung ist diese Deckungsbeitragsabrechnung aufgestellt worden:

	A	B	C
Umsatzerlöse	1.500.000,-	2.400.000,-	1.000.000,-
- variable Kosten	1.200.000,-	2.040.000,-	720.000,-
= Deckungsbeitrag	300.000,-	360.000,-	280.000,-
- fixe Kosten	250.000,-	320.000,-	200.000,-
= Gewinnbetrag	50.000,-	40.000,-	80.000,-

a) Um wie viel Prozent können die Verkaufspreise herabgesetzt werden, wenn der Betrieb auf den Gewinnbeitrag bzw. den Deckungsbeitrag verzichtet?

b) Ab welcher Umsatzhöhe kommt das Unternehmen bei A, B und C, im Einzelnen und für das Unternehmen insgesamt in den Gewinnbereich?

7 Aufgaben

Aufgabe 24: Mehrstufige Deckungsbeitragsrechnung
Aus dem Vormonat stehen folgende Zahlen zur Verfügung:

	Erzeugnis A	Erzeugnis B	Erzeugnis C
Produktions- und Absatzmenge	4.000 Stück	2.400 Stück	8.000 Stück
Preis je Stück	105 €	80 €	45 €
Variable Kosten je Stück	53 €	61 €	24 €
Erzeugnisfixe Kosten	54.000 €	48.000 €	80.000 €
Erzeugnisgruppenfixe Kosten	41.000 €		
Unternehmensfixe Kosten	115.500 €		

a) Bestimmen Sie die Deckungsbeiträge I, II und III sowie das Betriebsergebnis.
b) Machen Sie Vorschläge zur Verbesserung des Betriebsergebnisses.

Aufgabe 25: Preisuntergrenzen in der Teilkostenrechnung
Aus Erfahrung kennt der Controller eines Unternehmens die Bedeutung der kurz- und langfristigen Preisuntergrenze, die er wie folgt beschreibt:

- Kurzfristige Preisuntergrenze (variable Kosten müssen abgedeckt sein)
- Langfristige Preisuntergrenze (Gesamtkosten müssen abgedeckt sein)

In diesem Unternehmen liegt nachstehende Teilkostenrechnung vor. Erzeugt und verkauft wurden 200 Mengeneinheiten eines Produktes. Die maximale Kapazität beträgt 600 Mengeneinheiten.

Erlöse	80.000,- €
- proportionale Kosten	25.000,- €
= Deckungsbeitrag	55.000,- €
- Fixkosten	45.000,- €
= Gewinn	**10.000,- €**

a) Durch Reduzierung des Stückpreises auf 350,- € im Dezember steigen Produktion und Absatz im Januar des Folgejahres auf 300 Stück. Welche

Auswirkung hat die getroffene Maßnahme auf den Deckungsbeitrag (Bruttoerfolg) und das Ergebnis (Nettoerfolg)?
b) Die schlechten Marktprognosen zwingen im Februar des Folgejahres zu einer Sonderaktion. Der Stückpreis wird auf die proportionalen Kosten (= kurzfristige Preisuntergrenze) herabgesetzt und der Absatz gegenüber Januar dadurch verdreifacht. Wie wirkt sich diese Maßnahme aus? Warum setzt die langfristige Preisuntergrenze in diesem Fall ein falsches Signal?

Aufgabe 26: Planungsrechnung des Praxisbeispiels
Unsere Beispiels-GmbH verzeichnete bislang u. a. einen Betriebsgewinn von 36.965,67 €. Dabei wurden vom Umsatzerlös (1,28 Mio. €) Materialeinzelkosten (0,37 Mio. €) sowie folgende Gemeinkosten (in €) abgezogen:

Gemeinkosten CAD	122.383,57
Gemeinkosten Laseranlage	91.696,57
Gemeinkosten Linienbearbeitung	65.139,90
Gemeinkosten Bemessern/Montage	233.448,57
Gemeinkosten Gummierung/Versand	104.258,57
Gemeinkosten Verwaltung	191.138,57
Gemeinkosten Vertrieb	64.968,57

Auf dieser Basis sind folgende Werte unter sonst gleichen Bedingungen neu zu berechnen:

a) Berechnen Sie die entsprechenden Gemeinkosten und den Betriebsgewinn, wenn ein Vertriebsmitarbeiter eine 15 %-ige Erhöhung seines Gehalts von 42 T€ erhält.
b) Welchen Gewinn/Verlust erhalten Sie für Werkzeug 1 und 2, wenn der Holzpreis/m² von 24,20 € auf 25,20 € ansteigt.
c) Der Zeitbedarf von Werkzeug 1 für Bemessern/Montage wurde mit 95 Minuten (vorher 105) neu berechnet. Ermitteln Sie die gesamten Fertigungsgemeinkosten und den Gewinn/Verlust für Werkzeug 1.
d) Aufgrund verstärkter Konkurrenz ist der Marktpreis für Werkzeug 1 von 298,- € auf 290,- € eingebrochen. Wie hoch ist der Gewinn/Verlust pro Werkzeug 1 nun?

Aufgabe 27: Lineare Funktionen
Ein Unternehmen stellt in zwei aufeinanderfolgenden Monaten Produkte her. Im ersten Monat werden 7.000 Einheiten zu Gesamtkosten von 106.000,- € produziert. Durch die steigende Nachfrage erhöht sich im zweiten Monat die produzierte Menge auf 8.500 Stück, die Gesamtkosten von 117.250,- € verursachen. Die Geschäftsleitung geht davon aus, dass sich die Gesamtkosten proportional zur produzierten Menge erhöhen.

a) Zu berechnen ist die Gesamtkostenfunktion unter Berücksichtigung der variablen und fixen Kosten.
b) Die Kosten sollen bei einer Ausbringungsmenge von 5.000 bzw. 10.000 Stück berechnet werden.

Aufgabe 28: Lineare Funktionen
Ein Unternehmen besitzt alternative Fertigungsverfahren und möchte herausfinden, welches Verfahren am kostengünstigsten ist oder ob es von verschiedenen Produktionsmengen abhängt.

Verfahren A hat proportionale, also variable Kosten in Höhe von 0,75 € bei wöchentlichen Fixkosten von 12.500 €. Verfahren B hingegen hat in der gleichen Zeit geringere variable Kosten von 0,50 €. Hingegen ergeben sich höhere Fixkosten von 18.000,- €, da die maschinelle Ausstattung gegenüber dem Verfahren A größer ist.

a) Welches Verfahren ist bei einer Produktionsmenge von 18.000 bzw. 25.000 Stück am kostengünstigsten?
b) Kann man möglicherweise die Produktionsmenge bestimmen, bei denen die Fertigungsverfahren identisch hohe Kosten verursachen?

Aufgabe 29: Quadratische Funktionen I
Ein produzierendes Unternehmen hat die Kostenfunktion $K(x) = 0,5x^2 - x + 34$ und die Preisabsatzfunktion $p(x) = 18 - 0,5x$.

a) Bestimmen Sie die Erlösfunktion.
b) Bestimmen Sie die Gewinnzone des Unternehmens.
c) Wie lautet die gewinnmaximale Menge?

Aufgabe 30: Quadratische Funktionen II
Ein monopolistisch agierendes deutsches Unternehmen produziert qualitativ hochwertige Fußballschuhe, die insbesondere an Vereine der drei deutschen Bundesligen in größeren Stückzahlen verkauft werden. Die Vertriebsmitarbeiter haben festgestellt, dass die Nachfrage nach diesen Schuhen

(Paare) vom Preis (in €) abhängt. Aufgrund der Vergangenheit ergab sich die Nachfragefunktion
$$x(p) = 500 - 0{,}05p$$
Bildet man zu dieser Nachfragefunktion die Umkehrfunktion, löst also die Funktion nach dem Preis (p) auf, ergibt sich die Preisabsatzfunktion
$$p(x) = 10.000 - 20x$$
Dem Unternehmen entstehen durch die Produktion der Fußballschuhe Gesamtkosten, die sich aus Fixkosten in Höhe von 12.500,- € und variablen Kosten zusammensetzen, die pro Paar 1.400,- € ergeben. Somit lautet die Kostenfunktion
$$K(x) = 12.500 + 1.400x$$
Aus der Erfahrung wissen die Vertriebsmitarbeiter, dass sich aus der Preisabsatzfunktion durch Multiplikation mit der Menge (x) die Erlösfunktion ergibt. Auch haben die Personen schon vom so genannten Prohibitivpreis und der Sättigungsmenge gehört. Als Prohibitivpreis wird der Preis bezeichnet, zu dem sich keine Menge verkaufen lässt. Als Sättigungsmenge wird die Menge bezeichnet, die sich zu einem Preis von 0 € ergibt.

a) Bestimmen Sie den Prohibitivpreis.
b) Berechnen Sie die Sättigungsmenge.
c) Berechnen Sie die Cournotsche Menge und den Cournotschen Preis.
d) Bestimmen Sie unter Verwendung der Frage c) das Gewinnmaximum.

Aufgabe 31: Kubische Funktionen I
Die Abteilung Rechnungswesen eines mittelständischen Unternehmens hörte schon häufiger vom Gewinnmaximierungsproblem. Auf Anraten der Geschäftsleitung soll aber zunächst herausgefunden werden, ob Kosten optimiert werden können. Die Gesamtkosten des Unternehmens nehmen zwar logischerweise mit steigender Ausbringungsmenge immer zu, haben aber oft einen ertragsgesetzlichen Verlauf. Zunächst sinken u. a. aufgrund der rückläufigen Stückfixkosten die Grenzkosten, um dann ab einer bestimmten Ausbringungsmenge z. B. wegen steigender Stundenlöhne (Wochenende oder Nachtzuschläge) oder Kapazitätsüberlastung von Maschinen wieder anzusteigen. Dieses soll durch den neuen Mitarbeiter, der gerade ein Bachelorstudium abgeschlossen hat, der Geschäftsleitung »unmathematisch« erklärt werden. Die Gesamtkostenfunktion lautet:
$$K(x) = x^3 - 6x^2 + 13x + 100$$
Sie sind dieser Bachelorabsolvent. Erklären Sie der Geschäftsleitung den Vorgang.

Aufgabe 32: Kubische Funktionen II
Nach Abschluss des betriebswirtschaftlichen Studiums an der HTW Aalen im Studiengang B übernimmt eine Studentin die Geschäftsleitung ihres Fami-

lienunternehmens. Durch das volkswirtschaftliche Modul des Studiums hat sie erfahren, was ein Polypol ist, zu dem sie auch ihr Unternehmen zählt.[27] Durch den Verkauf eines hier nicht genau beschriebenen Artikels erzielt das Unternehmen einen Ertrag/Einheit von 8,40 €. Auch die Kostenfunktion ist bekannt. Die Fixkosten betragen 4,50 € während lineare Kosten pro Ausbringungsmenge in Höhe von 25,- € entstehen. Auch weitere Kosten können anfallen, so dass die Kostenfunktion insgesamt den folgenden Aufbau hat.

$K(x) = 0{,}5x^3 - 6x^2 + 25x + 4{,}5$

a) Erstellen Sie die Gewinnfunktion.
b) Durch Polynomdivision sollen deren Nullstellen bestimmt werden. Durch Ausprobieren hat man bereits die erste Nullstelle erfasst ($x_1 = 5$).
c) Tragen Sie für die Ausbringungsmengen 0 bis 8 die Erlöse, Kosten sowie die daraus zu berechnenden Gewinne/Verluste ab.
d) Sollten die maximalen Gewinne bzw. Verluste der Aufgabe c nicht genau abzulesen sei, berechnen Sie dazu die entsprechenden Ausbringungsmengen.

Aufgabe 33: Verschiebung von Funktionen
Eine Bachelorabsolventin und ein Bachelorabsolvent haben im Rahmen der Kostenrechnung und Preistheorie etwas von der so genannten agglomerativen Preisdifferenzierung gehört. Nun arbeiten beide Personen gemeinsam in der Kostenrechnungsabteilung eines mittelständischen Unternehmens, welches diese agglomerative Preisdifferenzierung betreibt, da zwei Teilmärkte eine unterschiedliche Kaufkraft der potenziellen Käufer haben. Aufgrund des bereits abgelaufenen Jahres sind (für auch teilbare Produkte) folgende Funktionen bekannt:
Teilmarkt 1: $p_1 = -2x_1 + 16$ ⇒ Preisabsatzfunktion (p_1 = Preis, x_1 = Menge)
Teilmarkt 2: $p_2 = -x_2 + 10$ ⇒ Preisabsatzfunktion (p_2 = Preis, x_2 = Menge)
Gesamte Grenzkostenfunktion: $K' = 2$

a) Stellen Sie die beiden Preisabsatzfunktionen in einem Koordinatensystem dar, was eine Verschiebung für das gesamte Unternehmen bedeutet.
b) Berechnen Sie für alle Teilmärkte die Preise, Mengen und die maximalen Gewinne.
c) Berechnen Sie auch den Gesamtgewinn und die Abweichung der Teilmärkte.

---

27 Polypol = viele Anbieter treffen auf viele Nachfrager.

Aufgabe 34: Drehung von Funktionen
Ein Unternehmen hat das Änderungsverhalten der Produktionskosten für ein Produkt analysiert und festgestellt, dass sich die variablen Kosten erhöht haben. Bekannt sind die Grenzerlösfunktion (E´) sowie die ursprüngliche und neue Kostenfunktion (K_u bzw. K_n).

$E´(x) = -4x + 16 \quad K_u(x) = 10 + 4x \quad K_n(x) = 10 + 8x$

Würde man diese Kostenfunktionen graphisch zeigen, hätte sich die ursprüngliche Kostenfunktion durch die steigenden variablen Kosten nach »links oben« gedreht.

a) Berechnen Sie, unter Gleichsetzung der Grenzerlös- und Grenzkostenfunktion jeweils die Ausbringungsmengen.
b) Welche Gewinne/Verluste stellen sich bei den unter Aufgabe a ermittelten Ausbringungsmengen ein?

Aufgabe 35: Integralrechnung I
Der Vertriebsmitarbeiter eines Unternehmens plant die Herstellung und den Vertrieb eines neuen Produktes. Durch den Leiter der Produktion erhielt er bereits vorab die Schätzung der Grenzkostenfunktion, die formal $K´ = 3x^2 - 24x + 60$ lautet. Ferner wurde mitgeteilt, dass bei einem Probelauf von 3 ME die Gesamtkosten 199,- € ergaben. Auch die Grenzerlösfunktion konnte festgelegt werden, sie lautet $E´ = 132 - 18x$.

a) Der Vertriebsmitarbeiter versucht zunächst, die Stammfunktionen der Kosten- und Erlösfunktion herauszubekommen.
b) Dann soll die gewinnmaximale Menge gefunden werden.
c) Das Gewinnmaximum kann schließlich auf zweierlei Wegen bestimmt werden. Entweder direkt durch Abzug der Kosten von den Erlösen oder alternativ durch die Integralrechnung.

Aufgabe 36: Integralrechnung II
Eine Konditorei produziert eine besondere Torte, deren Herstellung sehr zeitintensiv ist, so dass die Kapazitätsgrenze bei 13 Stück/Tag liegt. Der Sohn des Konditormeisters ist Bachelorstudent und hat herausgefunden, dass die Grenzgewinnfunktion $G´(x) = 4x - 2$ beträgt. Gleichzeitig konnten die täglichen Fixkosten, also die beschäftigungsunabhängigen Kosten bestimmt werden, die immerhin 112 €/Tag betragen. Der Student möchte folgende Punkte klären:

a) Wie lautet die Gewinnfunktion? Die Integrationskonstante wird durch die Fixkosten bestimmt.

b) Wie sehen die Deckungsbeiträge und die Gewinne bei Ausbringungsmengen von 6 bis 13 Torten täglich aus?
c) Wo liegen Gewinnmaximum und die Break-Even-Menge und wie lassen sich die Gewinne durch das Integral beschreiben?

Aufgabe 37: Elastizitäten I
Vor Beginn der Olympischen Sommerspiele erhöht der Sportartikelhersteller den Preis eines bestimmten Sportschuhes pro Stück von 110,- € auf 130,- €. Während der Spiele sinkt die Nachfrage von 1.000 auf 950 Stück.

a) Berechnen und interpretieren Sie die Preiselastizität der Nachfrage.
b) Hat sich für den Sportartikelhersteller der Preisanstieg gelohnt? Begründen Sie dabei Ihre Meinung.

Aufgabe 38: Elastizitäten II
Ein Unternehmen möchte herausfinden, ob es sich bei den vier Produkten um Komplementär- oder Substitutionsgüter handelt. Das Unternehmen geht davon aus, dass sich die Güter x_1 zu x_2 sowie x_3 zu x_4 entweder gleich- oder gegenläufig zueinander verhalten.

a) Das Produkt x_1 hatte pro Einheit einen Preis p_1 von 10,- €, während das Produkt x_2 eine Ausbringungsmenge von 20 Stück hatte. Als sich der Preis p_1 von 10,- € auf 12,- € erhöhte, sank die Ausbringungsmenge von x_2 von 20 auf 17 Stück.
b) Das Produkt x_3 hatte pro Einheit einen Preis p_3 von 10,- €, während das Produkt x_4 eine Ausbringungsmenge von 20 Stück hatte. Als sich der Preis p_1 von 10,- € auf 12,- € erhöhte, erhöhte sich die Ausbringungsmenge von x_4 von 20 auf 25 Stück.

Aufgabe 39: Elastizitäten III
Ein Unternehmen stellt zwei Produkte her. Von dem Ski (x_1) werden in einem Jahr 100 Stück verkauft, die jeweils einen Preis (p_1) von 200,- € erzielen. Von den Snowboards (x_2) werden 50 Stück verkauft, die etwas günstiger sind und die Kunden jeweils 100,- € (p_2) kosten. Durch eine Preiserhöhung der Snowboards im neuen Jahr um 50,- € steigt die Anzahl der verkauften Ski auf 120 Stück. Handelt es sich um Komplementär- oder Substitutionsgüter und welcher Wert entsteht durch die Kreuzpreiselastizität?

Aufgabe 40: Elastizitäten IV
Der Geschäftsführer eines Unternehmens möchte herausfinden, wie die Konkurrenzsituation zu einem Vergleichsunternehmen aussieht. Der aktuelle Preis der Ware beträgt 50,-€/Stück. Der Geschäftsführer möchte in der

Folgezeit den Preis auf 100,- €/Stück erhöhen. Aktuell verkauft das Konkurrenzunternehmen 20 Stück.

a) Wie wäre die Marktsituation, wenn der Konkurrent in der Folgezeit 20 Stück verkauft?
b) Wie wäre die Marktsituation, wenn der Konkurrent in der Folgezeit 60 Stück verkauft?

Aufgabe 41: Lineare Optimierung I
Ein Unternehmen fertigt zwei Produkte. Produkt 1 erwirtschaftet pro Mengeneinheit einen Deckungsbeitrag von 600,- €, während für Produkt 2 pro Mengeneinheit der Deckungsbeitrag 1.000,- € beträgt. Die Produkte durchlaufen die drei Fertigungsstraßen A, B und C. Deren maximale monatliche Kapazität beträgt 340 Stunden (A), 300 Stunden (B) und 360 Stunden (C).
Produkt 1 durchläuft die Fertigungsstraßen A und B, die es je eine Stunde je Mengeneinheit belegt. Für die Fertigung von Produkt 2 werden je Mengeneinheit zwei Stunden der Fertigungsstraße A, eine Stunde von B und drei Stunden von C benötigt.
Es gilt, den Gesamtdeckungsbeitrag des Betriebes zu maximieren!

a) Stellen Sie das Optimierungsproblem als Ungleichungssystem dar!
b) Lösen Sie das Problem algebraisch mit der Simplex-Methode!

Aufgabe 42: Lineare Optimierung II
Eine Brauerei produziert zwei Biersorten B1 und B2, wobei Gerste (G), Hopfen (H) und Wasser (W) benötigt werden. Pro Hektoliter der Biersorte ergeben sich folgende Verbrauchsmengen:
B1: 2,3 kg Gerste, 0,87 kg Hopfen und 110 kg Wasser
B2: 2,7 kg Gerste, 0,79 kg Hopfen und 120 kg Wasser
B1 erzielt einen Deckungsbeitrag pro Hektoliter von 20,- €, während B2 sogar 30,- € erwirtschaftet.
Die wöchentlichen Lagermengen der benötigten Rohstoffe sind wie folgt:
Gerste: 1.000 kg
Hopfen: 850 kg
Wasser: 10.000 kg
Berechnen Sie anhand des höchsten Deckungsbeitrages den erzielbaren Deckungsbeitrag pro Woche. Dies kann durch Ausprobieren und/oder den Simplex-Algorithmus erfolgen.

8 Lösungen zu den Aufgaben

Aufgabe 1: Abgrenzungsrechnung des Rechnungswesens
Aufwendungen, Kosten und Auszahlungen entstehen in den einzelnen Monaten wir folgt:

	Januar	Februar	März
Aufwendungen	5.000	4.000	
Kosten	5.000		
Auszahlungen		6.500	2.500

Erläuterung: Die im Januar fakturierten Rohstoffeinkäufe werden noch im gleichen Monat in der Gewinn- und Verlustrechnung als Aufwand und in der Kostenrechnung als Kostenblock gebucht. Die im Januar fakturierten Verbindlichkeiten werden jeweils hälftig im Februar und März gezahlt und belasten in diesen beiden Monaten die Liquidität in Höhe von jeweils 2.500 €. Der Wasserschaden in Höhe von 4.000 € führt im Februar zum Aufwand und zur Auszahlung. Da es sich um außerordentliche Aufwendungen handelt, werden keine Kosten berücksichtigt.

Die im Januar eingebuchten Materialaufwendungen und Materialkosten von 5.000 € hätten auch anders berücksichtigt werden können. Nach der so genannten Skontrationsmethode werden Materialaufwendungen immer erst nach Berücksichtigung des Materialentnahmescheins eingebucht.

Erträge, Leistungen und Einzahlungen laufen teilweise ebenfalls auseinander:

	Januar	Februar	März
Erträge	3.900		
Leistungen	2.500		
Einzahlungen	1.400		2.500

Erläuterung: Warenverkäufe und der Abgang des Anlagevermögens führen in der Gewinn- und Verlustrechnung in Höhe von 3.900 € im Monat Januar zu Erträgen. Der Verkaufserlös für die Maschine wird aber nicht als Leistung im Rahmen der Kostenrechnung erfasst, da es neutraler Ertrag (außerordentlicher Ertrag) darstellt. Folglich gehen nur die Warenverkäufe als Leistungen in die Kostenrechnung ein. Einzahlungen werden im Januar in Höhe von 1.400 € (Maschinenverkauf) und im März in Höhe von 2.500 € (Rechnungsbegleichung durch unsere Kunden) im Rahmen der Einzahlung berücksichtigt.

8 Lösungen zu den Aufgaben

Aufgabe 2: Betriebsoptimum I
Mathematische Lösung:

$K_I = 2000 + 0{,}15x \quad K_{II} = 3000 + 0{,}10x$

Die beiden Fahrzeugtypen sind im Hinblick auf die Fahrleistung gleich teuer, wenn sich die Kostenkurven schneiden, wenn also $K_I = K_{II}$ ist.

Wenn die linken Seiten gleichgesetzt werden können, so dürfen auch die rechten Seiten gleichgesetzt werden. Daraus leiten sich die km pro Jahr ab.

$2000 + 0{,}15x = 3000 + 0{,}10x \Rightarrow 0{,}15x = 1000 + 0{,}10x \Rightarrow 0{,}05x = 1000 \Rightarrow x = 20.000$

Ab dieser Fahrleistung von 20.000 km pro Jahr wird Typ II billiger als Typ I.

Graphische Lösung:

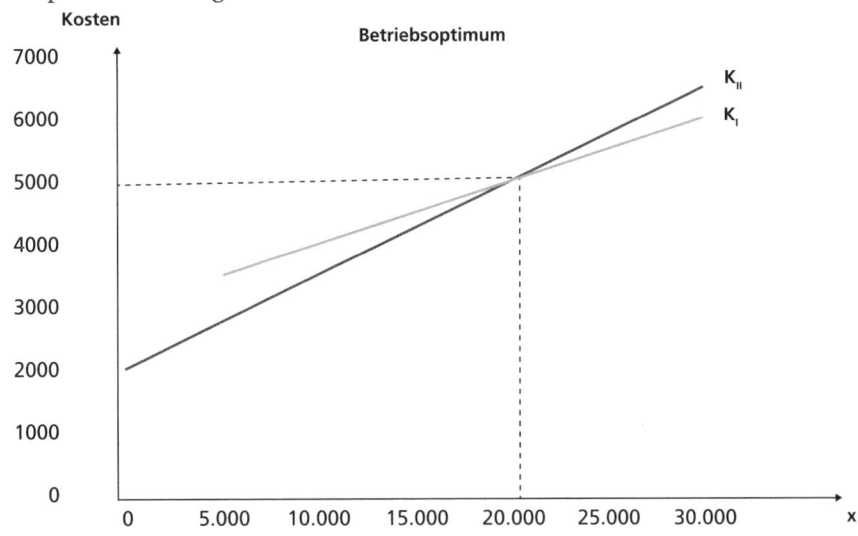

Aufgabe 3: Betriebsoptimum II
Lösung zu a)
80 % von 200 Stück = 160 Stück.

$K_1 = 175 + 3{,}5 \cdot 160 = 735 \quad K_2 = 400 + 2 \cdot 160 = 720$

Im Falle einer Kapazitätsauslastung wäre Maschine 2 der Vorzug zu geben.

Lösung zu b)
$175 + 3{,}5 \cdot x = 400 + 2 \cdot x \Rightarrow 1{,}5x = 225 \Rightarrow x = 150$

Bis zum 149. Stück produziert Maschine 1, obwohl die variablen Kosten höher sind, durch die geringeren Fixkosten kostengünstiger. Ab dem 151. Stück ist Maschine 2 der Vorzug zu geben.

8 Lösungen zu den Aufgaben

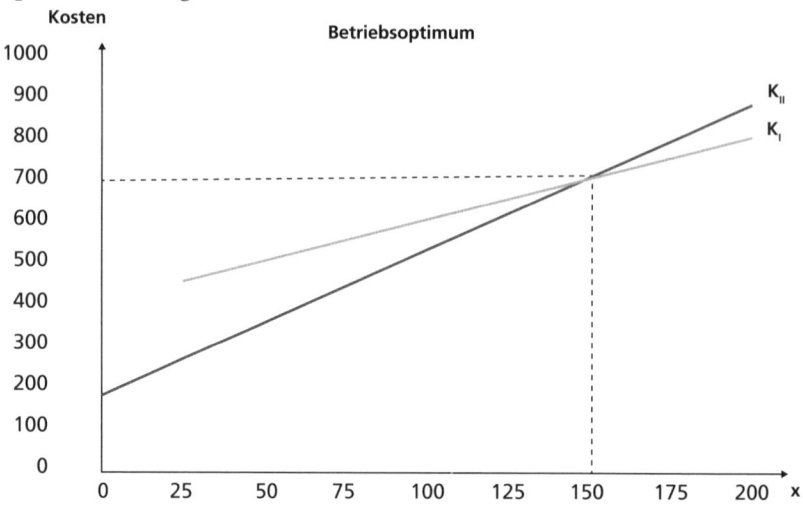

Graphische Lösung:

```
Kosten
1000 ┤                Betriebsoptimum
 900 ┤                                              K_II
 800 ┤                                              K_I
 700 ┤- - - - - - - - - - - - - - - -
 600 ┤
 500 ┤
 400 ┤
 300 ┤
 200 ┤
 100 ┤
   0 ┼────┬────┬────┬────┬────┬────┬────┬────┬──►
   0   25   50   75  100  125  150  175  200   x
```

Lösung zu c)
Die Kaufpreise bestimmen die Höhe der Fixkosten der Maschinen. Diese entstehen im Wesentlichen durch die kalkulatorischen Kosten.

Aufgabe 4: Gesamtkostenfunktion I

Lösung zu a)
$K = 30 + 0{,}8 \cdot x$

x	K	k	k_v	k_f	K'
30	54,0	1,8	0,8	1,0	0,8
60	78,0	1,3	0,8	1,0	0,8

Lösung zu b)
Die gesamten Stückkosten sind niemals kleiner als die variablen Stückkosten, da sie immer einen Anteil an den fixen Stückkosten enthalten. Dieser Anteil kann zwar bei sehr großen Ausbringungsmengen sehr klein werden, niemals aber negativ, da die Fixkosten stets positive Werte aufweisen.

Aufgabe 5: Gesamtkostenfunktion II
Bei gesamten Grenzkosten muss es sich um einen linearen Gesamtkostenverlauf handeln. Die (konstante) Steigung von 20 entspricht den durchschnittlichen variablen Stückkosten ($k_v = 20$).

Damit betragen bei einer Produktion von 50 Tischen die fixen Stückkosten 40 € (= 60 € − 20 €) und die gesamten Fixkosten K_f = 2.000 €.
Der gesuchte lineare Kostenverlauf beträgt also:
$K = K_f + k_v \cdot x = 2000 + 20 \cdot x$

Aufgabe 6: Gesamtkostenfunktion III
Lösung zu a)
$K = 100 + 10 \cdot x - 0{,}5 \cdot x^2 + 0{,}01 \cdot x^3$

x	K	K_v	K_f
5	138,75	38,75	100

Man erkennt anhand der Wertetabelle und der Funktion sehr gut den Zusammenhang zwischen den variablen und fixen Kosten.

Lösung zu b)
Zunächst ist die Grenzkostenfunktion durch Ableitung der Gesamtkostenfunktion zu bestimmen.
$K' = 10 - x + 0{,}03 \cdot x^2$
Diese führt dann u. a. zu den Durchschnitts- und Grenzkostenfunktionen.

x	k	k_v	k_f	K'
5	27,75	7,75	20	5,75

Lösung zu c)
Die Grenzkosten besagen, dass das 5. Stück der Produkte Kosten von 5,75 € verursacht hat. Diese Stückkosten liegen sogar noch unter den durchschnittlichen variablen Stückkosten und – wegen der hohen anteiligen Fixkosten – ganz erheblich unter den gesamten durchschnittlichen Stückkosten. Wenn also der Betrieb überhaupt produziert, dann würde sich eine Produktionsausweitung bestimmt lohnen, um die durchschnittlichen Stückkosten weiter zu senken.

8 Lösungen zu den Aufgaben

Aufgabe 7: Break-Even-Analyse
Graphische Lösung:

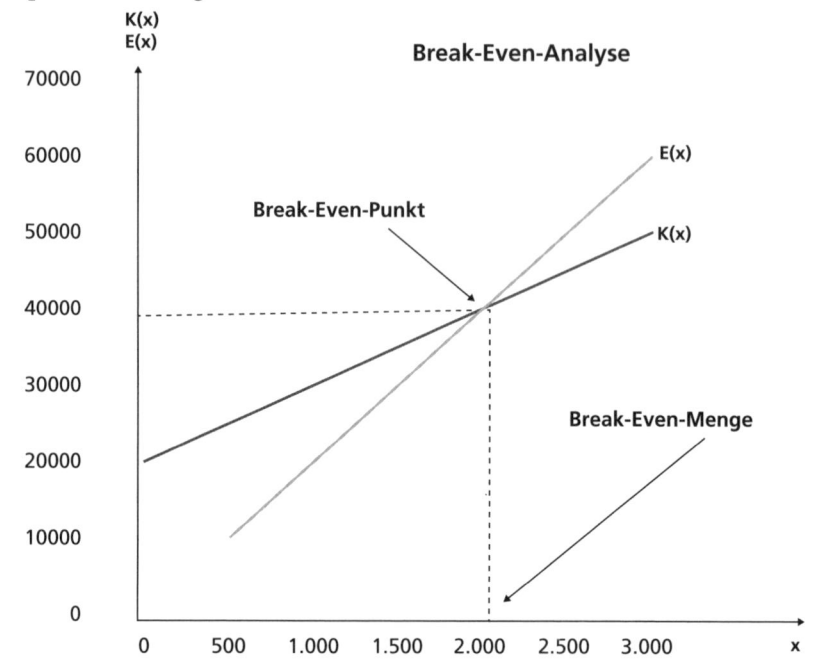

[Diagramm: Break-Even-Analyse mit K(x) und E(x); Break-Even-Punkt bei x = 2000]

Mathematische Lösung:
$E = 20 \cdot x \quad K = 20000 + 10 \cdot x$
Die Gewinnzone wird bei der Ausbringungsmenge erreicht, bei der E = K gilt. Daraus ergibt sich:
$20 \cdot x = 20000 + 10 \cdot x \Rightarrow 10x = 20000 \Rightarrow x = 2000$

Aufgabe 8: Lineare Kostenfunktionen
Lösung zu a)
Es sind die variablen und fixen Kosten zu berechnen. In den Perioden P_j lauten die Grundfunktionen:
P1: $9000x + K_f = 14500$
P2: $15000x + K_f = 17500$
P3: $12000x + K_f = 16000$
Diese können nun nach den Fixkosten K_f aufgelöst werden:
P1: $K_f = 14500 - 9000x$
P2: $K_f = 17500 - 15000x$
P3: $K_f = 16000 - 12000x$

Nun können beliebige Funktionen gleichgesetzt werden. Hier $P_1 = P_2$:
14500 − 9000x = 17500 − 15000x ⇒ 6000x = 3000 ⇒ x = 0,5
Die variablen Kosten belaufen sich also auf 0,5 €. Daraus leiten sich die Fixkosten ab.
P1: K_f = 14500 − 9000·0,5 = 10000 oder
P2: K_f = 17500 − 15000·0,5 = 10000 oder
P3: K_f = 16000 − 12000·0,5 = 10000
Die Kostenfunktion lautet damit:
K = 10000 + 0,5x

Lösung zu b)
Mathematische Lösung:
E = 1,50x   K = 10.000 + 0,5x   E = K
Die Gewinnzone wird bei der Ausbringungsmenge erreicht, bei der E = K gilt. Daraus wird:
1,50x = 10.000 + 0,5x   x = 10.000
Dass die Gewinnzone bei der Ausbringungsmenge x = 10.000 beginnt, zeigen die Berechnungen der Erlös- und Kostenfunktion, die jeweils 15.000,- € ergeben.
E = 1,50 · 10.000 = 15.000   K = 10.000 + 0,5 · 10.000 = 15.000

Lösung zu c)
Die Preisuntergrenze wird durch Division der Kostenfunktion durch die Ausbringungsmenge (P_U = K/x) bestimmt. Es gilt:
$$P_U = \frac{K}{x} = \frac{(10.000 + 0,5 \cdot 16.000)}{16.000} = 1,125 \text{ €}$$
Hier ist E = K wie bewiesen werden kann:
E = 16.000 · 1,125 = 18.000   K = 10.000 + 0,5 · 16.000 = 18.000

Lösung zu d)
Gewinn vor neuem Kunden (G_v):
E = 16.000 · 1,50 = 24.000 €   K = 10.000 + 0,5 · 16.000 = 18.000 €
G_v = 24.000 − 18.000 = 6.000 €
E_{neu} = 2.000 · 1,40 = 2.800 € $K_{neu} = K_f + K_v = K_f + 0,5 \cdot 2.000$
Dies bedeutet, die zusätzlichen Fixkosten dürfen nicht höher als 1.800 € sein, damit die Erlöse nicht übertroffen werden.

Aufgabe 9: Abgrenzungsrechnung der Kostenrechnung
Die Abgrenzungsrechnung überführt das Gesamtergebnis aus der Finanzbuchhaltung durch den getrennten Ausweis in das Betriebsergebnis.

8 Lösungen zu den Aufgaben

Ergebnistabelle							
Finanzbuchhaltung			Kosten- und Leistungsrechnung				
Gesamtergebnisrechnung			Abgrenzungsrechnung		Betriebsergebnisrechnung		
Konto	Aufwand	Ertrag	Aufwand	Ertrag	Kosten	Leistungen
5000		4.400.000				4.400.000
5400		120.000		120.000		
5460		826.000		826.000		
5500		126.000		126.000		
6000	3.400.000				3.400.000	
6160	32.000				32.000	
6200	940.000				940.000	
6300	130.000				130.000	
6400	240.000				240.000	
6520	275.000		35.750		239.250	
6850	42.000				42.000	
7030	65.000				65.000	
7077	135.000		28.000		107.000	
Summe	5.259.000	5.472.000	63.750	1.072.000	5.195.250	4.400.000
Ergebnis	213.000		1.008.250			-795.250
	Gesamtergebnis		Neutrales Ergebnis		Betriebsergebnis	

Während das Gesamtergebnis mit 213.000 € positiv ist, d. h. mit einem Gewinn abschließt, ist das operative Ergebnis mit – 795.250 € stark negativ. Das bedeutet, dass das Unternehmen mit dem eigentlichen Geschäft Verluste erzielt. Der Geschäftsleitung wäre zu empfehlen, zunächst einmal klassische Einsparungspotentiale zu erwägen, insbesondere im Bereich der Roh-, Hilfs- und Betriebsstoffe, weil diese den Löwenanteil an den Betriebskosten ausmachen. Entweder könnten bei den Umsatzerlösen die Mengen und/oder Preise erhöht oder bei den Materialaufwendungen Anteile davon reduziert werden, denn diese betragen ca. 77,3 % des Umsatzes, was sehr hoch ist.

8 Lösungen zu den Aufgaben

Aufgabe 10: Bewertung von Materialverbräuchen

Ausgangsbeispiel				
		Menge	Preis	Wert
AB	01. Jan	50	10,00	500,00
Zugang	05. Jan	70	13,00	910,00
Zugang	08. Jan	100	12,00	1.200,00
Zugang	18. Jan	100	13,50	1.350,00
Summen		320	12,375	3.960,00

zu a) Durchschnittliche Anschaffungskosten

Durchschnittsprinzip			
	Menge	Wert	Summe
Verbrauch	220	2.722,50	
Lager	100	1.237,50	3.960,00

In der Gewinn- und Verlustrechnung und bei den resultierenden Materialkosten der Kostenrechnung beträgt der Wert 2.722,50 €, während 1.237,50 € in die Vorräte des Umlaufvermögens gebucht werden. Die nächsten Teilaufgaben zeigen etwas andere Ergebnisse, erklären aber immer die Aufteilung der Werte in die Bilanz und die GuV/Kosten- und Leistungsrechnung.

zu b) Lifo-Methode

Lifo				
	Menge	Preis	Wert	Summe
Verbrauch	100,00	13,50	1.350,00	
	100,00	12,00	1.200,00	
	20,00	13,00	260,00	
Summe	**220,00**		**2.810,00**	
Lager	50,00	13,00	650,00	
	50,00	10,00	500,00	
	100,00		**1.150,00**	3.960,00

8 Lösungen zu den Aufgaben

zu c) Fifo-Methode

	Fifo			
	Menge	Preis	Wert	Summe
Verbrauch	50	10,00	500,00	
	70	13,00	910,00	
	100	12,00	1.200,00	
Summe	220		**2.610,00**	
Lager	100	13,50	**1.350,00**	3.960,00

zu d) Hifo-Methode

	Hifo			
	Menge	Preis	Wert	Summe
Verbrauch	100,00	13,50	1.350,00	
	70,00	13,00	910,00	
	50,00	12,00	600,00	
Summe	**220,00**		**2.860,00**	
Lager	50,00	12,00	600,00	
	50,00	10,00	500,00	
Summe	**100,00**		**1.100,00**	3.960,00

zu e) Lofo-Methode

	Lofo			
	Menge	Preis	Wert	Summe
Verbrauch	50,00	10,00	500,00	
	100,00	12,00	1.200,00	
	70,00	13,00	910,00	
	220,00		**2.610,00**	
Lager	100,00	13,50	1.350,00	
	100,00		**1.350,00**	3.960,00

8 Lösungen zu den Aufgaben

Aufgabe 11: Kalkulatorische Zinsen

	Wert	berücksichtigt
Grundstücke mit Gebäude	2.700.000,00	2.025.000,00
unbebautes Grundstück	60.000,00	0,00
Maschinen	1.800.000,00	1.800.000,00
BGA	300.000,00	300.000,00
Finanzanlagen	120.000,00	0,00
Vorräte	1.300.000,00	1.300.000,00
Forderungen	2.000.000,00	2.000.000,00
Geldmittel	300.000,00	300.000,00
Wertpapiere	100.000,00	0,00
Betriebsnotwendiges Kapital		**7.725.000,00**
Rückstellungen		350.000,00
Anzahlungen		500.000,00
Abzugskapital		**850.000,00**
zu verzinsender Betrag		**6.875.000,00**
Zinssatz (8%)		550.000,00

Aufgabe 12: Betriebsabrechnungsbogen
Zunächst erfolgt **Lösung zu b)**

Kostenart	Betrag	Hauptkostenstelle			
		Material	Fertigung	Verwaltung	Vertrieb
Hilfsstoffe	11.500	200	10.700	0	600
Betriebsstoffe	2.600	240	1.820	360	180
Hilfslöhne	18.000	1.390	15.730	280	600
Gehälter	32.800	1.600	5.400	15.300	10.500
Soziale Abgaben	19.500	650	10.550	5.940	2.360
Abschreibungen	8.600	2.646	3.969	1.323	662
Betriebssteuern	4.400	0	3.300	1.100	0
Sonstige Aufwendungen	10.700	1.260	2.240	5.300	1.900
Summe	**108.100**	**7.986**	**53.709**	**29.603**	**16.802**
		MGK	FGK	VwGK	VtGK
Zuschlagsgrundlage		FM	FL	HK Umsatz	HK Umsatz
		49.600	61.000		
Gemeinkostenzuschlagssatz		**16,10%**	**88,05%**		

Die Gemeinkostenzuschlagssätze für Material und Fertigung konnten also bereits ermittelt werden. Diejenigen für Verwaltung und Vertrieb entstehen aber erst durch die Ermittlung der Herstellkosten des Umsatzes.

Lösung zu a) und c)

Fertigungsmaterial	49.600		
+ MGK (16,10%)	7.986		
Materialkosten	57.586		
Fertigungslöhne	61.000		
+ FGK (88,05%)	53.709		
Fertigungskosten	114.709		
Herstellkosten der Erzeugung	**172.295**		
+ Minderbestand an unf. Erz.	0		
– Mehrbestand an fert. Erz.	0		
Herstellkosten des Umsatzes	**172.295**		
Verwaltungsgemeinkosten	29.603	in % sind das	17,18%
Vertriebsgemeinkosten	16.802		9,75%
Selbstkosten des Umsatzes	218.699		

Bewusst werden in dieser Musterlösung auch die in der Aufgabenstellung nicht erwähnten Minder- bzw. Mehrbestände angesprochen, die auch immer in der Praxis vorkommen können. Entstehen Minder- bzw. Mehrbestände, werden diese addiert bzw. subtrahiert.

Lösung zu d)
Betragen die Umsatzerlöse 250.00,- €, beträgt der betriebsbedingte Gewinn 31.301,- €.

8 Lösungen zu den Aufgaben

Lösung zu e)

	Kostenträger A	Kostenträger B
Fertigungsmaterial	100,00	300,00
+ MGK (16,10%)	16,10	48,30
= Materialkosten	116,10	348,30
Fertigungslöhne	50,00	120,00
+ FGK (88,05%)	44,03	105,66
Fertigungskosten	94,03	225,66
Herstellungskosten der Erzeugung	210,13	573,96
= Herstellkosten des Umsatzes	210,13	573,96
+ VerwGK (17,18%)	36,10	98,61
+ VertrGK (9,75%)	20,49	55,96
= Selbstkosten des Umsatzes	266,72	728,53

Diese Selbstkosten des Umsatzes zeigen also für die beiden Kostenträger A und B (= Produkte) wie hoch der Preis beim Verkauf sein müsste, um zumindest aus dem Verlustbereich zu kommen.

Aufgabe 13: Mehrstufige Divisionskalkulation I

	Selbstkosten	Lagerwert
Kosten 1 = 600.000 € / 200.000 t =	3,00 €	
Kosten 2 = (600.000+140.000)/185.000 t	4,00 €	
Kosten 3 = (160.000*4+800.000)/125.000 t	11,52 €	
Lager 3 = 25.000 t * 4 €		100.000,00 €
Kosten 4 = (100.000 t * 11,52 + 500.000)/100.000	16,52 €	
Lager 4 = 25.000 t * 11,52 €		288.000,00 €
Kosten 5 = (60.000 t * 16,52 + 300.000)/60.000	21,52 €	
Lager 5 = 40.000 t * 16,52 €		660.800,00 €
		1.048.800,00 €

Damit können sowohl die Kosten einer Tonne Zement bestimmt werden, die 21,52 € betragen, während der Wert der Lagerbestände 1.048.800 € betragen.

Aufgabe 14: Mehrstufige Divisionskalkulation II
Die beiden Teilaufgaben werden zunächst tabellarisch gelöst.

		Lagerbestand in t	Lagerkosten in €
Stufe 1	Kosten insgesamt = 165.000 €; je Tonne 165.000 / 110.000t = 1,50 €	20.000,00	30.000,00
Stufe 2	Kosten insgesamt = 90.000 t * 1,50 + 205.000 = 340.000 € / 85.000t = 4,00 €	15.000,00	60.000,00
Stufe 3	Kosten insgesamt = 70.000 t * 4,00 + 650.000 = 930.000 € / 60.000t = 15,50 €		
Stufe 4	Kosten insgesamt = 25.000 t * 15,50 = 387.500 Lagerkosten	25.000,00	387.500,00
	Kosten insgesamt = 35.000 t * 15,50 + 105.000 = 647.500 /35.000 = 18,50 €/Klinker		
			477.500,00

Die Kosten pro verladener Tonne Klinker betragen also 18,50 €. Die Lagerbestände sowie Kosten sind pro Stufe und insgesamt ebenfalls dargestellt. Stufe 2 bspw. beinhaltet 15.000 Tonnen bei einem Lagerwert von 60.000 €. Insgesamt betragen die Lagerkosten 477.500 €.

Aufgabe 15: Äquivalenzziffernverfahren
Stückkosten und Selbstkosten jeder Sorte enthält die folgende Tabelle. Daraus ergibt sich zunächst die »Einheitssorte«, die 0,36 € kostet.

Sorte	Äquivalenzziffer	Produktionsmenge	Umrechnungszahl	Selbstkosten je Stück	Selbstkosten je Sorte
I	0,75	400.000	300.000	0,270	108.000,00
II	1,00	800.000	800.000	0,360	288.000,00
III	1,20	300.000	360.000	0,432	129.600,00
IV	1,60	250.000	400.000	0,576	144.000,00
		1.750.000	1.860.000		669.600,00
eine Einheitssorte = 669.000 / 1.860.000 = 0,36					

8 Lösungen zu den Aufgaben

Aufgabe 16: Vor- und Nachkalkulation

Zuschlagskalkulation als Nachkalkulation					
Kalkulationsschema	Vorkalkulation		Nachkalkulation		
Fertigungsmaterial		520,00		535,00	
+Materialgemeinkosten	5%	26,00	5,5%	29,43	
Materialkosten		546,00		564,43	
Maschinenkosten	20 * 24,75€	495,00	19,5 * 25,2 €	491,40	
Fertigungslöhne	22 * 23€	506,00	22 * 22,6 €	497,20	
Herstellkosten		1.547,00		1.553,03	
Verw.-GK	12,50%	193,38	12,70%	197,23	
Vertr.-GK	8%	123,76	7,6%	118,03	
Selbstkosten		1.864,14		1.868,29	
+ Gewinn	12%	223,70	11,75%	219,54	-4,15€
Barverkaufspreis		2.087,83		2.087,83	
Kundenskonto	3%	64,57			
Zielverkaufspreis		2.152,40			
Kundenrabatt	6%	137,39			
Angebotspreis		2.289,79			

Der Gewinnausweis zwischen Vor- und Nachkalkulation ist insgesamt um 4,15 € niedriger, da die Kosten höher sind.

Aufgabe 17: Maschinenstundensatzrechnung
Ohne Aufteilung in fixe und variable Kosten ergeben sich zunächst verschiedene Rechenwege. Danach erfolgt die tabellarische Umsetzung.

Mathematische Lösung:
Zunächst wird die kalkulatorische Abschreibung berechnet.
$$\frac{\text{Wiederbeschaffungswert}}{\text{Nutzungsdauer}} = \frac{560.000}{5} = 112.000,- \text{€/Jahr}$$
Dann werden die kalkulatorischen Zinsen ermittelt.
$$\frac{\text{Anschaffungskosten}}{2} \cdot 4,5\% = \frac{500.000}{2} \cdot 0,045 = 11.250,- \text{€/Jahr}$$
Monatliche Platzkosten = Fläche in m² · Kosten = 22 · 150 = 3.300,- €/Monat
Variable Energiekosten = kWh · Kosten/kWh = 80 · 0,25 = 20,- €/Monat

Bezeichnung	Jährliche Kosten in €	Monatliche Kosten in €
Kalkulatorische Afa	112.000,00	9.333,33
Kalkulatorische Zinsen	11.250,00	937,50
Platzkosten		3.300,00
Grundgebühr Energiekosten		60,00
Variable Energiekosten		20,00
Summe		**13.650,83**

8 Lösungen zu den Aufgaben

$$\text{Maschinenstundensatz} = \frac{\text{maschinenabhängige Kosten}}{\text{Laufzeit}} = \frac{13.650,83}{165} = 82,73 \text{ €}$$

Aufgabe 18: Break-Even-Analyse I
Lösung zu a)

Absatzmenge	Umsatzerlös	Variable Kosten	Fixe Kosten	Betriebsergebnis
0	0,00 €	0,00 €	15.000.000,00 €	-15.000.000,00 €
2.000	10.000.000,00 €	6.000.000,00 €	15.000.000,00 €	-11.000.000,00 €
4.000	20.000.000,00 €	12.000.000,00 €	15.000.000,00 €	-7.000.000,00 €
6.000	30.000.000,00 €	18.000.000,00 €	15.000.000,00 €	-3.000.000,00 €
8.000	40.000.000,00 €	24.000.000,00 €	15.000.000,00 €	1.000.000,00 €
10.000	50.000.000,00 €	30.000.000,00 €	15.000.000,00 €	5.000.000,00 €

Offensichtlich liegt also der Break-Even-Point, also die Gewinnschwelle, zwischen 6.000 und 8.000 Stück, was die nächste Teilaufgabe herausfinden soll.

Lösung zu b)
Zur Ermittlung des Break-Even-Point sind die Fixkosten durch den Stückdeckungsbeitrag zu dividieren. Die Fixkosten betragen 15 Mio. €, während sich der Stückdeckungsbeitrag durch den Abzug der variablen Kosten vom Preis pro verkaufter Einheit (5.000 – 3.000 = 2.000) ergibt.

$$BEP_1 = \frac{\text{Fixkosten}}{\text{Stückdeckungsbeitrag}} = \frac{15.000.000}{2.000} = 7.500 \text{ Stück}$$

Lösung zu c)

$$BEP_2 = \frac{\text{Fixkosten}}{\text{Stückdeckungsbeitrag}} = \frac{14.500.000}{2.000} = 7.250 \text{ Stück}$$

$$BEP_3 = \frac{\text{Fixkosten}}{\text{Stückdeckungsbeitrag}} = \frac{15.000.000}{2.100} = 7.142,86 \text{ Stück}$$

BEP_2 beschreibt also den Rückgang der fixen Kosten auf 14,5 Mio. €. C.P bedeutet »ceteris paribus«, also unter sonst gleichen Bedingungen. Hätten Sie bei dieser Aufgabe auch gleichzeitig die variablen Stückkosten um 100,- € reduziert, wäre es zwar nicht falsch gewesen, jedoch nicht »unter sonst gleichen Bedingungen«.

BEP_3 beschreibt also den Rückgang der variablen Kosten auf 2.900,- €, so dass sich der Stückdeckungsbeitrag von ursprünglich 2.000,- € auf 2.100,- € erhöht. Also sind aufgerundet lediglich 7.143 Produkte als Absatzmenge erforderlich, um in die Gewinnzone zu gelangen.

8 Lösungen zu den Aufgaben

Aufgabe 19: Break-Even-Analyse II
Lösung zu a)

K = 20.000 + 2,5x wenn 0 ≤ x ≤ 7.000	E = 5x wenn 0 ≤ x ≤ 6.000
K = 20.000 + 3,5x wenn 7.000 < x ≤ 12.000	E = 4,5x wenn 6.000 < x ≤ 12.000

Lösung zu b)

x	0	2.000	4.000	6.000	8.000	10.000	12.000
K	20.000	25.000	30.000	35.000	41.000	48.000	55.000
E	0	10.000	20.000	30.000	39.000	48.000	57.000
G	-20.000	-15.000	-10.000	-5.000	-2.000	0	2.000

Lösung zu c)
Ja, der Break-Even-Point liegt bei x = 10.000 Stück.

Aufgabe 20: Abgrenzung von Voll- und Teilkostenrechnungssystemen
Lösung zu a)

	gesamt	Pro Stück
Erlöse	7.056.000,-	70.560,-
./. Proportionale Kosten	2.805.000,-	28.050,-
= Deckungsbeitrag	4.251.000,-	42.510,-
./. Fixkosten	3.495.000,-	34.950,-
= Gewinn	756.000,-	7.560,-

Lösung zu b)

$$BEP = \frac{\text{Fixkosten}}{\text{Stückdeckungsbeitrag}} = \frac{3.495.000,- €}{42.510,- €} \approx 83 \text{ Stück}$$

Die Gewinnschwelle befindet sich bei ganzen gerundeten 83 Stück

Lösung zu c)
Der neue Beschäftigungsgrad sei 80 %. Daraus ergeben sich folgende Voll- und Teilkosten:

	Vollkosten	Teilkosten
Erlöse (0,8 · 7.056.000)	5.644.800,-	5.644.800,-
./. Kosten (0,8 · 6.300.000)	5.040.000,-	
./. proportionale Kosten		2.244.000,-
= Deckungsbeitrag		3.400.800,-
./. Fixkosten		3.495.000,-
= Gewinn	604.800,-	
= Verlust		- 94.200,-

8 Lösungen zu den Aufgaben

Da die Vollkostenrechnung keine Unterteilung in fixe und variable Kosten kennt, werden die Kosten anteilsgemäß verteilt, also auf- bzw. abgerechnet. Dies entspricht aber nicht der tatsächlichen Kostenverteilung, denn bei Veränderung des Beschäftigungsgrades bleiben die Fixkosten gleich. Daher wird bei geringerer Beschäftigung als ursprünglich geplant bei der Vollkostenrechnung ein Gewinn ausgewiesen, obwohl tatsächlich ein Verlust entstanden ist.

Aufgabe 21: Deckungsbeitragsrechnung in Mehrproduktunternehmen I
Lösung zu a)

	A	B	C	D	insgesamt
Umsatzerlös	176.000	269.500	449.500	247.000	1.142.000
- Variable Kosten	120.000	209.000	384.250	208.000	921.250
= Deckungsbeitrag	56.000	60.500	65.250	39.000	220.750
Fixkosten					286.000
= Betriebsergebnis					-65.250

Lösung zu b)

	A	B	C	D
Umsatzerlös	2,20	2,45	3,10	3,80
- Variable Kosten	1,50	1,90	2,65	3,20
= Stückdeckungsbeitrag	0,70	0,55	0,45	0,60

Die Stückdeckungsbeiträge sind bei der Salbe A mit 0,70 € am besten, gefolgt von Salbe D (0,60 €), Salbe B (0,55 €) und C (0,45 €). Allerdings ist bei Salbe C der gesamte Deckungsbeitrag aufgrund der Vielzahl der verkauften Stück am größten. Ideal wäre, wenn man die Stückzahlen beim Produkt A erhöhen könnte, um den Gesamtdeckungsbeitrag weiter zu steigern.

Lösung zu c)

	A	B	C	D
Kurzfristige PU/Stück	1,50	1,90	2,65	3,20
Kurzfristige PU/gesamt	120.000	209.000	384.250	208.000

Die Preisuntergrenze je Stück entspricht den variablen Stückkosten. Würde man die Preise der Salben unter der kurzfristigen Preisuntergrenze ansetzen, würde jede verkaufte Mengeneinheit den Gewinn reduzieren oder Verluste weiter erhöhen, da nicht einmal die variablen Kosten gedeckt sind.

8 Lösungen zu den Aufgaben

Lösung zu d)
Eine weitere Salbe E hätte folgende Auswirkung:

Umsatzerlös (40.000 St. · 2,65 €)	106.000,-
./. variable Kosten (40.000 St. · 2,05 €)	−82.000,-
= Deckungsbeitrag	**24.000,-**
./. Fixkosten	−26.000,-
= operatives Ergebnis	−2.000,-

Da die Salbe E zwar einen positiven Deckungsbeitrag erwirtschaftet, würde man zwar theoretisch die Salbe herstellen, aber aufgrund der neuen (sprungfixen) Kosten die Erweiterung der Produktion ablehnen müssen.

Aufgabe 22: Deckungsbeitragsrechnung in Mehrproduktunternehmen II
Lösung zu a)
Diesen Vorschlag sollte man direkt ignorieren, da der Artikel einen negativen Deckungsbeitrag hat und somit immer Verluste erwirtschaften würde, also unabhängig von der Kapazität. Im Gegenteil, je höher die Auslastung eines Produktes mit negativem Deckungsbeitrag ist, desto höher ist auch der gesamtbetriebliche Verlust.

Lösung zu b)
Der Artikel A ist durch seinen negativen Deckungsbeitrag der ungünstigste Artikel und wird nicht produziert. Das Ergebnis sieht dann bei der Vollauslastung der Artikel B und C wie folgt aus:

Kostenträger	B	C
Erlöse	5.000.000,-	2.000.000,-
- variable Kosten	4.250.000,-	1.600.000,-
= Deckungsbeitrag	+750.000,-	+400.000,-
Gesamtdeckungsbeitrag	1.150.000,-	
- Fixe Kosten	1.080.000,-	
Gewinn	70.000	

Es ist nun also anstelle eines vorherigen Verlustes ein Gewinn zu erwarten.

8 Lösungen zu den Aufgaben

Aufgabe 23: Deckungsbeitragsrechnung in Mehrproduktunternehmen III
Lösung zu a)

		Verzicht Gewinnbeitrag	Verzicht Deckungsbeitrag
A	Umsatzerlöse	1.450.000,- €	1.200.000,- €
	Minderung in %	-3,33%	-20,00%
B	Umsatzerlöse	2.360.000,- €	2.040.000,- €
	Minderung in %	-1,67%	-15,00%
C	Umsatzerlöse	920.000,- €	720.000,- €
	Minderung in %	-8,00%	-28,00%

Lösung zu b)

$$U_A = \frac{K_{FA}}{db_A} = \frac{250.000,-\,€}{0{,}20} = 1.250.000,-\,€$$

$$U_B = \frac{K_{FB}}{db_B} = \frac{320.000,-\,€}{0{,}15} = 2.133.333{,}30\,€$$

$$U_C = \frac{K_{FC}}{db_C} = \frac{200.000,-\,€}{0{,}28} = 714.285{,}71\,€$$

$$U_{ges} = \frac{K_{Fges}}{db_{ges}} = \frac{770.000,-\,€}{0{,}192} = 4.010.416{,}70\,€$$

Der Stückdeckungsbeitrag (db_{ges}) ist der gerundete prozentuale Anteil des aufsummierten Deckungsbeitrags (940 T€) dividiert durch den Gesamterlös (4.900 T€).

Aufgabe 24: Mehrstufige Deckungsbeitragsrechnung
Lösung zu a)

	Erzeugnis A	Erzeugnis B	Erzeugnis C	Summe
Umsatzerlös	420.000	192.000	360.000	972.000
variable Kosten	212.000	146.400	192.000	550.400
DBI	208.000	45.600	168.000	421.600
erzeugnisfixe Kosten	54.000	48.000	80.000	182.000
DBII	154.000	-2.400	88.000	239.600
erzeugnisgruppenfixe Kosten				41.000
DBIII				198.600
unternehmensfixe Kosten				115.500
Betriebsergebnis				83.100

8 Lösungen zu den Aufgaben

Lösung zu b)
Eventuell kann man beim Erzeugnis B die Preise oder Mengen erhöhen, um die erzeugnisfixen Kosten zumindest aufzufangen. Sollte dies nicht gelingen, lohnt sich vielleicht sogar die Auslagerung oder Eliminierung dieser Produktion.

Aufgabe 25: Preisuntergrenzen in der Teilkostenrechnung
Lösung zu a)

	Situation vorher 200 St. à 400,- €	Situation nachher 300 St. à 350,- €
Erlöse	80.000,- €	105.000,- €
– proportionale Kosten	25.000,- €	37.500,- €
= Deckungsbeitrag	55.000,- €	67.500,- €
– Fixkosten	45.000,- €	45.000,- €
= Gewinn	10.000,- €	22.500,- €

Durch die Reduzierung des Stückpreises auf 350,- € und die wahrscheinlich daraus resultierende Erhöhung der Stückzahl auf 300 steigt der Deckungsbeitrag um 12.500,- auf 67.500,- €. Da von konstanten Fixkosten ausgegangen wird, steigt auch der Gewinn um den gleichen Betrag.

Lösung zu b)
Erlöse = k_{prop} · Menge = 125,- € · 900 St. = 112.500,- €

Erlöse	112.500,- €
– proportionale Kosten	112.500,- €
= Deckungsbeitrag	0,- €
– Fixkosten	45.000,- €
= Verlust	–45.000,- €

$$PU_l = \frac{K_v + K_f}{x} = \frac{(112.500 + 45.000)}{900 \text{ Stück}} = 175,- €$$

$$PU_k = \frac{K_v}{x} = \frac{112.500}{900 \text{ Stück}} = 125,- €$$

Die langfristige Preisuntergrenze kann Unternehmen bei einem enormen Konkurrenzdruck auch in den Verdrängungswettbewerb führen. Langfristig sollte die Preisuntergrenze - etwa nach einer Marktbereinigung - wieder verlassen werden, um dauerhaft Gewinne machen zu können.

8 Lösungen zu den Aufgaben

Aufgabe 26: Sensitivitätsanalysen des Praxisbeispiels
Lösung zu a)
Die Gehaltserhöhung des Vertriebsmitarbeiters um 15 % erhöht die Personalkosten und damit die Vertriebsgemeinkosten von 42.000,- € auf 48.300,- €. Der Betriebsgewinn reduziert sich dadurch von 36.965,67 € auf 30.665,67 €.

Lösung zu b)
Der Gewinn bzw. Verlust pro Werkzeug 1 und 2 gestaltet sich durch den Holzpreisanstieg wie folgt:

Kalkulation Werkzeug 1		
	alt	neu
Holz	21,30	22,18
Schneidlinien 2 Pkt.	6,65	6,65
Rillinien 2 Pkt.	4,20	4,20
Gummi Mischung 2 Pkt.	11,90	11,90
Verpackung mittel	3,90	3,90
Einzelkosten (gesamt)	**47,95**	**48,83**
Kosten CAD	31,87	31,87
Kosten Laseranlage	26,74	26,74
Kosten Linienbearbeitung	30,53	30,53
Kosten Bemessern und Montage	51,07	51,07
Kosten Gummierung und Versand	41,27	41,27
Fertigungsgemeinkosten	**181,49**	**181,49**
Herstellkosten der Fertigung (gesamt)	**229,43**	**230,31**
Verwaltungsgemeinkosten	44,43	44,60
Vertriebsgemeinkosten	15,10	15,16
Selbstkosten	**288,97**	**290,08**
Marktpreis	298,00	298,00
Gewinn/Verlust	**9,03**	**7,92**

8 Lösungen zu den Aufgaben

Kalkulation Werkzeug 2		
	alt	neu
Holz	39,93	41,58
Schneidlinien 3 Pkt.	13,95	13,95
Rillinien 3 Pkt.	6,60	6,60
Gummi Mischung 3 Pkt.	17,10	17,10
Verpackung mittel	5,25	5,25
Einzelkosten (gesamt)	**82,83**	**84,48**

Kosten CAD	31,87	31,87
Kosten Laseranlage	36,30	36,30
Kosten Linienbearbeitung	30,53	30,53
Kosten Bemessern und Montage	36,48	36,48
Kosten Gummierung und Versand	35,62	35,62
Fertigungsgemeinkosten	**170,80**	**170,80**
Herstellkosten der Fertigung (gesamt)	**253,63**	**255,28**
Verwaltungsgemeinkosten	49,12	49,44
Vertriebsgemeinkosten	16,70	16,80
Selbstkosten	**319,45**	**321,52**
Marktpreis	316,00	316,00
Gewinn/Verlust	**-3,45**	**-5,52**

Werkzeug 1 hat zwar immer noch einen Gewinn pro Stück von 7,92 €, ist aber um 1,11 € gesunken. Der Verlust für Werkzeug 2 erhöhte sich von 3,45 € pro Stück auf nun 5,52 €.

Lösung zu c)
Durch die Reduktion der benötigten Zeit für Bemessern/Montage hat sich der Gewinn pro Werkzeug 1 von 9,03 € auf 15,16 € erhöht. Dies zeigt die Änderung:

Kalkulation Werkzeug 1		
	alt	neu
Holz	21,30	21,30
Schneidlinien 2 Pkt.	6,65	6,65
Rillinien 2 Pkt.	4,20	4,20
Gummi Mischung 2 Pkt.	11,90	11,90
Verpackung mittel	3,90	3,90
Einzelkosten (gesamt)	**47,95**	**47,95**
Kosten CAD	31,87	31,87
Kosten Laseranlage	26,74	26,74
Kosten Linienbearbeitung	30,53	30,53
Kosten Bemessern und Montage	51,07	46,21
Kosten Gummierung und Versand	41,27	41,27
Fertigungsgemeinkosten	**181,49**	**176,62**
Herstellkosten der Fertigung (gesamt)	**229,43**	**224,57**
Verwaltungsgemeinkosten	44,43	43,49
Vertriebsgemeinkosten	15,10	14,78
Selbstkosten	**288,97**	**282,84**
Marktpreis	298,00	298,00
Gewinn/Verlust	**9,03**	**15,16**

8 Lösungen zu den Aufgaben

Lösung zu d)
Unter sonst gleichen Bedingungen reduziert sich durch den niedrigeren Preis von 290,- €
der Gewinn pro Werkzeug 1 um 8,- € auf 1,03 €.

Aufgabe 27: Lineare Funktionen
Lösung zu a)
Die Berechnung der Gesamtkostenfunktion und der daraus abgeleiteten variablen und fixen Kosten wird durch die Zwei-Punkte-Formel bestimmt. Dabei liegen folgende Werte vor:

$x_1 = 7.000$ Stück $x_2 = 8.500$ Stück $k_1 = 106.000$€ $k_2 = 117.250$€

Ganz bewusst wurde an dieser Stelle die »gewöhnliche« abhängige Variable y_i durch k, also die Kosten ersetzt, um zu zeigen, dass es reine Platzhalter sind, unabhängig, ob es sich z. B. um die Kostenrechnung oder sonstige Bereiche der Betriebswirtschafts- oder Volkswirtschaftslehre handelt.

Die Zwei-Punkte-Form ergibt dann

$$K = \frac{(k_2 - k_1)}{(x_2 - x_1)} \cdot (x - x_1) + k_1 = \frac{(117.250 - 106.000)}{(8.500 - 7.000)} \cdot (x - 7.000) + 106.000$$
$$= 7{,}5x + 53.500$$

Die dargestellte Gesamtkostenfunktion beinhaltet also 7,50 € variable und 53.500 € fixe Kosten.

Lösung zu b)
Unter der Annahme, dass es z. B. bei 10.000 Stück keine sprungfixe Kosten gibt, werden in der Funktion für x 5.000 bzw. 10.000 eingesetzt.

$K(5.000) = 7{,}5 \cdot 5.000 + 53.500 = 91.000$ $K(10.000) = 7{,}5 \cdot 10.000 + 53.500$
$\phantom{K(5.000) = 7{,}5 \cdot 5.000 + 53.500 = 91.000\quad K(10.000) \;}= 128.500$

Es entstehen also bei unterstellten linearen Kostenverläufen bei 5.000 bzw. 10.000 Stück Gesamtkosten in Höhe von 91.000 € bzw. 128.500 €.

Aufgabe 28: Lineare Funktionen
Lösung zu a)
Zunächst werden die beiden Kostenfunktionen bestimmt.
Fertigungsverfahren A: $K_A = 0{,}75x + 12.500$
Fertigungsverfahren B: $K_B = 0{,}5x + 18.000$

Produktionsmengen von 18.000 bzw. 25.000 Stück ergeben folgende Gesamtkosten:

$K_{A1} = 0{,}75 \cdot 18.000 + 12.500 = 26.000{,}-$ €
$K_{A2} = 0{,}75 \cdot 25.000 + 12.500 = 31.250{,}-$ €
$K_{B1} = 0{,}5 \cdot 18.000 + 18.000 = 27.000{,}-$ €
$K_{B1} = 0{,}5 \cdot 25.000 + 18.000 = 30.500{,}-$ €

Die Produktionsmenge 18.000 bzw. 25.000 Stück zeigen, dass bei einer Produktionsmenge von 18.000 Stück das Fertigungsverfahren A um 1.000,- €, bei 25.000 Stück das Fertigungsverfahren B um 750,- € günstiger ist. Natürlich sollte immer auch die Qualität Berücksichtigung finden, die aber nicht in dieser Fallstudie Beachtung fand.

Lösung zu b)
Offensichtlich kann zwischen den unter Aufgabenstellung a) angegebenen Mengen von 18.000 bzw. 25.000 die Menge zu identischen Kosten ermittelt werden. Dazu werden die beiden Fertigungsverfahren gleichgesetzt und nach der Menge (x) aufgelöst.

$0{,}75x + 12.500 = 0{,}5x + 18.000$

$0{,}25x = 5.500 \Rightarrow x = 22.000$

Bis zu 22.000 Stück ist folglich das Fertigungsverfahren A am kostengünstigsten, danach das Fertigungsverfahren B. Dies kann auch durch die Kosten der beiden Verfahren bei 22.000 Stück berechnet werden, die gleich sein müssten.

$K_A = 0{,}75 \cdot 22.000 + 12.500 = 29.000{,}-$ € $K_B = 0{,}5 \cdot 22.000 + 18.000 = 29.000{,}-$ €

Die Wahrheit der obigen Berechnung wurde also bestätigt.

Aufgabe 29: Quadratische Funktionen I
Lösung zu a)
Die Erlösfunktion ist einfach die Erweiterung (Multiplikation) der Preisabsatzfunktion mit der Ausbringungsmenge.

$E(x) = (18 - 0{,}5x) \cdot x = 18x - 0{,}5x^2$

Lösung zu b)
Die Gewinnzone ergibt sich durch die Gewinnfunktion, indem von den Erlös- die Kostenfunktion subtrahiert wird. Dann werden deren Nullstellen bestimmt.

$G(x) = (18x - 0{,}5x^2) - (0{,}5x^2 - x + 34)$

$G(x) = 18x - 0{,}5x^2 - 0{,}5x^2 + x - 34)$

$G(x) = -x^2 + 19x - 34$

Die Normierung ergibt dann: $G(x) = x^2 - 19x + 34$

$x_{1,2} = \dfrac{-b \pm \sqrt{b^2 - 4ac}}{2a} = \dfrac{+19 \pm \sqrt{19^2 - 4 \cdot 1 \cdot 34}}{2 \cdot 1}$

$X_1 = \dfrac{+19 + \sqrt{19^2 - 4 \cdot 1 \cdot 34}}{2 \cdot 1} = 17 \quad X_2 = \dfrac{+19 - \sqrt{19^2 - 4 \cdot 1 \cdot 34}}{2 \cdot 1} = 2$

Lösung zu c)
Zur Bestimmung der gewinnmaximalen Menge wird die Grenzerlösfunktion bestimmt und null gesetzt. Ist die zweite Ableitung dann negativ, liegt eine relative Maximum-, sonst eine Minimumfunktion vor.

$G'(x) = -2x + 19 \quad 0 = -2x + 19 \quad 2x = 19 \quad x = 9{,}5$

Die zweite Ableitung ist negativ, denn

$G''(x) = -2$

Ob es sich bei $x = 9{,}5$ wirklich um das relative Gewinnmaximum handelt,[28] kann auch durch »Ausprobieren« berechnet werden. Werden z. B. $x = 9$ und $x = 10$ Einheiten in die Gewinnfunktion eingesetzt und mit $x = 9{,}5$ verglichen, ergeben sich

---

28 Es wird natürlich unterstellt, dass die Ausbringungsmenge teilbar ist.

$G(x = 9) = -9^2 + 19 \cdot 9 - 34 = 56$
$G(x = 9{,}5) = -9{,}5^2 + 19 \cdot 9{,}5 - 34 = 56{,}25 =$ Gewinnmaximum
$G(x = 10) = -10^2 + 19 \cdot 10 - 34 = 56$

Aufgabe 30: Quadratische Funktionen II
Lösung zu a)
Der **Prohibitivpreis** bezeichnet den Preis (p), zu dem keine Ware (hier Paar Schuhe) verkauft werden kann. Setzt man also in der Nachfrage- oder Preisabsatzfunktion die Menge gleich null, ergibt sich der gesuchte Preis. Setzen wir in die Preisabsatzfunktion den Wert x = 0 ein, ergibt sich der Prohibitivpreis von 10.000,- €.
$p(x) = 10.000 - 20x = 10.000 - 20 \cdot 0 = 10.000$

Lösung zu b)
Die Berechnung der **Sättigungsmenge** unterscheidet sich von der Berechnung des Prohibitivpreises lediglich dadurch, dass in der Nachfrage- oder Preisabsatzfunktion der Preis gleich null gesetzt wird. Aus Vereinfachungsgründen bzw. aufgrund der schnelleren Handhabung nehmen wir nun also die Nachfragefunktion. Setzen wir in die Nachfragefunktion den Wert p = 0 ein, so ergibt sich die Sättigungsmenge von 500 Paaren. Selbst zu einem Preis von p = 0 werden also lediglich 500 Paare nachgefragt.
$x(p) = 500 - 0{,}05p = 500 - 0{,}05 \cdot 0 = 500$

Lösung zu c)
Zunächst wird die Menge und daraus abgeleitet der Preis berechnet. Es bieten sich zwei Möglichkeiten an. Entweder wird die Gewinnfunktion bestimmt und daraus die Grenzgewinnfunktion ermittelt, die dann gleich null gesetzt wird. Oder es wird die Grenzerlösgleich der Grenzkostenfunktion gesetzt. Beides müsste zum gleichen Ergebnis führen.
1. Möglichkeit aus der Gewinnfunktion
$E(x) = 10.000x - 20x^2 \quad K(x) = 12.500 + 1.400x$
$G(x) = E(x) - K(x) = 10.000x - 20x^2 - 12.500 - 1.400x$
$\quad\quad = 8600x - 20x^2 - 12.500$
$G'(x) = 8600 - 10x = 0 \Rightarrow x = 215$
Setzen wir diese Cournotsche Menge x = 215 in die Preisabsatzfunktion ein, erhalten wir den Cournotschen Preis p = 5700 €.
2. Möglichkeit aus Gleichsetzung von Grenzerlös- und Grenzkostenfunktion
$E'(x) = 10.000 - 40x \quad K'(x) = 1.400$
$10.000 - 40x = 1.400 \Rightarrow x = 215$
$p(x) = 10.000 - 20 \cdot 215 = 5.700$
Auch bei dieser zweiten Möglichkeit entsprechen Cournotsche Menge und Preis den Werten der ersten Möglichkeit.

Lösung zu d)
Zur Bestimmung des Gewinnmaximums wird nun der »normalen« Gewinnfunktion unter Berücksichtigung der Menge x = 215 gefolgt.
$G(x) = 8.600x - 20x^2 - 12.500 = 8.600 \cdot 215 - 20 \cdot 215^2 - 12.500 = 912.000{,}-$ €

Ob es sich bei den 912 T€ tatsächlich um ein Gewinnmaximum handelt, kann man wiederum durch zwei Möglichkeiten erfahren.
1. Möglichkeit: Reduzierung/Erhöhung der Einheiten um jeweils ein Paar ($x_1 = 214$, $x_2 = 216$)
$G(x_1) = 8.600 \cdot 214 - 20 \cdot 214^2 - 12.500 = 911.980,- $ €
$G(x_2) = 8.600 \cdot 216 - 20 \cdot 216^2 - 12.500 = 911.980,- $ €
Beide Mengeneinheiten liegen also unterhalb des Gewinnmaximums.
2. Möglichkeit: Bildung der ersten beiden Ableitungen der Gewinnfunktion.
$G(x) = 8600x - 20x^2 - 12.500$
$G'(x) = 8600 - 40x = 0 \Rightarrow x = 215$
$G''(x) = -40$
Die erste Ableitung führt dann zum Gewinnmaximum ($x = 215$), wenn die zweite Ableitung < 0 ist. Beides ist erfüllt, so dass es sich wirklich um ein (relatives) Gewinnmaximum handelt.

Aufgabe 31: Kubische Funktionen I
Zunächst wird die erste und zweite Ableitung der Kostenrechnung gebildet.
$K(x) = x^3 - 6x^2 + 13x + 100$
$K'(x) = 3x^2 - 12x + 13$
$K''(x) = 6x - 12$
Setzt man bei der Gesamtkostenfunktion (K), der Grenzkostenfunktion (K') sowie deren Ableitung (K'') die Ausbringungsmengen 0 bis 10 ein, ergeben sich die tabellarischen Werte.

x	0	1	2	3	4	5	6	7	8	9	10
K(x)	100	108	110	112	120	140	178	240	332	460	630
K'(x)	13	4	1	4	13	28	49	76	109	148	193
K''(x)	-12	-6	0	6	12	18	24	30	36	42	48

Der Bachelorabsolvent erklärt nun (zunächst) ohne Berechnungen diese Tabelle. Die Grenzkosten, also die Kosten der nächsthöheren Ausbringungsmenge, sinken zunächst aufgrund von eventuell sinkenden Stückfixkosten bis zur zweiten Ausbringungsmenge, um danach wieder anzusteigen. Diese zunächst sinkenden und dann ab x_2 wieder steigenden Grenzkosten sollten nun im Unternehmen genauer analysiert werden. Eventuell arbeiten Maschinen ab einer bestimmten Auslastung, also ab x_2 sehr kostenintensiv, da verstärkt technische Überlastungen eintreten.
Mathematisch lassen sich diese drei Funktionstypen etwas genauer beschreiben. Die Gesamtkostenfunktion verläuft zunächst degressiv und ab x_2 tendenziell progressiv. Die erste Ableitung hat bei x_2 das (relative) Minimum, was auch durch die zweite Ableitung beschrieben wird, die den Wendepunkt der Kostenfunktion angibt. Denn diese zeigt hier die Nullstelle der ersten Ableitung. Das Steigungsmaß der ersten Ableitung ist also null. Bis zur Ausbringungsmenge x_2 verläuft die Grenzkostenkurve negativ, danach positiv.

8 Lösungen zu den Aufgaben

Aufgabe 32: Kubische Funktionen II
Lösung zu a)
Aus der Kostenfunktion $K(x) = 0{,}5x^3 - 6x^2 + 25x + 4{,}5$ und der Erlösfunktion $E(x) = 8{,}4x$ lässt sich die Gewinnfunktion ermitteln:
$$G(x) = E(x) - K(x) = 8{,}4x - 0{,}5x^3 + 6x^2 - 25x - 4{,}5$$
$$G(x) = -0{,}5x^3 + 6x^2 - 16{,}6x - 4{,}5$$
Normiert, also multipliziert mit 2 und null gesetzt ergibt sich:
$$0 = -x^3 + 12x^2 - 33{,}2x - 9$$

Lösung zu b)
Aus der unter Lösung a) abgeleiteten Normierung können durch Polynomdivision im Anschluss weitere Nullstellen bestimmt werden.
$$0 = -x^3 + 12x^2 - 33{,}2x - 9$$
Die Polynomdivision ergibt dann
$$(-x^3 + 12x^2 - 33{,}2x - 9) : (x - 5) = -x^2 + 7x + 1{,}8$$
$$\underline{-(-x^3 + 5x^2)}$$
$$(7x^2 - 33{,}2x)$$
$$\underline{-(-7x^2 - 35x)}$$
$$(+1{,}8x - 9)$$
$$\underline{-(+1{,}8x - 9)}$$
$$0$$
Diese Polynomdivision ergibt also ebenfalls durch die Normierung:
$$0 = x^2 - 7x - 1{,}8$$
Die quadratische Gleichung ergibt dann die beiden verbleibenden Nullstellen.
$$x_2 = \frac{+7 + \sqrt{7^2 + 4 \cdot 1 \cdot 1{,}8}}{2 \cdot 1} \approx 7{,}25 \qquad x_3 = \frac{+7 - \sqrt{7^2 + 4 \cdot 1 \cdot 1{,}8}}{2 \cdot 1} \approx -0{,}25$$
Negative Werte (hier x_3) ergeben folglich keinen ökonomischen Sinn und werden nicht weiter berücksichtigt.

Lösung zu c)

x	0	1	2	3	4	5	6	7	8
K(x)	4,50	24,00	34,50	39,00	40,50	42,00	46,50	57,00	76,50
E(x)	0,00	8,40	16,80	25,20	33,60	42,00	50,40	58,80	67,20
G/V	−4,50	−15,60	−17,70	−13,80	−6,90	0,00	3,90	1,80	−9,30

Lösung zu d)
Die Ausbringungsmengen, die eventuell maximalen Gewinne bzw. Verluste ergeben, werden durch die ersten beiden Ableitungen der Gewinnfunktion bestimmt.
$$G(x) = -0{,}5x^3 + 6x^2 - 16{,}6x - 4{,}5$$
$$G'(x) = -1{,}5x^2 + 12x - 16{,}6$$
$$G''(x) = -3x + 12$$

Um die Gewinnmaxima und/oder -minima zu berechnen, wird die Grenzgewinnfunktion gleich null gesetzt.

$G'(x) = -1,5x^2 + 12x - 16,6$ ergibt zunächst
$0 = -1,5x^2 + 12x - 16,6$ daraus normiert: $0 = x^2 - 8x + 11,067$
Die quadratische Gleichung ergibt dann die beiden verbleibenden Nullstellen.

$$x_1 = \frac{+8 + \sqrt{8^2 - 4 \cdot 1 \cdot 11,067}}{2 \cdot 1} \approx 6,22 \quad x_2 = \frac{+8 - \sqrt{8^2 - 4 \cdot 1 \cdot 11,067}}{2 \cdot 1} \approx 1,78$$

x_1 ergibt das relative Gewinnmaximum, x_2 den (bislang) maximalen Verlust.

Aufgabe 33: Verschiebung von Funktionen
Lösung zu a)

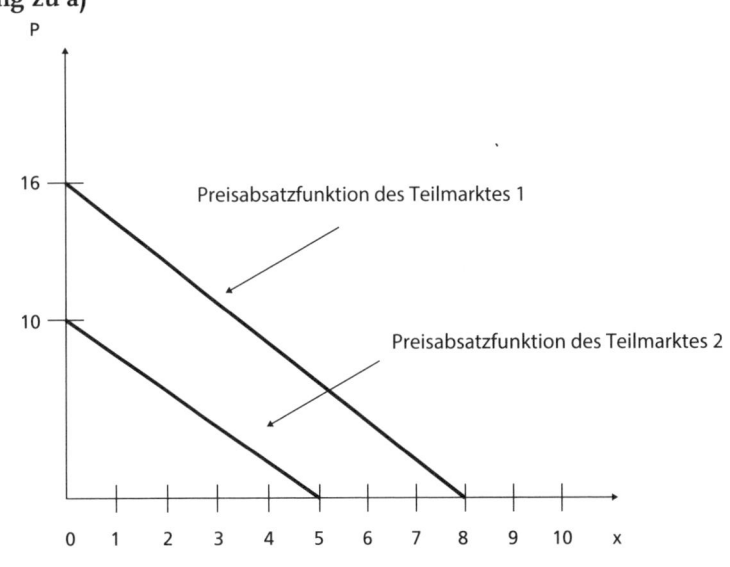

Die Abbildung zeigt deutlich den Unterschied zwischen den beiden Teilmärkten. Offensichtlich entsteht in Teilmarkt 1 ein höherer Preis mit den daraus folgenden höheren Gewinnmöglichkeiten, was bei den nächsten beiden Teilaufgaben zu lösen sein wird.

Lösung zu b)
Um die Preis, Mengen und maximale Gewinne zu berechnen, werden zunächst die Erlösfunktionen, dann die Grenzerlösfunktionen und durch Gleichsetzung der Grenzfunktionen die maximalen Gewinne bestimmt.

Teilmarkt 1: $p_1 = -2x_1 + 16 \Rightarrow E = -2x_1^2 + 16x \Rightarrow E' = -4x_1 + 16$
$E' = K' \Rightarrow -4x_1 + 16 = 2 \Rightarrow x_1 = 3,5 \quad p_1 = 9$
$E = 31,50 \Rightarrow K = 2x \Rightarrow K = 2 \cdot 3,5 = 7$
$G = 31,50 - 7 = 24,5$

Teilmarkt 2: $p_2 = -x_2 + 10 \Rightarrow E = -x_2^2 + 10x \Rightarrow E' = -2x_2 + 10$
$E' = K' \Rightarrow -2x_2 + 10 = 2 \Rightarrow x_2 = 4 \quad p_2 = 6$
$E = 24,- \Rightarrow K = 2x \Rightarrow K = 2 \cdot 4 = 8$
$G = 24 - 8 = 16,-$

8 Lösungen zu den Aufgaben

Lösung zu c)
Der Gesamtgewinn beträgt G = 24,5 + 16 = 40,5 €. Der Teilmarkt 1 erzielt dabei 8,50 € mehr als Teilmarkt 2.

Aufgabe 34: Drehung von Funktionen
Lösung zu a)
Bei der ursprünglichen Kostenfunktion K_u ergibt sich die Ausbringungsmenge x = 3, denn

$E'(x) = -4x + 16 \quad K_u(x) = 10 + 4x \Rightarrow K_u'(x) = 4$
$E'(x) = K_u'(x) \Rightarrow -4x + 16 = 4 \Rightarrow x = 3$

Erhöhen sich die variablen Kosten, ergibt sich die Ausbringungsmenge x = 2, denn

$E'(x) = -4x + 16 \quad K_n(x) = 10 + 8x \Rightarrow K_n'(x) = 8$
$E'(x) = K_n'(x) \Rightarrow -4x + 16 = 8 \Rightarrow x = 2$

Lösung zu b)
Zunächst wird die Erlösfunktion gebildet, indem aus der Grenzerlös- die Erlösfunktion integriert wird.

$E'(x) = -4x + 16 \Rightarrow E(x) = -2x^2 + 16x$

Somit lautet die Gewinnfunktion:

$G(x) = E(x) - K(x) \Rightarrow G(x) = -2x^2 + 16x - 10 - 4x$

Bei einer Ausbringungsmenge x=3 ergibt sich ein **Gewinn** von 8 GE, denn

$G(x) = -2x^2 + 16x - 10 - 4x = -2 \cdot 3^2 + 16 \cdot 3 - 10 - 4 \cdot 3 = 8$

Bei einer Ausbringungsmenge x=2 ergibt sich ein **Gewinn** von 6 GE, denn

$G(x) = -2x^2 + 16x - 10 - 4x = -2 \cdot 2^2 + 16 \cdot 2 - 10 - 4 \cdot 2 = 6$

Aufgabe 35: Integralrechnung I
Lösung zu a)
Die Stammfunktion für die Erlöse ist einfach, denn diese enthält keine Konstante (c).

$\int E'(x)dx = \int (132 - 18x)dx \Rightarrow E = 132x - 9x^2$

Etwas komplexer ist die Stammfunktion für die Kosten. Erforderlich ist hierbei die Berechnung der Konstanten (c), also der Fixkosten, die durch die Angabe der Gesamtkosten 199 € bei 3 ME zu berechnen ist.

$\int K'(x)dx = \int (3x^2 - 24x + 60)dx = x^3 - 12x^2 + 60x + c$

Bei x = 3 ME und Gesamtkosten von 199 € ergeben sich folgende Fixkosten:

$x^3 - 12x^2 + 60x + c = 3^3 - 12 \cdot 3^2 + 60 \cdot 3 + c = 199 \Rightarrow c = 100 \text{ (Fixkosten)}$

Somit lautet die Stammfunktion der Gesamtkosten:

$K = x^3 - 12x^2 + 60x + 100$

Lösung zu b)
Im Bereich der Differentialrechnung wurde bereits erläutert, dass die gewinnmaximale Menge durch Gleichsetzung von Grenzerlös und Grenzkosten zu berechnen ist.

$E' = K' \Rightarrow 132 - 18x = 3x^2 - 24x + 60 \Rightarrow 3x^2 - 6x - 72 = 0$
$\Rightarrow x^2 - 2x - 24 = 0 \Rightarrow 0 = ax^2 + bx + c$

Daraus entsteht dann die Lösungsformel.

$$x_{1,2} = \frac{-b \pm \sqrt{b^2 - 4ac}}{2a} \Rightarrow x_1 = \frac{2 + \sqrt{2^2 - 4 \cdot 1 \cdot -24}}{2 \cdot 1} = 6$$

Die gewinnmaximale Menge beträgt also 6 ME.[29]

Lösung zu c)

Durch Abzug der Kostenfunktion von der Erlösfunktion unter Berücksichtigung der Menge $x_1 = 6$ ergibt sich der Gewinn.

$G = E - K \Rightarrow G = (132x - 9x^2) - (x^3 - 12x^2 + 60x + 100)$
$\Rightarrow G = (132 \cdot 6 - 9 \cdot 6^2) - (6^3 - 12 \cdot 6^2 + 60 \cdot 6 + 100) = 468 - 244 = 224$

Zum gleichen Ergebnis führt die Rückführung der Integrale:

$$G = \int_0^6 E'(x)dx - \int_0^6 K'(x)dx \Rightarrow G = (132x - 9x^2)\Big|_0^6 - (x^3 - 12x^2 + 60x + 100)\Big|_0^6$$
$\Rightarrow G = (132 \cdot 6 - 9 \cdot 6^2) - (6^3 - 12 \cdot 6^2 + 60 \cdot 6 + 100) = 468 - 244 = 224$

Aufgabe 36: Integralrechnung II
Lösung zu a)

Die Gewinnfunktion allgemein entsteht, indem von der Erlös- die Kostenfunktion abgezogen wird. Diese entsteht durch die variablen Kosten, die sich aus der Grenzerlösfunktion bereits ableiten lassen, sowie den vorher berechneten Fixkosten, die die Integrationskonstante darstellt und 112,- €/Tag beträgt. Die Gewinnfunktion lautet somit:

$$\int G'(x)dx = G(x) - K_f = 2x^2 - 2x - 112$$

Lösung zu b) und c)

Der Deckungsbeitrag (DB) entsteht durch Abzug der variablen Kosten vom Erlös. Bei einer Ausbringungsmenge von 6 Torten beträgt er also

$DB = 2 \cdot 6^2 - 2 \cdot 6 = 60$

Ausbringungsmenge	6	7	8	9	10	11	12	13
Deckungsbeitrag	60	84	112	144	180	220	264	312
Gewinn	−52	−28	0	32	68	108	152	200

Bei einer Ausbringungsmenge von 6 Torten reicht der Deckungsbeitrag folglich noch nicht aus, um die Fixkosten decken zu können. Die Break-Even-Menge beträgt $x = 8$ Stück, denn dort werden die Fixkosten gerade abgedeckt. Das Gewinnmaximum ist bei der Kapazitätsgrenze erreicht und liegt bei 200 €/Tag.

---

29 x_2 führt zu -4, was hier nicht gefragt ist.

Betrachtet man die Gewinne durch das Integral, so ergibt sich:

$$F = F(13) - F(6) = \int_{6}^{13}(2 \cdot 13^2 - 2 \cdot 13 - 112) - (2 \cdot 6^2 - 2 \cdot 6 - 112) = 200 - (-52)$$

Die beiden Integrale beschreiben also die Gewinne, die bei $x = 13$ insgesamt 200 € betragen und bei $x = 6$ noch bei einem Verlust von 52 € liegen. Könnte man also den Verlust »abfangen«, hätte man sogar einen täglichen Gewinn von 252 €.

Aufgabe 37: Elastizitäten I
Lösung zu a)
Die allgemeine Notation

$$\eta = \frac{\frac{\Delta y}{y}}{\frac{\Delta x}{x}} = \frac{\Delta y}{y} : \frac{\Delta x}{x} = \frac{\Delta y}{y} \cdot \frac{x}{\Delta x} = \frac{\Delta y}{\Delta x} \cdot \frac{x}{y}$$

wird zunächst etwas abgeändert, so dass die unabhängige Variable der Preis p_1 und die abhängige Variable die Nachfrage x_1 wird. Dies ergibt dann die Preiselastizität der Nachfrage.

$$\eta = \frac{\frac{\Delta x_1}{x_1}}{\frac{\Delta p_1}{p_1}} = \frac{\frac{-50}{1000}}{\frac{20}{110}} = \frac{-0{,}05}{0{,}182} = -0{,}275 < 1$$

Für den Sportartikelhersteller hat sich offensichtlich der Preisanstieg gelohnt, da die Nachfrage nur unterproportional zurückgegangen ist. Dies kann auch die Teillösung der Aufgabe b sein.

Lösung zu b)
Der Preisanstieg hat sich gelohnt, was auch durch die veränderte Umsatzrelation erklärt werden kann.
  Vor den Olympischen Sommerspiele verkaufte der Sportartikelhersteller 1.000 Stück zum Preis von 110 €, was einem Umsatzerlös von 110.000 € entspricht. Während den Spielen sank die Nachfrage zwar von 1.000 auf 950 Stück, jedoch jeweils zu einem Preis von 130 €. Also erzielte der Sportartikelhersteller in dieser Zeit einen Umsatzerlös von 123.500 €, also 13.500 € mehr, als vor den Spielen.

Aufgabe 38: Elastizitäten II
Lösung zu a)

$$\varepsilon_1 = \frac{\frac{\Delta x_2}{x_2}}{\frac{\Delta p_1}{p_1}} = \frac{\frac{-3}{20}}{\frac{2}{10}} = \frac{-0{,}15}{0{,}2} = -0{,}75 < 0$$

Immer dann, wenn die Kreuzpreiselastizität negativ ist, handelt es sich um Komplementärgüter. Steigt der Preis des Produktes x_1 um 1 %, geht die Nachfrage von x_2 um 0,75 % zurück.

Lösung zu b)

$$\varepsilon_2 = \frac{\frac{\Delta x_4}{x_4}}{\frac{\Delta p_3}{p_3}} = \frac{\frac{5}{20}}{\frac{2}{10}} = \frac{0{,}25}{0{,}2} = 1{,}25 > 0$$

Immer dann, wenn die Kreuzpreiselastizität positiv ist, handelt es sich um Substitutionsgüter. Steigt der Preis des Produktes x_3 um 1 %, steigt die Nachfrage von x_4 um 1,25 %, also um das 1,25fache.

Aufgabe 39: Elastizitäten III
Lösung

Da die Preiserhöhung der Snowboards zu einem Anstieg der verkauften Skier führt, scheinen die Produkte Substitutionsgüter zu sein.

Die Kreuzpreiselastizität ergibt:

$$\varepsilon = \frac{\frac{\Delta x_1}{x_1}}{\frac{\Delta p_2}{p_2}} = \frac{\frac{20}{100}}{\frac{50}{100}} = 0{,}4$$

Es scheint sich also um Substitutionsgüter zu handeln. Eine einprozentige Preiserhöhung bewirkt allerdings lediglich einen Anstieg der Stückzahlen des Substitutionsgutes von 0,4 %.

Aufgabe 40: Elastizitäten IV
Lösung zu a)

Die Triffinsche Kreuzpreiselastizität ergibt:

$$\varepsilon_T = \frac{\Delta x_B \cdot p_A}{x_B \cdot \Delta p_A} = \frac{0 \cdot 50}{20 \cdot 50} = 0$$

Die Preisverdoppelung des Geschäftsführers hat keinerlei Auswirkung auf den Konkurrenten, da seine verkauften Stückzahlen bei 20 Stück bleiben.

Lösung zu b)

Die Triffinsche Kreuzpreiselastizität ergibt:

$$\varepsilon_T = \frac{\Delta x_B \cdot p_A}{x_B \cdot \Delta p_A} = \frac{40 \cdot 50}{20 \cdot 50} = 2$$

Die Preisverdoppelung des Geschäftsführers führt zu einer Verdreifachung der Stückzahlen des Konkurrenten, denn aus den 20 werden 60 Stück. Der Anstieg beträgt also 200 %, was einem homogenen Markt entspricht, was man als Polypol bezeichnen kann.

8 Lösungen zu den Aufgaben

Aufgabe 41: Lineare Optimierung I
Lösung zu a)
Z: $600x_1 + 1000x_2 \to max$
A: $x_1 + 2x_2 \leq 340$
B: $x_1 + x_2 \leq 300$
C: $3x_2 \leq 360$
N: $x_1, x_2 \geq 0$
(N = Nichtnegativitätsbedingung)

Lösung zu b)

0	x_1	x_2	RS	Q
$Z_{(Max)}$	−600	−1000	0	
A	1	2	340	170
B	1	1	300	300
C	0	3	360	120

2	A	C	RS	Q
$Z_{(Max)}$	600	−66 2/3	180000	
x_1	1	−2/3	100	n.d.
B	−1	**1/3**	80	240
x_2	0	1/3	120	360

1	x_1	C	RS	Q
$Z_{(Max)}$	−600	333 1/3	120000	
A	1	−2/3	100	100
B	**1**	−1/3	180	180
x_2	0	1/3	120	n.d.

3	A	B	RS	Q
$Z_{(Max)}$	400	200	196000	
x_1	−1	2	260	
C	−3	3	240	
x_2	1	−1	40	

Optimale Lösung: $x_1 = 260$; $x_2 = 40$; $y_1 = 50$ (Stunden Restkapazität von Maschine C), A und B haben keine Kapazitäten mehr.

Aufgabe 42: Lineare Optimierung II
Zunächst erstellen wir aus Vereinfachungsgründen die Zielfunktion sowie Restriktionen.
Z: $20 B_1 + 30 B_2 = max$
G: $2,3 B_1 + 2,7 B_2 \leq 1000$
H: $0,87 B_1 + 0,79 B_2 \leq 850$
W: $110 B_1 + 120 B_2 \leq 10.000$
N: $B_1, B_2 \geq 0$

B_2 erwirtschaftet also mit 30 € den höchsten Deckungsbeitrag pro Woche und wird produziert. Das Wasser bildet hier den Engpassfaktor, denn es können pro Woche 83,33 Liter (10.000 / 120) produziert werden, was einen Deckungsbeitrag von 2.500 € ergibt (30 · 83 1/3). Dies zeigt auch der Simplex-Algorithmus.

0	B₁	B₂	RS	Q
Z₍Max₎	−20	−30	0	
G	2,3	2,7	1000	370,37
H	0,87	0,79	850	1075,95
W	110	**120**	10000	83,33

1	B₁	W	RS
Z₍Max₎	7,5	0,25	2500
G	−0,175	−0,022	775
H	0,146	−0,006	784,17
B₂	0,917	0,008	83,33

Dieser bricht bereits nach dem ersten Versuch ab, da alle Zielfunktionswerte positiv sind.

9 Abbildungsverzeichnis

Abb. 1: Eröffnungsbilanz 15
Abb. 2: Bilanz nach Anlagenkauf finanziert durch Fremdkapital 17
Abb. 3: Bilanz nach Zukauf von Vorräten 17
Abb. 4: Erste komplexe Struktur des Rechnungswesens 18
Abb. 5: Gemeinsamkeiten und Unterschiede des Rechnungswesens I 19
Abb. 6: Gemeinsamkeiten und Unterschiede des Rechnungswesens II 20
Abb. 7: Gemeinsamkeiten und Unterschiede des Rechnungswesens III 22
Abb. 8: Gemeinsamkeiten und Unterschiede des Rechnungswesens IV 23
Abb. 9: Schlussbilanz 24
Abb. 10: Die Säulen des Rechnungswesens 26
Abb. 11: Die Hinführung der Gewinn- und Verlustrechnung zur Kostenrechnung 28
Abb. 12: Marktformen und Marktsituationen von KMU 31
Abb. 13: verschiedene Kostenverläufe I 36
Abb. 14: Stückkostenfunktionen I 38
Abb. 15: verschiedene Kostenfunktionen 41
Abb. 16: Stückkostenfunktionen II 41
Abb. 17: Theoretische Kostenverläufe 43
Abb. 18: Degressive Kostenverläufe 44
Abb. 19: Progressive Kostenverläufe I 45
Abb. 20: Progressive Kostenverläufe II 46
Abb. 21: Ertragsgesetzliche Kostenverläufe I 48
Abb. 22: Ertragsgesetzliche Kostenverläufe II 48
Abb. 23: Intervallfixe Kostenverläufe I 50
Abb. 24: Intervallfixe Kostenverläufe II 50
Abb. 25: Verfahrensvergleiche von Kostenfunktionen 52
Abb. 26: verschiedene Grenzkostenverläufe 54
Abb. 27: Wendepunkt von Kostenfunktionen 55
Abb. 28: Break-Even-Point 57
Abb. 29: Nutzenschwelle von Erlös- und Kostenfunktionen I 58
Abb. 30: Nutzenschwelle von Erlös- und Kostenfunktionen II 59
Abb. 31: Nutzenschwelle von Erlös- und Kostenfunktionen III 60
Abb. 32: Langfristige Preisuntergrenze 62

Abb. 33: Teilaufgaben der Kostenrechnung 64
Abb. 34: Stufen der (Voll-)Kostenrechnung 65
Abb. 35: Mehr- oder Minderbestände von Vorräten 70
Abb. 36: Kostenrechnerische Korrekturen 71
Abb. 37: Kostenrechnungssysteme 73
Abb. 38: Organisation der Kostenrechnung eines
mittelständischen Unternehmens 74
Abb. 39: Kostenartenrechnung als Teilaufgabe
der Kostenrechnung 74
Abb. 40: Ziele und Beispiele der Kostenartenrechnung 75
Abb. 41: Ziele und Beispiele der Kostenstellenrechnung 85
Abb. 42: Einzel- und Gemeinkosten 86
Abb. 43: Kostenstellen nach Tätigkeiten 87
Abb. 44: Kostenstellengemeinkosten und Zuschlagsgrundlagen 87
Abb. 45: Mögliche Kostenstellengruppierungen 90
Abb. 46: Kostenträgerrechnung als Teilaufgabe der
Kostenrechnung 91
Abb. 47: Kalkulationsverfahren der Produktionstypen 92
Abb. 48: Divisionskalkulation der Massenproduktion 93
Abb. 49: Äquivalenzziffernkalkulation der Sortenproduktion 95
Abb. 50: Zuschlagskalkulation der Serienproduktion 97
Abb. 51: Typische lineare Funktionen 138
Abb. 52: Steigungsverhalten von Funktionen 139
Abb. 53: Graphen von Funktionen 143
Abb. 54: Quadratische Funktionen I 148
Abb. 55: Quadratische Funktionen II 150
Abb. 56: Gewinnzone der Kostenrechnung 152
Abb. 57: Der Cournotsche Punkt I 153
Abb. 58: Der Cournotsche Punkt II 154
Abb. 59: Kubische Funktion der Kostenrechnung I 155
Abb. 60: Kubische Funktion der Kostenrechnung II 156
Abb. 61: Kubische Funktion der Kostenrechnung III 158
Abb. 62: Verschiebung von Funktionen 159
Abb. 63: Drehung von Funktionen 160
Abb. 64: Angebots- und Nachfragefunktionen 161
Abb. 65: Verschiebung und Drehung von nichtlinearen
Funktionen 161
Abb. 66: Amoroso-Robinson-Funktion 162
Abb. 67: Verschiebung von nichtlinearen Funktionen 163
Abb. 68: Das Integral einer Fläche 165
Abb. 69: Die Fläche eines Firmensitzes 166
Abb. 70: Angebots- und Nachfragefunktion 168

9 Abbildungsverzeichnis

Abb. 71: Die Konsumentenrente 169
Abb. 72: Die Produzentenrente 170
Abb. 73: Mögliche Elastizitäten 172
Abb. 74: Nachfragefunktionen von komplementären,
        substitutiven, und unabhängigen Gütern 174
Abb. 75: Das »klassische« Marktformenschema 175
Abb. 76: Lösung der linearen Optimierung 181

10 Tabellenverzeichnis

Tab. 1: Ergebnistabelle eines kleinen Unternehmens 30
Tab. 2: Größenklassen von Unternehmen 31
Tab. 3: Fixe, variable und Gesamtkosten 35
Tab. 4: Fixe, variable und Gesamtkosten I 37
Tab. 5: Fixe, variable und Gesamtkosten II 40
Tab. 6: Fixe, variable und Gesamtkosten III 45
Tab. 7: Fixe, variable und Gesamtkosten IV 47
Tab. 8: Gesamt- und Stückkosten I 49
Tab. 9: Gesamt- und Stückkosten II 51
Tab. 10: Gesamt- und Grenzkosten I 54
Tab. 11: Gesamt- und Grenzkosten II 54
Tab. 12: Gesamt- und Grenzkosten III 55
Tab. 13: Gewinn- und Verlustrechnung 67
Tab. 14: Unternehmensbezogene Abgrenzungsrechnung 69
Tab. 15: Gesamte Abgrenzungsrechnung 72
Tab. 16: Ausgangsbeispiel des Materialverbrauchs 77
Tab. 17: Durchschnittliche Anschaffungskosten zur
         Ermittlung des Materialverbrauchs 78
Tab. 18: Fifo-Verfahren zur Ermittlung des Materialverbrauchs 78
Tab. 19: Lifo-Verfahren zur Ermittlung des Materialverbrauchs 79
Tab. 20: Hifo-Verfahren zur Ermittlung des Materialverbrauchs 79
Tab. 21: Lofo-Verfahren zur Ermittlung des Materialverbrauchs 80
Tab. 22: Bedeutung der kalkulatorischen Zinsen I 83
Tab. 23: Bedeutung der kalkulatorischen Zinsen II 83
Tab. 24: Berechnung eines Betriebsabrechnungsbogens 88
Tab. 25: Ermittlung der Selbstkosten des Umsatzes 89
Tab. 26: Selbstkosten je Kostenträger 89
Tab. 27: Mehrstufige Divisionskalkulation 94
Tab. 28: Äquivalenzzifferverfahren I 95
Tab. 29: Äquivalenzzifferverfahren II 96
Tab. 30: Äquivalenzzifferverfahren III 96
Tab. 31: Werte für die Angebotskalkulation I 97
Tab. 32: Werte für die Angebotskalkulation II 98
Tab. 33: Werte für die Nachkalkulation I 99
Tab. 34: Werte für die Nachkalkulation II 99
Tab. 35: »Normale« Zuschlagskalkulation
         (FHS = Fertigungshauptstelle) 100
Tab. 36: Maschinenstundensatzrechnung 102

Tab. 37: Kostenträgerrechnung auf Normalkostenbasis 103
Tab. 38: Übergang von Voll- auf Teilkostenrechnung I 105
Tab. 39: Übergang von Voll- auf Teilkostenrechnung II 105
Tab. 40: Deckungsbeitragsrechnung als Stückrechnung I 107
Tab. 41: Deckungsbeitragsrechnung als Stückrechnung II 107
Tab. 42: Deckungsbeitragsrechnung als Stückrechnung III 108
Tab. 43: Deckungsbeitragsrechnung im
 Mehrproduktunternehmen I 109
Tab. 44: Deckungsbeitragsrechnung im
 Mehrproduktunternehmen II 109
Tab. 45: Deckungsbeitragsrechnung im
 Mehrproduktunternehmen III 110
Tab. 46: Stufenweise Fixkostendeckungsrechnung 111
Tab. 47: Bestimmung der Preisuntergrenze I 112
Tab. 48: Bestimmung der Preisuntergrenze II 112
Tab. 49: Gewinn- und Verlustrechnung mit bilanziellem
 Verlust der Beispiels-GmbH 115
Tab. 50: Kalkulatorische Zinsen der Beispiels-GmbH 118
Tab. 51: Abgrenzungsrechnung der Beispiels-GmbH................. 119
Tab. 52: Betriebsabrechnungsbogen der Beispiels-GmbH 121
Tab. 53: Personalkosten der Beispiels-GmbH 122
Tab. 54: Abschreibungen der Beispiels-GmbH 123
Tab. 55: Mietkosten der Beispiels-GmbH 123
Tab. 56: Kalkulatorische Zinsen der Beispiels-GmbH 124
Tab. 57: Betriebsgewinn der Beispiels-GmbH 125
Tab. 58: Ermittlung der Maschinenstundensätze der Beispiels-GmbH 126
Tab. 59: Ermittlung der Gemeinkostenzuschlagssätze der
 Beispiels-GmbH 127
Tab. 60: Ermittlung der Materialeinzelkosten und des
 Zeitbedarfs der Beispiels-GmbH I 128
Tab. 61: Ermittlung der Materialeinzelkosten und des
 Zeitbedarfs der Beispiels-GmbH II 129
Tab. 62: Produktkalkulation der Beispiels-GmbH I 130
Tab. 63: Produktkalkulation der Beispiels-GmbH II 131
Tab. 64: Planungsrechnung der Beispiels-GmbH I 133
Tab. 65: Planungsrechnung der Beispiels-GmbH II 134
Tab. 66: Planungsrechnung der Beispiels-GmbH III 135
Tab. 67: Planungsrechnung der Beispiels-GmbH IV 136
Tab. 68: Planungsrechnung der Beispiels-GmbH V 137
Tab. 69: Ermittlung des Gewinnmaximums 151
Tab. 70: Degressiver Verlauf einer Produktionsfunktion 163
Tab. 71: Ökonomische Elastizitäten 171

Tab. 72: Beispiel der linearen Optimierung I 179
Tab. 73: Beispiel der linearen Optimierung II 180
Tab. 74: Beispiel der linearen Optimierung III 180
Tab. 75: Beispiel der linearen Optimierung IV 180
Tab. 76: Die Simplexmethode I 182
Tab. 77: Die Simplexmethode II 183
Tab. 78: Die Simplexmethode III 184
Tab. 79: Die Simplexmethode IV 184
Tab. 80: Die Simplexmethode V 185
Tab. 81: Die Simplexmethode VI 185

11 Literaturverzeichnis

Dürr W./Kleibohm K., Operations Research, München, 1983
Haberstock L., Kostenrechnung I, Berlin, 2004
Lagemann W./Rambatz W., Wirtschaftsmathematik und Statistik, Hamburg, 2001
Rinne H./Preis A./Thomas R., Analysis, München, 1983
Rinne H./Preis A./Thomas R., Lineare Algebra, München, 1983
Schumann J., Grundzüge der mikroökonomischen Theorie, Berlin/Heidelberg/New York/Tokyo, 1984
Stiefl J., Finanzmanagement unter besonderer Berücksichtigung von kleinen und mittelständischen Unternehmen, München, 2008
Stiefl J., Wirtschaftsmathematik – Verstehen und anwenden, Weinheim, 2016
Sydsaeter K./Hammond P./Strom A., Mathematik für Wirtschaftswissenschaftler, München, 2013